Langeweile im Unterricht

AF209175

Waxmann Verlag GmbH
Steinfurter Straße 555, 48159 Münster
info@waxmann.com

Pädagogische Psychologie und Entwicklungspsychologie

herausgegeben von Detlef H. Rost

Editorial

Pädagogische Psychologie und Entwicklungspsychologie sind seit jeher zwei miteinander eng verzahnte Teildisziplinen der Psychologie. Beide haben einen festen Platz im Rahmen der Psychologenausbildung: Pädagogische Psychologie als wichtiges Anwendungsfach im zweiten Studienabschnitt, Entwicklungspsychologie als bedeutsames Grundlagenfach in der ersten und als Forschungsvertiefung in der zweiten Studienphase. Neue Zielsetzungen, neue thematische Schwerpunkte und Fragestellungen sowie umfassendere Forschungsansätze und ein erweitertes Methodenspektrum haben zu einer weiteren Annäherung beider Fächer geführt und sie nicht nur für Studierende, sondern auch für die wissenschaftliche Forschung zunehmend attraktiver werden lassen. „Pädagogische Psychologie und Entwicklungspsychologie" nimmt dies auf, fördert die Rezeption einschlägiger guter und interessanter Forschungsarbeiten, stimuliert die theoretische, empirische und methodische Entfaltung beider Fächer und gibt fruchtbare Impulse zu ihrer Weiterentwicklung einerseits und zu ihrer gegenseitigen Annäherung andererseits.

Der Beirat der Reihe „Pädagogische Psychologie und Entwicklungspsychologie" repräsentiert ein breites Spektrum entwicklungspsychologischen und pädagogisch-psychologischen Denkens und setzt Akzente, indem er auf Forschungsarbeiten aufmerksam macht, die den wissenschaftlichen Diskussionsprozess beleben können. Es ist selbstverständlich, dass zur Sicherung des Qualitätsstandards dieser Reihe jedes Manuskript – wie bei Begutachtungsverfahren in anerkannten wissenschaftlichen Zeitschriften – einem Auswahlverfahren unterzogen wird („peer review"). Nur qualitätsvolle Arbeiten werden der zunehmenden Bedeutung der Pädagogischen Psychologie und Entwicklungspsychologie für die Sozialisation und Lebensbewältigung von Individuen und Gruppen in einer immer komplexer werdenden Umwelt gerecht.

Katrin Lohrmann

Langeweile im Unterricht

Waxmann 2008
Münster / New York / München / Berlin

Bibliografische Informationen der Deutschen Nationalbibliothek
Die Deutsche Nationalbibliothek verzeichnet diese Publikation in
der Deutschen Nationalbibliografie; detaillierte bibliografische
Daten sind im Internet über http://dnb.d-nb.de abrufbar.

Diese Arbeit wurde am 07.02.2007 von der Kulturwissenschaftlichen Fakultät
der Universität Bayreuth als Dissertation angenommen.

Pädagogische Psychologie und Entwicklungspsychologie; Bd. 66
herausgegeben von Prof. Dr. Detlef H. Rost
Philipps-Universität Marburg
Fon: 0 64 21 / 2 82 17 27
Fax: 0 64 21 / 2 82 39 10
E-Mail: rost@mailer.uni-marburg.de

ISSN 1430-2977
ISBN 978-3-8309-1896-7

© Waxmann Verlag GmbH, 2008
Postfach 8603, D-48046 Münster

www.waxmann.com
info@waxmann.com

Umschlaggestaltung: Pleßmann Kommunikationsdesign, Ascheberg
Gedruckt auf alterungsbeständigem Papier, DIN 6738

„everyone is aware of boredom,
complains about it,
but does very little about it"

(Sundberg & Bisno, 1983, S. 1)

Inhalt

Anmerkungen zum Text

Um die Lesbarkeit des Textes zu verbessern, ist in dieser Arbeit meist von Schülern, Studenten und Lehrern bzw. Lehrkräften die Rede. Selbstverständlich sind stets Schülerinnen und Schüler, Studentinnen und Studenten sowie Lehrerinnen und Lehrer gemeint.

Den Schüleräußerungen aus den Interviews folgen Angaben wie z. B. (neunjähriger Junge [15]). Ersichtlich sind daraus Alter, Geschlecht sowie die Identifikationsnummer, hinter der sich weitere Informationen wie die Schule und die Klasse verbergen.

Hinter jeder schriftlichen Schüleräußerung wird ein Code angegeben, z. B. (M 9_334_10), aus dem zu entnehmen ist,

- welches Geschlecht das Kind hat (M = Mädchen; J = Junge) und
- wie alt das Kind zum Erhebungszeitpunkt ist.
- Hinter der zweiten, ein- bis dreistelligen Zahl verbirgt sich die Identifikationsnummer des Kindes.
- Aus der letzten Zahl ist ersichtlich, welche der 21 Klassen das Kind besucht.

Die Schreibweise der Kinder wird übernommen. Ist diese stark fehlerhaft, wird die Rechtschreibung in eckigen Klammern ergänzt.

Einleitung: Langeweile – kein Thema für die Schule?

15 000 Stunden – so viel Zeit verbringen Schülerinnen und Schüler durchschnittlich in der Schule (Rutter, Maughan, Mortimore & Ouston, 1979). Fragt man sie, wie sie diese Zeit erleben oder erlebt haben, so gehört das Gefühl der Langeweile für viele wie selbstverständlich dazu (Meyer, 1997, S. 97, S. 111). Die *Süddeutsche Zeitung* (Dilk, 2005) titelt: ‚Langeweile und Schule gehören zusammen‘, die Berliner *tageszeitung* (Dilk, 2006) spricht vom ‚großen Gähnen‘.

Zieht man das Ergebnis einer Studie von Larson und Richards (1991) heran, wonach sich Schüler 32 Prozent der Unterrichtszeit langweilen, dann heißt das: Jeder Schüler erlebt knapp 5 000 langweilige Stunden, bevor er die Schule verlässt. Nicht alle Schüler halten das durch. Die *Süddeutsche Zeitung* berichtet (Oldag, 2006), dass der Anteil von Schülern, welche die Schule abbrechen und als gering qualifizierte Arbeitskräfte einem Billigjob nachgehen, in den USA wächst. Eine betroffene Schülerin sagt: „Ich hatte keine Lust mehr. Der Unterricht war zu langweilig."

Langeweile im Unterricht ist jedoch nicht nur eine Erscheinung unserer Zeit. Bereits im 17. Jahrhundert fordert Comenius in der *Consultatio Catholica*, dass das Lernen frei von Langeweile sein müsse: „Der Didaktik Regel ist, die Mittel so zu gebrauchen, dass der Fortschritt sei angenehm, sofern alles durchschaubar vorgestellt, anziehend und eifrig betrieben wird ohne Überdruss und Langeweile." (Comenius, zit. nach Ballauff & Schaller, 1970, S. 166) Trapp, erster Pädagogikprofessor in Deutschland, setzte sich in seiner Antrittsvorlesung an der Universität Halle im Jahre 1779 mit der Frage von Aufmerksamkeit im Unterricht auseinander. Unterrichtsinhalte mit mangelndem Sinnbezug führen seinen Ausführungen zufolge zu Lustlosigkeit und Langeweile (Trapp, 1780, S. 9 ff.). Nach Herbart (1806) muss der Unterricht „fasslich, jedoch eher schwer als leicht sein, sonst macht er Langeweile". Und das sei „die ärgste Sünde des Unterrichts", „niemals" solle der Schüler unter Langeweile „zu leiden haben" (S. 61, S. 132).

Aber noch 150 Jahre später beklagt von Hentig (1987): „Die größte Plage der Schule ist die Langeweile – sie ist es noch immer." (S. 33) Kahl (2001) sieht in der Langeweile gar ein Gift, bezeichnet die Schule als einen „Herd der Langeweile" (S. 43 f.). Jank und Meyer (1991) sprechen vom Langeweile-Syndrom (S. 338 f.), das, so Weinert und Helmke (1997, S. 75), die Förderung von Lernfreude behindert.

Sich langweilende Schüler sind körperlich anwesend und geistig abwesend. In der Lernsituation spielen sie eher die Rolle von Zuschauern als die von Beteiligten. Sie lernen nicht aktiv. Im Zuge der Diskussion um Qualitätskriterien von Unterricht ist jedoch der Anteil der individuellen, aktiv genutzten Lernzeit in die Aufmerksamkeit der Forschung gerückt (vgl. zsf. Helmke, 2004, S. 104 f.). In einem guten Unterricht sind die Schüler bei der Sache; „es herrscht keine Langeweile" (Meyer, 2004, S. 40). Langeweile dient in empirischen Studien deshalb als Indikator für eine unzureichende Schul- oder Unterrichtsqualität (vgl. PISA-Konsortium, 2006, S. 252 ff.; Valtin, Wagner & Schwippert, 2005, S. 193 f.).

Diese Äußerungen namhafter Pädagogen und Psychologen machen zweierlei deutlich: Erstens scheint Langeweile in der Vergangenheit wie in der Gegenwart ein *Alltagsphänomen* von Schule und Unterricht (gewesen) zu sein. Zweitens wird die *Erwartung* geäußert, dass dies nicht so sein solle. Langeweile ist dem Lernprozess abträglich, sie ist zu vermeiden.

Jenseits postulativer Aussagen findet sich in der pädagogischen Literatur jedoch kaum etwas. In aktuellen pädagogischen Nachschlagewerken zu Schule und Unterricht kommt das Stichwort Langeweile so gut wie nicht vor, auch in der Literatur zur Unterrichtsplanung bleibt die Langeweile ausgeblendet (vgl. Literaturrecherche im Anhang A; für die englischsprachige Literatur vgl. Freeman, 1993, S. 30). Trotz der Bedeutung von Langeweile im *Schulalltag* (Breidenstein, 2006, S. 86) mangelt es an empirischen Studien der *Schul- und Unterrichtsforschung*. Bereits im Jahr 1986 fordern Fichten und Meyer, dass Langeweile im Unterricht „zum Gegenstand differenzierter Analysen gemacht werden muss" (S. 151).

Langeweile gehört zu den vernachlässigten Themen der Forschung. Haben die zahlreichen Arbeiten zur Motivations- und Interessenförderung die Langeweile vertrieben (vgl. zsf. Krapp, 2006; Schiefele & Köller, 2006)? Oder wird Langeweile tabuisiert, weil sie ein schlechtes Bild auf Unterricht, auf die Professionalität von Lehrkräften wirft?

Dieses Forschungsdefizit gibt Anlass für die hier vorgelegte Untersuchung von *Langeweile im Unterricht*. Die Emotion wird also nicht – wie bisher – als Kontextmerkmal am Rande miterhoben, sondern wird zum Gegenstand der Forschung selbst. Langeweile wird aus der Sicht von Schülern untersucht, die Perspektive der Lehrkräfte bleibt ausgeklammert. Die vorliegende Arbeit gliedert sich wie folgt:

Gegenstand des ersten Kapitels ist die *Analyse und Definition* des Konstrukts Langeweile. Hier geht es insbesondere um Merkmale von Langeweile, um die Aktualgenese der Emotion und um Copingstrategien. Damit steckt dieses Kapitel den theoretischen Rahmen der Arbeit ab.

Das zweite Kapitel fasst den *Forschungsstand* zur Lernemotion Langeweile zusammen und zeigt *Forschungslücken* auf.

Vor dem Hintergrund des Forschungsstands und der Forschungslücken werden im dritten Kapitel die *Forschungsfragen* der Arbeit genannt.

Im Rahmen einer Vorstudie wurden *explorative Interviews* durchgeführt, um einen ersten Eindruck davon zu bekommen, wie Grundschüler über Langeweile denken, welche Bedeutung die Emotion im schulischen Kontext hat und welche Strategien sie im Umgang mit Langeweile haben. Diese Ergebnisse werden im vierten Kapitel dargestellt.

Das fünfte Kapitel stellt das Design und die Ergebnisse der Hauptuntersuchung vor. Vorhandene Instrumente sowie die im Rahmen der Studie entwickelten langeweilespezifischen *Erhebungsverfahren* werden beschrieben. Außerdem wird die *Stichprobe* charakterisiert und das Vorgehen bei der *Datenerhebung* aufgezeigt. Die qualitativen und quantitativen Daten werden analysiert und *Ergebnisse* der Studie präsentiert. Das Kapitel schließt mit einer *Beantwortung der Forschungsfragen*.

Im sechsten Kapitel werden die Ergebnisse *diskutiert* und *Forschungslücken* aufgezeigt, die aufgrund der Ergebnisse dieser Arbeit benannt werden können. Zudem werden *Empfehlungen für pädagogisches Handeln* formuliert.

Ein *Fazit* ist Gegenstand des abschließenden siebten Kapitels.

Die vorliegende Studie ist an der Schnittstelle von Pädagogischer Psychologie, empirischer Unterrichtsforschung und Grundschulforschung angesiedelt. Die gewonnenen Erkenntnisse sind daher für mehrere Fachdisziplinen von Bedeutung und haben zudem einen hohen praktischen Bezug.

Die systematische Analyse und Definition des Konstrukts Langeweile bereichert die Theoriebildung zu Lernemotionen.

Die kriteriengeleitete Analyse des Forschungsstands und das Aufzeigen von Forschungslücken bieten einen Ausgangspunkt für künftige Studien zu Lernemotionen.

Die Analyse der internen Struktur von Langeweile liefert einen Beitrag zur Grundlagenforschung von Lernemotionen.

Ergebnisse zur Häufigkeit, zu den Ursachen von Langeweile und zu Copingstrategien sowie das Auffinden von Zusammenhängen sind für die empirische Unterrichtsforschung und die Grundschulforschung von Bedeutung, da auf der Grundlage der gewonnenen Erkenntnisse theoretische Annahmen konkretisiert sowie Anregungen für die Gestaltung von Unterricht und den Umgang mit Langeweile gegeben werden können.

Langeweile ist, wenn man nicht weiß, was man machen soll, z. B. wenn dir am Nachmittag oder in der Schule nichts einfällt. Wenn du immer nur aus dem Fenster hinausguckst oder lustlos dich im Zimmer umschaust und denkst: Das habe ich alles schon gemacht. Das ist Langeweile. (M 9_367_14)

1 Analyse und Definition von Langeweile

Was ist Langeweile? Ist Langeweile ein *Gefühl*, eine *Emotion*, eine *Stimmung*? Um dies beantworten zu können, müssen die Begriffe voneinander abgegrenzt werden:

Der Begriff *Gefühl* wird in der Psychologie weiter gefasst als jener der *Emotion*. Nach Pekrun (1988, S. 97) können körperbezogene Bedürfniszustände wie Hunger, Durst oder Schmerz als *Gefühle*, nicht aber als Emotionen betrachtet werden. Hingegen besteht Einigkeit darüber, dass z. B. Freude, Traurigkeit, Angst, Ärger und Langeweile *Emotionen* sind. Emotionen lassen sich anhand von fünf Komponenten beschreiben und definieren (vgl. Kap. 1.2).

Stimmungen werden häufig in Abgrenzung von Emotionen definiert. Stimmungen sind weniger intensiv und von längerer Dauer als Emotionen. Im Gegensatz zu Emotionen sind Stimmungen nicht auf ein spezifisches Objekt bezogen, weshalb „sich die Ursache von Stimmungen nicht im Fokus der Aufmerksamkeit des Individuums befindet" (Bless, 1997, S. 3). Stimmungen informieren die Person somit über die allgemeine Qualität des aktuellen Zustands und bewegen sich zwischen den Polen des Wohl- bzw. Unwohlseins.

Die Unterscheidung von *Emotion* und *Stimmung* verweist auch auf verschiedene Formen von Langeweile. Doehlemann (1991, S. 22 f.) beispielsweise unterscheidet in seiner Typologie die situative Langeweile von der existentiellen Langeweile. Die *situative* Langeweile hat eine konkrete Ursache, z. B. wartet man auf etwas oder fährt Zug. Bei der *existentiellen* Langeweile hingegen kann kein konkreter Anlass genannt werden; hier ist die Seele inhaltslos, die Welt befindet sich im Leerlauf. In dieser Arbeit geht es ausschließlich um die situative Form der Langeweile, die existentielle Langeweile bleibt unberücksichtigt.

Pekrun (1988) bezeichnet das Nebeneinander der Begriffe *Gefühl*, *Emotion* und *Stimmung* als „babylonisches Sprachchaos" (S. 96); die fehlende Definition und Abgrenzung der Konstrukte spiegelt seiner Ansicht nach das Forschungsdefizit innerhalb der Emotionspsychologie wider. Deshalb verzichten viele Autoren auf eine Abgrenzung und verwenden die Begriffe synonym (z. B. Wild, Hofer & Pekrun, 2001, S. 215). In dieser Arbeit wird Langeweile als *Emotion* bezeichnet.

1.1 Langeweile als Lernemotion

Beim Lernen in der Schule treten Emotionen verschiedener Art auf, die im Hinblick auf die jeweilige Situation unterschieden werden können. Lern- und Leistungssituationen unterscheiden sich strukturell und funktional erheblich, so dass es konzeptionell sinnvoll erscheint, auch die Emotionen entsprechend zu differenzieren.

Zu den *Lernemotionen*, die beim Wissens- und Fertigkeitserwerb auftreten, zählen beispielsweise Freude und Langeweile, während Angst eine klassische *Leistungsemotion* ist. Diese Kategorisierung ist jedoch nur auf den ersten Blick eindeutig, denn Freude kann auch in Prüfungssituationen, Angst hingegen in Lernsituationen erlebt werden. Emotionen wie Ärger und Erleichterung kommen sowohl in Lern- als auch in Leistungssituationen ähnlich oft vor (Pekrun, 1998, S. 233).

Neben dem *situativen Bezug* können Emotionen nach den Merkmalen *zeitlicher Bezug, Sach-/Sozialbezug, Valenz, Energetisierung, Intensität* und *Dauer* geordnet werden (Pekrun, 1998, S. 234; Titz, 2001, S. 31 ff.; Wild et al., 2001, S. 215). In Tabelle 1 werden verschiedene Lernemotionen anhand dieser Merkmale klassifiziert.

Im Folgenden wird die Einordnung von Langeweile in Bezug auf diese sechs Merkmale erläutert. Was unter *kategorialen* bzw. *dimensionalen Merkmalen* zu verstehen ist, wird im Anschluss aufgezeigt.

1) *Zeitlicher Bezug.* Langeweile gilt als eine *gegenwartsbezogene Emotion*; das Erleben dieser Emotion ist immer an eine aktuelle Situation gebunden. Wenn sich ein Schüler an eine vergangene langweilige Unterrichtssituation erinnert oder erwartet, dass eine zukünftige Situation langweilig werden wird, löst die Erinnerung bzw. die Erwartung keine Langeweile aus. „Die Langeweile ist primär definiert durch eine Gegenwart, oder genauer: Die Langeweile ist ohne Vergangenheit und Zukunft." (Svendsen, 2002, S. 98)

2) *Sach-/Sozialbezug.* Langeweile ist eine *aufgabenbezogene Emotion*. Sie wird durch eine Situation bzw. durch eine Tätigkeit ausgelöst.

3) *Valenz.* Es besteht weitgehend Einigkeit darüber, dass Langeweile mit einer, wenn auch unterschiedlich ausgeprägten, *negativen Valenz* einhergeht (Götz & Frenzel, 2006, S. 152; Martin, Sadlo & Stew, 2006, S. 206; Smith & Ellsworth, 1985, S. 826; Titz, 2001, S. 42, S. 123). Levine (2004) sieht den Grund für das

negative Erleben von Langeweile darin, dass die subjektiv wahrgenommene „Verlangsamung der Uhrzeit außerhalb der Kontrolle des Individuums" (S. 70) liegt. Schüler langweilen sich im Unterricht häufig dann, wenn sie nichts zu tun haben oder etwas tun müssen, das sie gerade nicht tun wollen. Das negative Erleben von Langeweile schließt jedoch nicht aus, dass diese Emotion funktional positiv sein kann: Langweilen sich Schüler, wird der Lehrkraft deutlich, dass die Passung zwischen dem Schüler und der aktuellen Unterrichtssituation unzureichend ist (vgl. Vodanovich, 2003a). Zumeist verstehen Lehrkräfte Langeweile jedoch nicht als konstruktiven Hinweis für eine veränderte Unterrichtsgestaltung, sondern als persönliche Kritik. Langeweile zu äußern, ist nicht opportun, das wissen bereits Grundschüler. Ein im Rahmen dieser Studie befragter Junge ist der Meinung, dass die Lehrerin seine Langeweile nicht bemerken soll, „weil sie dann bestimmt denkt, sie ist eine schlechte Lehrerin" (J 9_196_6).

Tab. 1: Klassifikation von Lernemotionen

Merkmal	Merkmalsausprägung	Beispiel
Kategoriale Merkmale		
1) Zeitlicher Bezug	prospektiv	Vorfreude, Angst
	gegenwartsbezogen	Freude, Langeweile
	retrospektiv	Stolz, Ärger
2) Sach-/Sozialbezug	aufgabenbezogen	Erleichterung, Langeweile
	sozial	Sympathie, Neid
Dimensionale Merkmale		
3) Valenz	positiv	Freude, Zufriedenheit
	negativ	Wut, Langeweile
4) Energetisierung	aktivierend	Hoffnung, Ärger
	deaktivierend	Entspanntheit, Langeweile
5) Intensität	schwach	[a]
	stark	[a]
6) Dauer	kurz	[a]
	lang	[a]

Anmerkung:
[a] Die jeweilige Ausprägung ist abhängig von der Situation und der Person (vgl. Erläuterungen im Text).

4) *Energetisierung.* Hinsichtlich dieses Merkmals ist die Zuordnung von Langeweile schwieriger. Ist Langeweile eine *aktivierende Emotion*, die zum Handeln motiviert und zu handlungsunterstützender physiologischer Aktivierung führt? Oder zählt sie zu den *deaktivierenden Emotionen*, motiviert zum Nicht-Handeln und geht mit physiologischer Deaktivierung einher?

Langeweile wird als negative, deaktivierende Emotion bezeichnet (Pekrun & Jerusalem, 1996, S. 13; Pekrun, Goetz, Titz & Perry, 2002, S. 97), andernorts als ein Konstrukt mit einem geringen und zugleich hohen Anregungsniveau beschrieben (Fenichel, 1934, S. 274 f.; Geiwitz, 1966; Götz & Frenzel, 2006, S. 151 f.; Harris, 2000; Pekrun et al., 2002, S. 97; Rupp & Vodanovich, 1997; Smith, 1981, S. 338; Sommers & Vodanovich, 2000; Titz, 2001). Götz und Frenzel (2006) schlagen daher vier Formen schulischer Langeweile vor, die sich in Bezug auf Aktivation und Valenz unterscheiden:

- *Indifferente Langeweile:* extrem geringe Aktivation, neutrale oder schwach negative Valenz, Ähnlichkeit mit Entspannungszuständen
- *Kalibrierende Langeweile:* geringe Aktivation, negative Valenz, offen für Neues
- *Teleologische Langeweile:* höhere Aktivation, stärker negativ ausgeprägte Valenz, von Ruhelosigkeit geprägt, konkrete Suche nach Alternativhandlungen
- *Reaktante Langeweile:* hohe Aktivation, stark negative Valenz, phänomenologische Nähe zu Ärger, Aggression und Hilflosigkeit

5) *Intensität* und 6) *Dauer.* Diesen Merkmalen können keine Emotionen zugeordnet werden, weil die jeweilige Merkmalsausprägung von der Situation und der Person abhängt. Ob eine Lernemotion schwach oder stark erlebt wird, kurz oder lang andauert, kann nicht grundsätzlich gesagt werden. Dies gilt auch für Langeweile, wenngleich sich diese Emotion eher ‚anbahnt‘ und nicht, wie z. B. Angst, von einer Sekunde auf die andere intensiv erlebt werden kann. Es gibt einen interessanten Unterschied zwischen Langeweile und vielen anderen Emotionen: Während die meisten Emotionen im Laufe der Zeit nachlassen, bleibt Langeweile in einer als langweilig erlebten Situation bestehen und gewinnt sogar noch an Intensität (Pekrun & Frese, 1992, S. 186).

Zusammenfassend wird deutlich: In Bezug auf die ersten beiden Merkmale – *zeitlicher Bezug, Sach-/Sozialbezug* – lässt sich Langeweile eindeutig zuordnen. Sie ist eine gegenwarts- und aufgabenbezogene Lernemotion. Schwieriger ist es, den Merkmalen *Valenz, Energetisierung, Intensität* und *Dauer* eindeutige Merkmalsausprägungen zuzuweisen. Grund dafür sind konzeptionelle Unterschiede: Während es sich bei den ersten beiden Merkmalen (zeitlicher Bezug, Sach-/Sozialbezug) um *kategoriale Merkmale* handelt, lassen sich die anderen vier Merkmale (Valenz, Energetisierung, Intensität, Dauer) als *dimensionale Merkmale* beschreiben (vgl. Tab. 1); hier bewegen sich die jeweiligen Merkmalsausprägungen auf einer bipolaren Dimension mit (theoretisch) unendlich vielen Abstufungen. Wie Langeweile erlebt wird, ist abhängig von der jeweiligen Situation und der Person.

1.2 Komponenten von Langeweile

Wie lässt sich Langeweile definieren? In der Psychologie werden Emotionen üblicherweise anhand von fünf Komponenten beschrieben; unterschieden werden *affektive, kognitive, physiologische, expressive* und *motivationale Komponenten* (Götz, Zirngibl, Pekrun & Hall, 2003; Pekrun & Jerusalem, 1996; Schmidt-Atzert, 1996). Jede Reaktion, die ein Mensch im Zuge seiner emotionalen Befindlichkeit zeigt, kann demzufolge einer dieser fünf Komponenten zugeordnet werden. Abbildung 1 stellt dies – bezogen auf die Emotion Langeweile – dar.

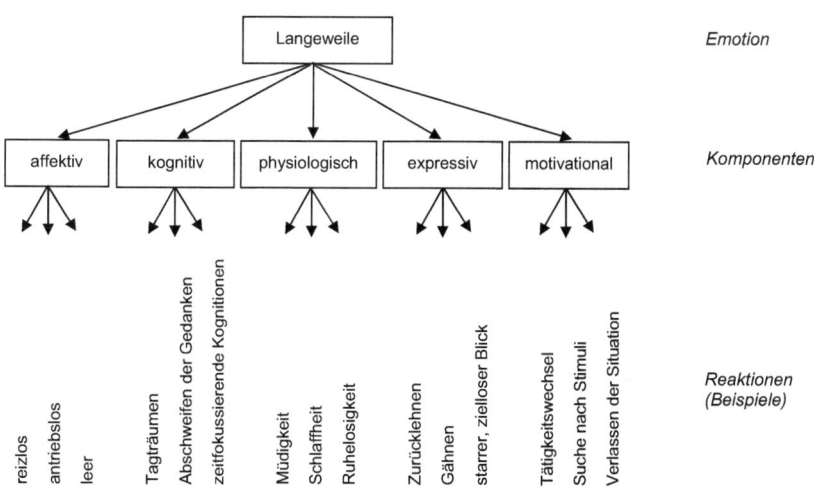

Abb. 1: Aggregation emotionaler Reaktionen am Beispiel von Langeweile

19

Die fünf Komponenten von Emotionen werden nun erläutert und auf Langeweile bezogen.

Die *affektive Komponente* erfasst den Gefühlszustand, das emotionsspezifische subjektive Erleben. Diese Komponente steht der alltagssprachlichen Bedeutung von Gefühlen inhaltlich am nächsten. Sie gilt als notwendige und hinreichende Bedingung für das Vorliegen einer Emotion und stellt ihren Kern dar (z. B. Lazarus, 1975). Das affektive Erleben ist vor allem der Introspektion zugänglich.

Langeweile wird mit den Adjektiven reizlos, antriebslos und leer assoziiert, als „Nullpunkt des Lusterlebens" (Arnold, 1975, S. 209), als „unlustvolles Erleben von Impulslosigkeit" (Fenichel, 1934, S. 270) beschrieben. Auch das subjektiv langsame Verstreichen der Zeit im Sinne der Wortbedeutung von ‚lange Weile' gilt als emotionsspezifisches Merkmal (Danckert & Allman, 2005, S. 242; London & Monello, 1974, S. 78; Watt, 1991, S. 325) (zur Etymologie des Begriffs ‚Langeweile' vgl. Adelung, 1786, Sp. 136).

Die *kognitive Komponente* umfasst emotionsspezifische Kognitionen. Je nachdem, ob der Begriff Kognition eng oder weit definiert wird, können damit einfache sensorische Prozesse der Informationsverarbeitung oder komplexe bewusste Bedingungsanalysen gemeint sein. Kognitionen können neben ihrer emotionsgenerierenden Wirkung durch subjektive Bewertungsprozesse von Situationen (vgl. Kap. 1.3) auch Folge von Emotionen sein (zur Emotions-Kognitions-Debatte vgl. Lazarus, 1982, 1999; Zajonc, 1980, 1984a, 1984b).

Langeweilespezifische Kognitionen sind z. B. Tagträumen und das Abschweifen der Gedanken. Daneben sind zeitfokussierende Metakognitionen zu nennen, die den Wunsch beinhalten, die Zeit möge schneller vergehen. Langeweile geht mit aufgabenirrelevantem Denken einher und verhindert damit eine Fokussierung auf die aktuelle Situation und deren Inhalte. Diese nicht aufgabenrelevanten Kognitionen können einen so großen Anteil der Kapazität des Arbeitsgedächtnisses in Beschlag nehmen, dass aufgabenbezogene Kognitionen ausbleiben (Pekrun & Hofmann, 1999, S. 258). Muss jemand eine als langweilig erlebte Tätigkeit ausführen, so erfordert es bewusste Anstrengungen, um die Aufmerksamkeit auf die jeweilige Aktivität zu richten (Csikzentmihalyi, 1978, S. 345 f.; Leary et al., 1986, S. 968).

Die *physiologische Komponente* umfasst periphere physiologische Veränderungen (z. B. Herzfrequenz, Blutdruck, Hormone), die vom vegetativen Nervensystem bestimmt werden. Physiologische Reaktionen können durch Selbst- oder Fremdwahrnehmung sowie durch Messung bestimmter Körperfunktionen (EEG, Blutdruckmessung, EKG) festgestellt werden (vgl. Übersicht bei Schmidt-Atzert, 1996,

S. 103). Körperliche Reaktionen sind nicht emotionsspezifisch, treten also bei verschiedenen Emotionen oder auch bei mentaler bzw. körperlicher Beanspruchung in gleicher Weise auf. Mit physiologischen Messungen konnten Emotionen (z. B. Freude, Angst, Ärger), die sich mit anderen Methoden deutlich voneinander unterscheiden lassen, bislang nicht differenziert werden (Schmidt-Atzert, 1996, S. 102 f.).

Im Hinblick auf die mit Langeweile einhergehenden, typischen physiologischen Veränderungen ist sich die Forschung uneins. Einerseits betrachten die meisten Autoren ein relativ geringes Anregungsniveau als langeweiletypisch (Mikulas & Vodanovich, 1993, S. 4; Titz, 2001, S. 124); Langeweile geht demzufolge mit Müdigkeit, Trägheit und Schlaffheit einher. Andererseits wird Langeweile im Zusammenhang mit Ruhelosigkeit, mit Ärger, Aggression und Impulsivität genannt, was auf ein hohes Anregungsniveau hinweist (Götz & Frenzel, 2006; Harris, 2000, S. 587; Pekrun et al., 2002, S. 96; Rupp & Vodanovich, 1997; Sommers & Vodanovich, 2000; Titz, 2001, S. 123). Auch empirisch bestätigen hohe Korrelationen zwischen Langeweile und Ärger die strukturelle Nähe der beiden Emotionen (Götz, 2004; Pekrun & Hofmann, 1999). Auf der Suche nach Alternativhandlungen, die der Überwindung von Langeweile dienen, kann Trägheit in Unruhe übergehen (vgl. die vier Formen von Langeweile in Bezug auf Energetisierung in Kap. 1.1). Offenbar besteht ein fließender Übergang zwischen Langeweile mit einem niedrigen und einem hohen Anregungsniveau (Götz & Frenzel, 2006; Martin et al., 2006, S. 206).

In engem Zusammenhang mit der physiologischen Komponente steht die *expressive Komponente*; sie wird im Vier-Komponenten-Modell zur physiologisch-expressiven Komponente zusammengefasst (Götz, 2004, S. 12; Titz, 2001, S. 16 f.). Die expressive Komponente umfasst alle sichtbaren physiologischen Veränderungen, die durch emotionsspezifische Muskelaktivitäten bewirkt werden und sich nonverbal (Mimik, Gestik, Blickverhalten, Körperbewegung, Körperhaltung) bzw. vokal (Sprechdauer, Stimmqualität) äußern (vgl. zsf. Scherer & Wallbott, 1990). Der emotionale Zustand einer Person zeigt sich anderen Menschen im Ausdruck, was auf die kommunikative Bedeutung von Emotionen verweist.

Langeweile ist z. B. durch Zurücklehnen oder Zusammensinken des Oberkörpers, durch Gähnen sowie durch einen starren, leeren und ziellosen Blick wahrnehmbar (zum Erkennen von Emotionen anhand des Ausdrucks vgl. Ekman, 2004; Schmidt-Atzert, 1996, S. 107 ff.). Lehrkräften ist nur diese expressive Komponente zugänglich; was die Schüler fühlen (affektive Komponente), was sie denken (kognitive Komponente) oder was sie gerne tun würden (motivationale Komponente), bleibt Außenstehenden verborgen.

Durch die *motivationale Komponente* wird der enge Zusammenhang zwischen Emotion und Motivation deutlich. Emotionen sind für die Entstehung von Motivationen verantwortlich – sie werden als „Organisationskerne von Motivation" bezeichnet (Heckhausen & Heckhausen, 2006, S. 94). Die motivationale Komponente umfasst emotionsspezifische Handlungsimpulse. Es geht also nicht unbedingt um tatsächlich ausgeführte Handlungen, sondern um Handlungswünsche oder Handlungsabsichten, die durch die Emotion ausgelöst werden. Ihr Ziel ist es, auf die gegenwärtige Situation einzuwirken.

Beim Erleben von Langeweile können diese Handlungsimpulse zu einem Tätigkeitswechsel motivieren. So kann Langeweile den Impuls auslösen, für zusätzliche Stimuli zu sorgen, indem man sich anderen Tätigkeiten zuwendet oder die als langweilig erlebte Situation verlässt.

Die Aufteilung einer komplexen Emotion wie Langeweile in affektive, kognitive, physiologische, expressive und motivationale Anteile soll nicht den Eindruck erwecken, es handele sich bei den jeweiligen Komponenten um voneinander unabhängige Bereiche. Emotionen, Kognitionen und Motivationen überschneiden sich und bedingen einander (Pekrun & Jerusalem, 1996, S. 4; Pekrun & Schiefele, 1996, S. 154 f.).

Zu betonen ist auch, dass die jeweiligen Ausprägungen der Komponenten *nicht langeweilespezifisch* sind; einige der genannten Reaktionen zeichnen in gleicher oder ähnlicher Weise auch andere Emotionen aus. Aufgabenirrelevante Kognitionen treten beispielsweise nicht nur bei Langeweile, sondern auch bei Angst und Ärger auf (Pekrun & Hofmann, 1999, S. 260; Pekrun et al., 2002, S. 94). Erst durch das *Zusammenwirken* spezifischer Ausprägungen der Komponenten weisen Emotionen ein unverwechselbares Erscheinungsbild auf. Langeweile ist eine eigenständige Emotion, die auch empirisch von ähnlichen Erlebenszuständen unterschieden werden kann (vgl. Kap. 2.2).

Zusammenfassend ist festzuhalten, dass Langeweile mit affektiven, kognitiven, physiologischen, expressiven und motivationalen Prozessen einhergeht, die leistungsmindernde Funktion haben. Ein sich langweilender – z. B. lustloser, vor sich hin träumender, träger – Schüler kann das Unterrichtsgeschehen nicht mehr aufmerksam verfolgen. Diese negativen Wirkungen auf den Lernprozess werden noch dadurch verstärkt, dass das Erleben einer Emotion in einer Situation auch das intensive Erleben anderer Emotionen gleicher Valenz impliziert; Langeweile korreliert positiv mit Ärger, Frustration, Hoffnungslosigkeit und Angst (Farmer & Sundberg, 1986; Götz, 2004; Götz, Frenzel, Pekrun & Hall, 2006b; Harris, 2000; Larson & Richards, 1991; Pekrun, 1998; Sundberg & Bisno, 1983; Titz, 2001).

1.3 Entstehung von Langeweile

In der Forschung zu Langeweile gibt es bislang lediglich drei Modelle, welche die Entstehung von Langeweile abzubilden versuchen; zwei davon sind auf den schulischen Kontext bezogen. Es handelt sich um wissenschaftliche Modelle im weiteren Sinn – angegeben wird zwar die Richtung des Einflusses zwischen zwei Merkmalen, nicht aber dessen Stärke.

Die drei Modelle werden nun vorgestellt. Im Anschluss an das Modell von Hill und Perkins (1985) werden die beiden schulbezogenen Modelle von Robinson (1975) und Götz (unveröffentlicht) dargestellt. Die Bedeutung für die vorliegende Arbeit wird jeweils aufgezeigt. Abschließend werden Gemeinsamkeiten und Unterschiede zwischen den Modellen zusammengefasst.

Hill und Perkins (1985). Die Autoren entwickeln ein Modell von Langeweile, in dem die Emotion auf der Basis von Komponenten definiert und personale, situative sowie aufgabenspezifische Ursachen von Langeweile berücksichtigt werden. Ziel der Autoren ist es, typische Zusammenhänge bei der Entstehung von Langeweile aufzuzeigen und Langeweile von Interesse und Abneigung abzugrenzen (vgl. Abb. 2).

Ausgangspunkt des Modells ist die subjektive Interpretation eines Stimulus vor dem Hintergrund aktueller Bedürfnisse. Eine zentrale Ursache für Langeweile ist die subjektiv wahrgenommene Monotonie einer Situation. Aus Sicht der Person fehlt den Stimuli eine Neuartigkeit (Berlyne, 1974, S. 236). Ob in der Folge Langeweile entsteht, hängt von *situativen, personalen* und *aufgabenspezifischen Merkmalen* ab.

Situative Merkmale. Wird eine Situation als monoton erlebt, begibt sich die Person auf die Suche nach zusätzlichen oder alternativen Anreizen. Im schulischen Kontext sind die Möglichkeiten zu selbstregulatorischen Tätigkeiten jedoch nur in eingeschränktem Maße gegeben, so dass die Suche nach alternativen Stimuli schwierig ist. Auch können Schüler langweilige Unterrichtssituationen meistens nicht einfach verlassen.

Personale Merkmale. Das Erleben von Langeweile wird bei einer hohen Ausprägung der Merkmale Extraversion und/oder Neurotizismus wahrscheinlicher.

Aufgabenspezifische Merkmale. Wird eine Situation als langweilig erlebt, kann ein Wechsel der Aufgabe Abhilfe schaffen.

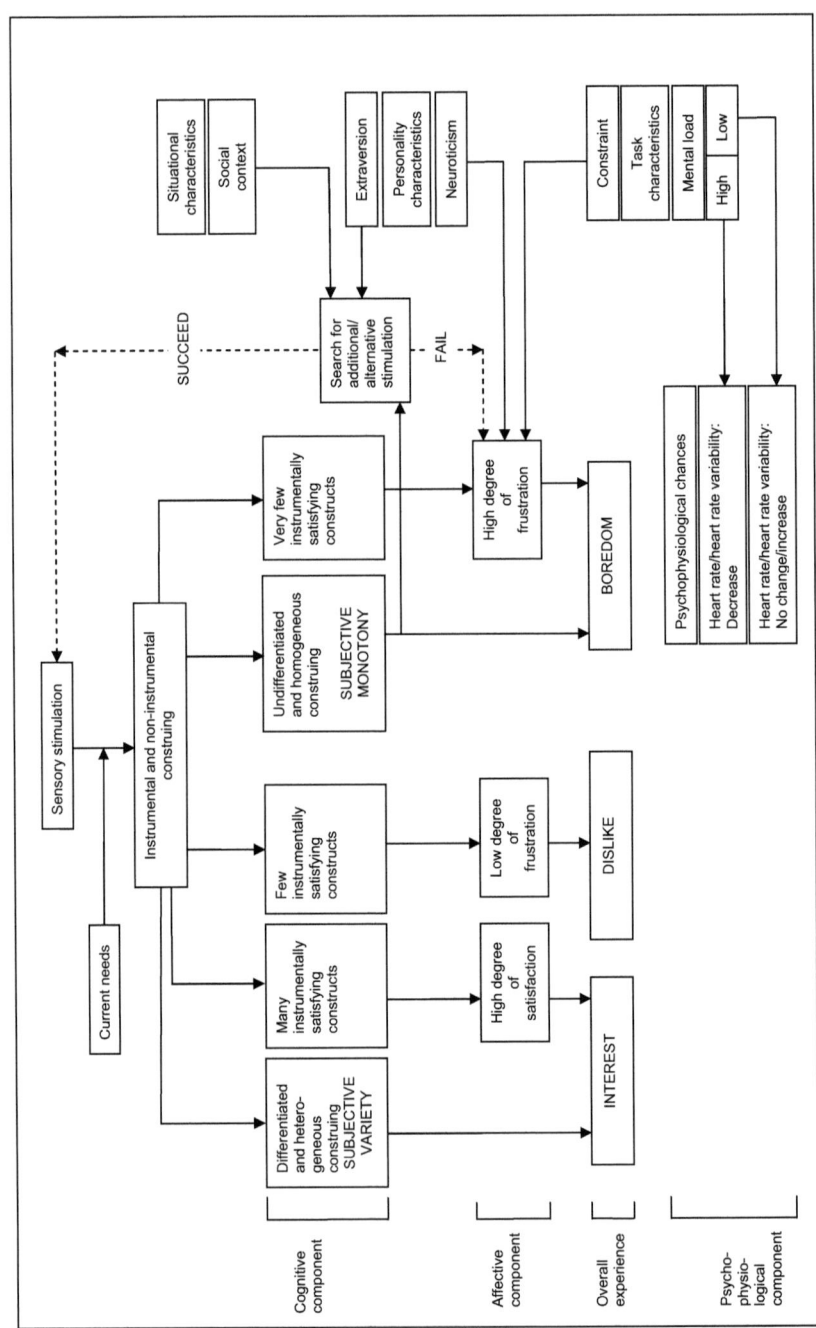

Abb. 2: Eine schematische Darstellung des Erlebens von Interesse, Abneigung und Langeweile (Hill & Perkins, 1985, S. 236)

Hill und Perkins (1985) stellen in dem Modell komplexe Zusammenhänge bei der Entstehung von Langeweile dar. Es wird deutlich, dass individuelle Interessen und die Bedeutung einer Situation für das Erleben von Langeweile entscheidend sind. Betont wird die *subjektive* Wahrnehmung und Interpretation einer Situation. In der vorliegenden Arbeit wird dem Rechnung getragen: Nicht nur die personenspezifischen Merkmale, sondern auch sämtliche Unterrichtsmerkmale werden aus der Perspektive der Schüler erfasst. Zudem werden die von Hill und Perkins (1985) genannten Persönlichkeitsmerkmale Extraversion und Neurotizismus erhoben und deren Zusammenhang zu schulischer Langeweile untersucht.

Robinson (1975). Der Autor zeigt in seinem Modell auf, wie individuelle und situative Einflussfaktoren bei der Entstehung schulischer Langeweile zusammenwirken (vgl. Abb. 3).

Als *unmittelbare Ursachen* für Langeweile werden ein monoton erlebter Unterricht, die wahrgenommene Nutzlosigkeit des Fachs sowie fehlende Ziele aufgeführt. Schulische Langeweile steht zudem im Zusammenhang mit allgemeiner, also schulunabhängiger Langeweile sowie mit Schulunlust.

Im Modell werden *weitere Einflussfaktoren* für Langeweile genannt: das häusliche Umfeld (Sozialschicht, Einkommen, materielle Bedingungen), die Eltern (Wertschätzung schulischer Bildung, Interesse am Schüler bzw. am schulischen Fortschritt), die Peergroup (Wertschätzung von Bildung), die Schule (Ausstattung, Ressourcen) und die Lehrkraft (Interesse am Schüler bzw. am Unterrichten und an schulischen Inhalten).

Zudem werden mögliche *Auswirkungen* von Langeweile erfasst wie Schwänzen, ein vorzeitiger Schulabbruch, geringe Anstrengungsbereitschaft sowie Rückzug und Aggressivität, was sich in geringen Leistungen niederschlagen kann. Diese Merkmale bestimmen wiederum die Wahrnehmung von Unterricht und den Nutzen des Fachs.

Zusammenfassend ist festzuhalten, dass das Modell die Komplexität des Konstrukts Langeweile beschreibt. Es wird deutlich, dass zahlreiche schulische und außerschulische Einflussfaktoren zu berücksichtigen sind, wenn man die Entstehung von Langeweile aufdecken will. Ausgeklammert bleiben hingegen allgemeine Persönlichkeitsmerkmale wie z. B. Extraversion sowie selbst- und fachspezifische Kognitionen des Schülers.

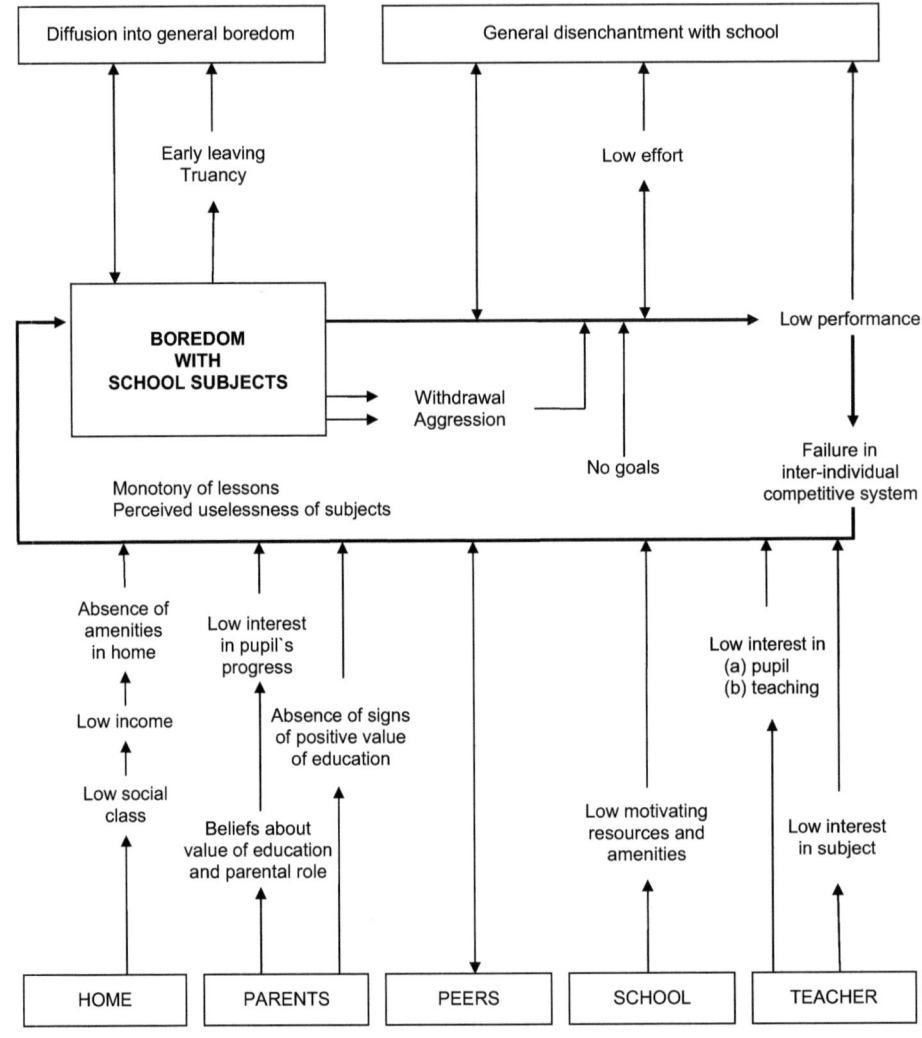

Abb. 3: Individuelle und situative Einflussfaktoren bei der Entstehung schulischer Langeweile (Robinson, 1975, S. 143)

Schwerpunkt der vorliegenden Studie ist die Untersuchung von Zusammenhängen zwischen Langeweile sowie weiteren Merkmalen der Schülerpersönlichkeit und der Lernsituation. Die bei Robinson (1975) genannten Variablen *monoton erlebter Unterricht*, *Valenz des Fachs*, *Schulunlust*, *Anstrengungsbereitschaft* sowie Merkmale der *Lehrkraft* werden auch in dieser Studie berücksichtigt. Da jedoch außerschulische Einflussfaktoren ausgeblendet bleiben, ist das Modell von Robinson (1975) für diese Arbeit weniger hilfreich.

Götz (unveröffentlicht). Das Modell veranschaulicht zentrale Aspekte der kognitiv vermittelten Entstehung von Langeweile im schulischen Kontext. Im Mittelpunkt steht die Interaktion situativer und individueller Faktoren. Ausgeblendet bleiben Merkmale der proximalen und distalen Umwelt, in die diese Prozesse eingebettet sind und die zu ihrer Genese beitragen (vgl. Abb. 4).

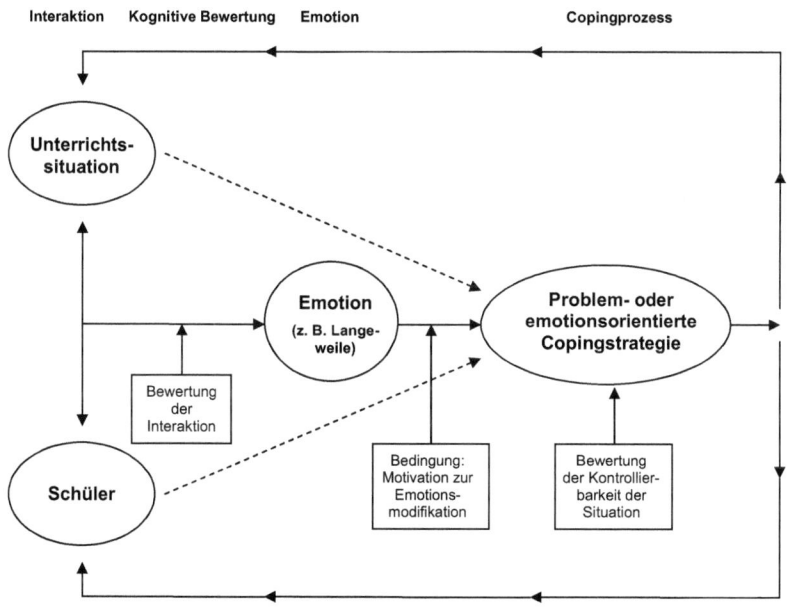

Abb. 4: Entstehung schulischer Langeweile (in Anlehnung an Götz, unveröffentlicht)

Schulische Langeweile entsteht z. B., wenn sich ein *Schüler* in einer *Unterrichts-situation* befindet, die subjektiv bedeutungslos erscheint. Wie die *Interaktion* der jeweiligen situativen und individuellen Merkmale *bewertet* wird, entscheidet somit über das situationsspezifische emotionale Erleben.

Der *erste Bewertungsprozess* bezieht sich auf die *aktuelle Situation*: Der Schüler bewertet die Lernsituation, also z. B. die didaktische Qualität der Unterrichtsgestaltung (Wiederholung, methodische Monotonie, usw.) vor dem Hintergrund eigener Bedürfnisse sowie allgemeiner, schul- und fachspezifischer Persönlichkeitsmerkmale. Beispielsweise wird die Bewertung der Schwierigkeit einer Aufgabenstellung von der Einschätzung des Fähigkeitsselbstkonzepts bestimmt. Bei einer subjektiv zu leichten Aufgabe wird sich ein Schüler dann eher langweilen als bei einer optimalen Passung von Aufgabenschwierigkeit und eigenen Fähigkeiten.

Der *zweite Bewertungsprozess* betrifft die Einschätzung der *Kontrollierbarkeit der Situation*: Hier analysiert der Schüler *Copingstrategien*, die ein anderes emotionales Befinden ermöglichen könnten (vgl. Kap. 1.4). *Bedingung* dafür ist eine *Motivation zur Emotionsmodifikation*. Diese ist bei Langeweile, einer überwiegend negativ erlebten Emotion, meist gegeben.

Das Modell ist für diese Arbeit insofern weiterführend, als die Aktualgenese schulischer Langeweile dargestellt wird. Das Zusammenspiel situativer und individueller Merkmale sowie der Copingsprozess werden aufgezeigt. Damit bildet das Modell die theoretische Grundlage dieser Arbeit.

Was im Modell jedoch fehlt, sind Annahmen darüber, *welche* situativen oder personalen Variablen die Entstehung von Langeweile und die Wahl von Copingstrategien beeinflussen. Damit bleibt auch offen, wie die Einflüsse wirken, also Angaben zu deren Art (positiver/negativer Zusammenhang) und Stärke. Diese Zusammenhänge werden in der vorliegenden Arbeit genauer beleuchtet.

Gemeinsam ist den drei Modellen, dass sie auf einem kognitionstheoretischen Ansatz basieren. Demzufolge werden Emotionen durch kognitive (allerdings nicht unbedingt bewusste oder kontrollierte) Bewertungsprozesse ausgelöst. Die Reaktionsmuster in den unterschiedlichen Subsystemen (bzw. Komponenten) hängen vom Resultat dieser Bewertungsprozesse ab (vgl. Zentner & Scherer, 2000, S. 157). Emotionen entstehen diesen Theorien zufolge aufgrund der Interaktion einer Person mit einer Situation, die subjektiv bewertet wird (Ulich & Mayring, 1992, S. 73 ff.). Die Wahrnehmungen der Person und die Bewertungsprozesse beruhen auf individuellen Erfahrungen, Überzeugungen und Zielen. Dadurch ist die Beziehung zwischen Person und Umwelt stets einzigartig (Mandl & Reiserer, 2000, S. 99). Es ist deshalb unmöglich, vorherzusagen, wie eine Person auf eine bestimmte Situation reagieren wird (Csikszentmihalyi, 1987, S. 76).

Die Modelle *unterscheiden* sich dahingehend, auf welcher Ebene langeweilespezifische Einflussfaktoren berücksichtigt werden. Während Hill und Perkins (1985) die Aktualgenese allgemeiner Langeweile zu beschreiben versuchen, berücksichtigt Robinson (1975) in seinem Modell zahlreiche Kontextfaktoren, um Ursachen und Auswirkungen schulischer Langeweile aufzuzeigen. Götz wiederum beschreibt die Aktualgenese schulischer Langeweile sowie den Copingprozess.

1.4 Coping von Langeweile

Das Wissen um die Entstehung von Langeweile trägt dazu bei, Ansatzpunkte für eine Veränderung der Emotion zu finden: Langeweile entsteht durch eine Bewertung der Interaktion von Situation und Individuum. Copingstrategien können deshalb an der *Situation* oder am *Individuum* ansetzen. Durch ihren Einsatz kann das emotionale Erleben positiv verändert werden (vgl. Abb. 4).

Die Wahl von Copingstrategien ist stets individuell und situationsspezifisch. Jeder Mensch wendet andere Strategien an, da diese durch Dispositionen, vorherige Wahrnehmungen und Erfahrungen sowie die soziale Einbindung beeinflusst sind und von der jeweiligen Situation abhängen. Dies wird in Abbildung 4 durch die gestrichelten Linien angedeutet. So wird sich ein Schüler möglicherweise nicht trauen, die Lehrkraft um eine Veränderung der Lernsituation zu bitten, wenn der Schüler Unverständnis oder Sanktionen fürchtet. Die Wahl von Copingstrategien wird zudem durch eine von Zwang gekennzeichnete Situation erheblich erschwert (Fisher, 1993, S. 399 f.).

Es lassen sich *problem-* und *emotionsorientierte Copingstrategien* unterscheiden. Bei *problemorientierten Copingstrategien* bemüht sich die Person, die aktuelle Situation zu verändern. Fühlt sich ein Schüler unterfordert, könnte er die Lehrkraft um eine schwierigere Aufgabe bitten. Ebenso gut könnte er sich anderen, unterrichtsfremden Tätigkeiten widmen: malen, Briefe schreiben, mit dem Nachbarn reden. Die Veränderung der Situation ist für den Einzelnen erfolgversprechend, weil die Ursache von Langeweile in der Wahrnehmung der Situation begründet liegt. Zu berücksichtigen ist aber, dass die Anwendung einer problemorientierten Copingstrategie zu Unruhe und Disziplinschwierigkeiten in der Klasse führen kann (Freeman, 1993, S. 29).

Bei der Anwendung *emotionsorientierter Copingstrategien* ändert sich an der Situation nichts, allerdings bemüht sich die Person um eine andere Wahrnehmung und Interpretation derselben (Conrad, 1997, S. 474; Mikulas & Vodanovich, 1993, S. 6). Das kann z. B. durch eine Neubewertung der Aufgabenstellung oder durch einen anderen Blick auf die eigenen Bedürfnisse und Dispositionen geschehen. Eine als zu einfach wahrgenommene und als langweilig empfundene Aufgabe kann dann als gute Möglichkeit zur Übung und Wiederholung neu interpretiert werden; ebenso kann eine als zu schwierig erlebte Aufgabe als Herausforderung wahrgenommen werden.

Welche Strategie Anwendung findet, hängt von dem vorausgegangenen Bewertungsprozess ab (vgl. Kap. 1.3). Wird die Situation als veränderbar und kontrollierbar eingeschätzt, ist der Einsatz problemorientierter Strategien wahrscheinlich. Ist dies nicht der Fall, dürfte die Person versuchen, ihr Erleben durch emotionsorientierte Copingstrategien zu beeinflussen (Lazarus & Folkman, 1984, S. 148 ff.).

Rückkopplungspfeile verdeutlichen die Wirkung des Copingprozesses auf das Individuum und/oder auf die Situation. Es kommt zu einer *Neubewertung der Interaktion* von Situation und Individuum (Lazarus & Folkman, 1984, S. 38; Schwarzer, 1993, S. 19). Ergebnis des Copingprozesses ist damit eine gegebenenfalls modifizierte Emotion.

1.5   Ebenen zur Beschreibung schulischer Langeweile

Schulische Langeweile kann auf der Ebene von *Individuen, Lebensbereichen, Unterrichtsfächern, Lernsituationen* und *Unterrichtssituationen* beschrieben werden (vgl. Abb. 5).

Auf der Ebene des *Individuum*s werden personale Unterschiede angenommen. Danach unterscheiden sich Menschen in ihrer grundsätzlichen Neigung zu Langeweile (Farmer & Sundberg, 1986; Vodanovich, 2003b, S. 589). Während sich ein Schüler beispielsweise in Phasen des Leerlaufs schnell langweilt, erlebt ein anderer diese Momente als Denkpausen und hängt seinen Gedanken nach, ohne sich zu langweilen.

Es ist denkbar, dass sich Schüler in der Schule, nicht aber in der Freizeit langweilen – und umgekehrt. Diese Unterscheidung von *Lebensbereichen* ist durch die zweite Ebene realisiert. Schulische bzw. außerschulische Langeweile werden hier erfasst.

Schulische Langeweile kann wiederum nach *Unterrichtsfächern* unterschieden werden. Ein Schüler langweilt sich beispielsweise in Kunst oder Mathematik, nicht aber in Sport. Diese Ebene erfasst also eine fachspezifische schulische Langeweile.

Das Auftreten von Langeweile kann zudem im Hinblick auf verschiedene *Lernsituationen* – den Unterricht oder das häusliche Lernen – variieren.

Darüber hinaus können diese Lernsituationen danach differenziert werden, in welchen *Unterrichtssituationen* Langeweile auftritt. Langweilt sich der Schüler z. B. in Wiederholungs- oder in Unterforderungssituationen? Oder langweilt sich der Schüler vor allem dann, wenn er nicht in das Unterrichtsgespräch einbezogen ist bzw. wenn er eine Aufgabe bearbeitet hat und auf die Mitschüler warten muss?

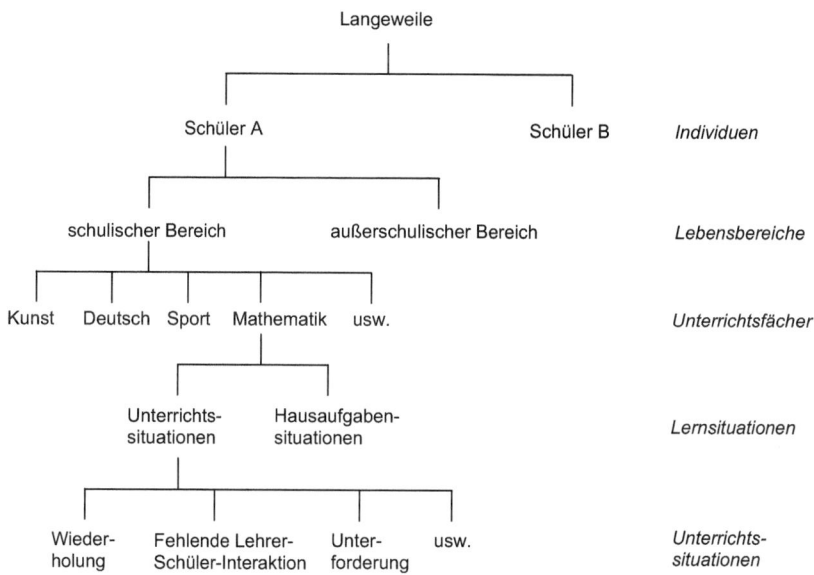

Abb. 5: Ebenen zur Beschreibung schulischer Langeweile

Das Wissen um diese Ebenen ist für eine empirische Erfassung des Konstrukts bedeutsam. Bisher wurde schulische Langeweile auf der Ebene von Lebensbereichen (z. B. Schneider, 2005), Unterrichtsfächern (z. B. Götz, 2004) und Lernsituationen (z. B. Pekrun, 1998) erhoben. In dieser Studie wird Langeweile auf der

Ebene von Unterrichtssituationen untersucht. Dieses Vorgehen schließt eine Forschungslücke.

1.6 Zusammenfassung

Im Mittelpunkt dieses Kapitels stand eine Analyse und Definition des Konstrukts Langeweile. Zusammenfassend erscheinen folgende Erkenntnisse wichtig:

– Langeweile wird als *Emotion* definiert und damit von *Gefühlen* oder *Stimmungen* abgegrenzt. *Situative* und *existentielle* Formen von Langeweile sind zu unterscheiden. In Schule und Unterricht tritt meist die situative Form der Langeweile auf, weshalb die existentielle Langeweile hier ausgeblendet bleibt.

– Langeweile ist eine *gegenwarts- und aufgabenbezogene, negative* sowie in der Regel *deaktivierende Lernemotion*. In welcher *Intensität* und über welche *Dauer* Langeweile erlebt wird, ist abhängig von der Situation und der Person.

– Langeweile wird in Bezug auf *affektive, kognitive, physiologische, expressive* und *motivationale* Komponenten definiert. Wesentliche Merkmale können eine Antriebslosigkeit, das Abschweifen der Gedanken, Müdigkeit, ein starrer und zielloser Blick sowie die Suche nach Stimuli sein.

– In der Literatur zu Langeweile finden sich drei *Modelle*, welche die *Entstehung von Langeweile* abzubilden versuchen. Die Modelle unterscheiden sich dahingehend, auf welcher Ebene langeweilespezifische Einflussfaktoren berücksichtigt werden. Hinsichtlich der Entstehung *schulischer Langeweile* bezieht sich diese Arbeit auf das Modell von Götz. Im Mittelpunkt des Modells steht die *Interaktion individueller und situativer Faktoren*, deren *subjektive Bewertung* sowie der *Copingprozess*.

– Bei Langeweile können zwei Copingstrategien unterschieden werden: *Bei problemorientierten Copingstrategien* steht die Veränderung der aktuellen Situation im Mittelpunkt. Bei *emotionsorientierten Bewältigungsstrategien* geht es um eine andere Wahrnehmung und Interpretation der Situation.

– Schulische Langeweile kann auf der Ebene von *Individuen, Lebensbereichen, Unterrichtsfächern, Lernsituationen* und *Unterrichtssituationen* beschrieben werden.

2 Forschungsstand

Dass Emotionen den Lernprozess und Leistungsergebnisse beeinflussen, ist in der Pädagogischen Psychologie und in der (Grund-)Schulpädagogik unstrittig (zsf. Helmke & Weinert, 1997; Learning and Instruction: Themenheft Emotionen, 2005). Dennoch spielen Emotionen in der pädagogisch-psychologischen Forschung eine untergeordnete Rolle. Eine Ausnahme bildet Angst, eine in Lern- und Leistungssituationen besonders intensiv erlebte Emotion, zu der eine Vielzahl von Studien vorliegt (Pekrun et al., 2002, S. 92; vgl. zsf. Schnabel, 1996). Über andere Lern- und Leistungsemotionen ist hingegen weniger bekannt; Schüleremotionen sind, so der Titel eines Beitrags von Pekrun (1998), „ein blinder Fleck in der Unterrichtsforschung". Dies trifft auch auf die Lernemotion Langeweile zu.

Das spärliche Wissen über Langeweile überrascht angesichts der Häufigkeit ihres Auftretens in Lernsituationen und der zu erwartenden negativen Wirkungen auf den Lernprozess und die Lernleistung (Pekrun, 2000, S. 146 f.). Ebenso wie Angst Aufmerksamkeit von der Aufgabenstellung abzieht und intrinsische Motivation reduziert (Pekrun & Schiefele, 1996, S. 168), behindert auch Langeweile eine tiefere Informationsverarbeitung.

Eine Zusammenschau empirischer Studien zur Lernemotion Langeweile fehlt bisher. Die vorhandenen Literaturrecherchen berücksichtigen nicht nur Studien zur Lernemotion Langeweile, sondern sämtliche empirische Arbeiten, so dass z. B. auch Langeweile in Ausbildungs- und Arbeitskontexten oder in der Freizeit erfasst wird (Pekrun & Frese, 1992; Pekrun et al., 2002; Smith, 1981). Im Rahmen dieser Arbeit wurde deshalb eine weitere Literaturrecherche durchgeführt.[1] Auswahlkriterien für die Studien waren

- die Auseinandersetzung mit Langeweile als *Lernemotion* (Gegenstand)
- die Untersuchung von Langeweile bei *Kindern* bzw. *Jugendlichen* (Stichprobe).

Im Forschungsstand werden nicht nur jene Arbeiten berücksichtigt, in denen das Erkenntnisinteresse der Lernemotion Langeweile gilt (z. B. Götz, Frenzel & Haag, 2006a; Götz et al., 2006b; Illge, 1929; Pekrun et al., 2002; Titz, 2001), sondern auch solche Studien, in denen eine andere Fragestellung im Mittelpunkt steht und Langeweile lediglich als Kontextmerkmal erfasst wird (z. B. Fichten, 1993; Holler-Nowitzki & Meier, 1997; Valtin et al., 2005).

---

1 Über die mir bekannten Arbeiten hinaus wurden die Studien durch Literaturrecherchen in der Datenbank *PsycINFO* erfasst. Die Suche basierte auf folgenden Angaben:
boredom [title]
boredom [abstract] UND *school* [abstract]
boredom [key concepts] UND *learn** [anywhere]

Die Übersicht über den Forschungsstand zu Langeweile gliedert sich wie folgt:

Darstellung von Einzelstudien. In diesem Kapitel werden die Forschungsergebnisse aus 35 Studien dargestellt, die für die Lernemotion Langeweile als besonders relevant erachtet werden (vgl. Kap. 2.1).[2]

Zusammenfassung. Der Forschungsstand zu Langeweile wird hier systematisch zusammengefasst. Dies geschieht anhand der in Kapitel 2.1 verwendeten Kriterien (vgl. Kap. 2.2).

Forschungslücken. Auf der Grundlage der Ausführungen zum Forschungsstand werden abschließend Forschungslücken aufgezeigt (vgl. Kap. 2.3).

---

2   Nicht alle Ergebnisse aus den Studien können in Tabelle 2 berücksichtigt werden. Wer sich über das Design und die Ergebnisse einzelner Arbeiten detaillierter informieren möchte, findet auf der Homepage des Waxmann Verlags eine Zusammenfassung der Einzelstudien. Link: http://www.waxmann.com/kat/1896.html

2.1 Darstellung von Einzelstudien

In Tabelle 2 werden die Forschungsergebnisse aus 35 Einzelstudien zusammengefasst. Die Darstellung greift zentrale Aspekte aus der Forschung zu Langeweile heraus.

Design der Studie:

- *Autor/en* und *Jahr* der Veröffentlichung
- *Stichprobe*, d. h. Größe der Stichprobe, Alter der Probanden, Jahrgangsstufe
- *Methode*, also Erhebungsverfahren und -instrumente (z. B. Fragebogen, Interview) sowie eine Angabe darüber, auf welcher Ebene Langeweile erfasst wird

Forschungsergebnisse:

- *Vorkommen*
- *Ursachen (personale bzw. situative Merkmale)*
- *Zusammenhänge zwischen Langeweile und personalen bzw. situativen Merkmalen*
- *Coping*

Zu Tabelle 2 sind folgende Anmerkungen zu machen:

Die Studien sind alphabetisch geordnet.

Spalte *Design der Studie*:
M = Mittelwert (Durchschnittsalter)
N = Stichprobenumfang
$N(\Sigma)$ = Stichprobenumfang mehrerer Einzelstudien
ESM = Experience Sampling Method (Csikszentmihalyi & Larson, 1987)
BP = Boredom Proneness Scale (Farmer & Sundberg, 1986)
BS = Boredom Susceptibility Scale (Zuckerman, 1979)
AEQ = Achievement Emotions Questionnaire (Pekrun, Götz & Frenzel, 2007)

Spalte *Forschungsergebnisse (Zusammenhänge)*:
Wenn möglich werden Richtung, Höhe und Irrtumswahrscheinlichkeit der Korrelationen angegeben. Wo diese unvollständig sind, fehlen die entsprechenden Angaben in den Originalarbeiten.
* $p < .05$
[a] Genannt werden die Korrelationen für Mädchen/für Jungen.
[b] Genannt werden die Korrelationen aus der Studie von Pekrun (1998)/von Pekrun und Hofmann (1999).
[c] Genannt werden die Korrelationen für Lernsituationen/für Veranstaltungssituationen.
[d] *Mood monitoring* und *mood labeling* sind Subskalen der Mood Awareness Scale (Swinkels & Giuliano, 1995). *Mood monitoring* erfasst die Aufmerksamkeit für die eigene Stimmung, *mood labeling* die Fähigkeit, das aktuelle Erleben rasch zu benennen.

Tab. 2: Übersicht über empirische Forschungsergebnisse zu Langeweile

| Design der Studie | Forschungsergebnisse | | | |
Autor/en (Jahr) Stichprobe Methode	Vorkommen	Ursachen personale bzw. situative Merkmale	Zusammenhänge zwischen Langeweile und personalen bzw. situativen Merkmalen	Coping
FARMER & SUNDBERG (1986) $N (\Sigma) = 596$ Studenten • Fragebogen (*BP*) Ebene der Erfassung: Individuum			• Hoffnungslosigkeit ($r = .41^*$) • Einsamkeit ($r = .53^*$) • Niedergeschlagenheit ($r = .54^*$) • Depression ($r = .44^*$) • Aufmerksamkeit ($r = -.29^*$) • Lebenszufriedenheit ($r = -.42^*$) • Soziale Eingebundenheit ($r = -.43^*$) • Autonomie ($r = -.36^*$)	
FARRELL, PEGUERO, LINDSEY & WHITE (1988) $N = 61$ Jugendliche (potentielle Schulabbrecher) • Interview Ebene der Erfassung: Schule		situativ: • Fächer: Mathe, Englisch • Unterrichtsgestaltung • Unterrichtsinhalte • Lehrerpersönlichkeit		
FELDHUSEN & KROLL (1991) $N = 463$ Schüler (jeweils ca. 50 % hochbegabte und normalbegabte Schüler) • Fragebogen Ebene der Erfassung: Schule	Kein Unterschied zwischen hoch- und normalbegabten Schülern.			

Design der Studie	Forschungsergebnisse			
Autor/en (Jahr) **Stichprobe** **Methode**	**Vorkommen**	**Ursachen** *personale bzw. situative Merkmale*	**Zusammenhänge** *zwischen Langeweile und personalen bzw. situativen Merkmalen*	**Coping**
FICHTEN (1993) $N (\Sigma) = 90$; 6. Jgst. bis Berufs-schule ▪ Fragebogen ▪ Interview Ebene der Erfassung: Schule		personal: ▪ Hohe Fähigkeiten ▪ Unzureichende Fähigkeiten ▪ Desinteresse ▪ Lustlosigkeit situativ: ▪ Unterrichtsmethoden (Lehrervortrag, Stillarbeit, Frontalunterricht) ▪ Unterrichtsgestaltung (inhaltliche und methodische Monotonie, Wiederho-lung) ▪ Passivität (mangelnde Aktivierung) ▪ Unterrichtsinhalte (mangelnder Sinn-bezug) ▪ Zwanghaftigkeit des Unterrichtsge-schehens ▪ Mangelnde Selbstbestimmung ▪ Lehrerpersönlichkeit		▪ Schüler-taktiken ▪ Nebentätig-keiten
FOGELMANN (1976) $N = 13712$; 11 Jahre ▪ Fragebogen Ebene der Erfassung: Freizeit	Anteil der sich langweilenden Kinder in der Freizeit: sehr häufig: 4 % manchmal: 65 % nie: 31 %		positive Korrelationen: ▪ Familiengröße negative Korrelationen: ▪ Ausgeglichenheit ▪ Von Lehrkraft eingeschätzte schulische Ange-passtheit ▪ Leistung ▪ Soziale Herkunft	

Design der Studie Autor/en (Jahr) Stichprobe Methode	Forschungsergebnisse			
	Vorkommen	Ursachen *personale bzw. situative Merkmale*	Zusammenhänge *zwischen Langeweile und* *personalen bzw. situativen Merkmalen*	Coping
FREEMAN (1991) $N = 210$; 5–14 Jahre (follow-up: $N = 170$) ▪ Fragebogen ▪ Interview Ebene der Erfassung: Schule, Freizeit	Schüler erleben mehr Langeweile in der Freizeit als in der Schule.			
GALLAGHER, HARRADINE & **COLEMAN (1997)** $N = 871$ hochbegabte Schüler ($N = 173$ Grundschüler, $N = 698$ Sek I/II) ▪ Fragebogen Ebene der Erfassung: Schule		personal: ▪ Hohe Fähigkeiten situativ: ▪ Fehlende Herausforderung ▪ Wiederholung ▪ Warten müssen		
GJESME (1977) $N = 639$; 6. Jgst. ▪ Fragebogen Ebene der Erfassung: Schule			▪ Misserfolgsmotiv ($r = .13*/.20*$) [a] ▪ Erfolgsmotiv ($r = -.21*/-.16*$) [a] ▪ Schulzufriedenheit ($r = -.63*/-.60*$) [a] ▪ Fähigkeiten (*) (Unterschieden werden drei Fähigkeitsniveaus: Schüler mit hohen Fähigkeiten langweilen sich weniger als Schüler mit mittleren oder geringen Fähigkeiten.)	

Design der Studie	Forschungsergebnisse			
Autor/en (Jahr) Stichprobe Methode	Vorkommen	Ursachen personale bzw. situative Merkmale	Zusammenhänge zwischen Langeweile und personalen bzw. situativen Merkmalen	Coping
GLÄSER-ZKUDA (2001) $N = 24$; 8. Jgst • Interview • Tagebuch • Fragebogen Ebene der Erfassung: Unterrichtsfach	Anteil der sich langweilenden Schüler im Unterricht: viel: 1 Schüler etwas: 14 Schüler keine: 4 Schüler (keine fach- oder geschlechtsspezifischen Unterschiede)			
GÖTZ (2004) $N (\Sigma) = 1483$; 5.–10. Jgst. • Fragebogen Ebene der Erfassung: Unterrichtsfach, Lernsituation	Schüler erleben mehr Langeweile im Unterricht als bei den Hausaufgaben. (keine geschlechtsspezifischen Unterschiede; aber: schulartspezifische Unterschiede)		Angst ($r = .32^*$) Ärger ($r = .69^*$) Hoffnungslosigkeit ($r = .46^*$) Aufgabenirrelevantes Denken ($r = .80^*$) Unterrichtsstörungen ($r = .36^*$) Interaktionstempo ($r = .30^*$) Schwierigkeit des Fachs ($r = .35^*$) Leistungsdruck ($r = .32^*$) Bestrafung ($r = .34^*$) Freude ($r = -.61^*$) Anstrengung ($r = -.54^*$) Selbstregulation ($r = -.34^*$) Fremdregulation ($r = -.23^*$) Selbstwirksamkeit ($r = -.30^*$) Fähigkeitsselbstkonzept ($r = -.42^*$) Leistungsbezogene Valenz ($r = -.29^*$) Interesse ($r = -.58^*$) Intrinsische Motivation ($r = -.61^*$) Kompetenzmotivation ($r = -.53^*$) Leistungsmotivation ($r = -.38^*$) Soziale Motivation ($r = -.18^*$) Volition ($r = -.40^*$) Selbstbestimmung ($r = -.20^*$)	

Design der Studie	Forschungsergebnisse			
Autor/en (Jahr) Stichprobe Methode	Vorkommen	Ursachen personale bzw. situative Merkmale	Zusammenhänge zwischen Langeweile und personalen bzw. situativen Merkmalen	Coping
GÖTZ (2004) (Fortsetzung)			▪ Akzeptanz/Vertrauen ($r = -.35^*$) ▪ Flexibler Einsatz von Lernstrategien ($r = -.35^*$) ▪ Klarheit und Strukturiertheit des Unterrichts ($r = -.43^*$) ▪ Motivierungsfähigkeit ($r = -.40^*$) ▪ Unterrichtsengagement ($r = -.37^*$) ▪ Positive Verstärkung ($r = -.14^*$) ▪ Unterstützung nach Misserfolg ($r = -.33^*$)	
GÖTZ & FRENZEL (2005) $N = 500$; $M = 14$ Jahre ▪ Fragebogen Ebene der Erfassung: Unterrichtsfach			Langeweile aufgrund von Unterforderung: ▪ Fähigkeitsselbstkonzept ($r = .46^*$) ▪ Leistung ($r = .37^*$) Langeweile aufgrund von Überforderung: ▪ Fähigkeitsselbstkonzept ($r = -.60^*$) ▪ Leistung ($r = -.48^*$)	
GÖTZ & FRENZEL (2006) $N = 50$; 9. Jgst.; $M = 15$ Jahre ▪ Interview Ebene der Erfassung: Schule				▪ Einfluss auf das Unterrichtsgeschehen ▪ Nebentätigkeiten ▪ Verlassen der Situation

Design der Studie	Forschungsergebnisse			
Autor/en (Jahr) Stichprobe Methode	Vorkommen	Ursachen personale bzw. situative Merkmale	Zusammenhänge zwischen Langeweile und personalen bzw. situativen Merkmalen	Coping
GÖTZ, FRENZEL & HAAG (2006a) $N = 111$; 9. Jgst. - Interview Ebene der Erfassung: Schule		personal: - Unzureichende Fähigkeiten, schlechte Leistungen - Verständnisprobleme - Müdigkeit situativ: - Unterrichtsgestaltung - Unterrichtsinhalte - Unterrichtsthemen - Lehrerpersönlichkeit - Unterrichtsfach		
GÖTZ, FRENZEL, PEKRUN & HALL (2006b) $N = 721$; $M = 14$ Jahre - Fragebogen Ebene der Erfassung: Unterrichtsfach	Fachspezifische Unterschiede im Erleben von Langeweile im Unterricht.		- Angst (im gleichen Fach) ($.22^* < r < .41^*$) - Langeweile in anderen Fächern ($.26^* < r < .39^*$) - Lernfreude (im gleichen Fach) ($-.57^* < r < -.75^*$)	
HARRIS (2000) $N = 170$; $M = 28$ Jahre - Fragebogen (BP) Ebene der Erfassung: Individuum	Häufigkeit des Auftretens von Langeweile: durchschnittlich 1.26-mal täglich Anteil der sich nicht langweilenden Studenten: 10 %	situativ: - Seminargestaltung - Fehlende Aufgabenstellungen - Fehlende Herausforderung - Monotonie - Warten müssen - Einsamkeit	- Ärger ($r = .41^*$) - Frustration ($r = .51^*$) - Mood monitoring[d] ($r = .18^*$) - Flow ($r = -.30^*$) - Valenz von Langeweile[d] ($r = -.31^*$) - Mood labeling[d] ($r = -.33^*$)	- Lesen - Tagträumen - Kommuni-zieren - Fernsehen - Bewegung

Design der Studie	Forschungsergebnisse			
Autor/en (Jahr) Stichprobe Methode	Vorkommen	Ursachen personale bzw. situative Merkmale	Zusammenhänge zwischen Langeweile und personalen bzw. situativen Merkmalen	Coping
HOLLER-NOWITZKI & MEIER (1997) N = 3540; 6.–10. Jgst.; 11–17 Jahre • Fragebogen Ebene der Erfassung: Schule	Anteil der sich langweilenden Schüler im Unterricht: ja: 49 % teilweise: 36 % nein: 15 % (keine schulartspezifischen Unterschiede)	situativ: • Unterrichtsgestaltung (hohes Interaktionstempo, fehlende Anschaulichkeit, fehlende Mitbestimmung) • Unterrichtsinhalte (mangelnder Sinnbezug)	positive Korrelationen: • Schulunlust • Unterrichtsstörungen • Vandalismus (.16 < r < .11)	
ILLGE (1929) N = 40; 12–13 Jahre (Jungen) • Aufsatz Ebene der Erfassung: Schule		personal: • Fehlende Ruhe • Fehlende eigene Interessen • Zu wenig oder zu viel Fantasie • Unzureichende Fähigkeiten situativ: • Fächer: Geschichte, Religion, Singen • Unterrichtsinhalte • Mangelnde Berücksichtigung der Interessen und Fähigkeiten der Schüler • Unterrichtsgestaltung (Wiederholung, Warten, Zuhören, Lehrererzählungen, Passivität)		• Tagträumen
JÄRVENOJA & JÄRVELÄ (2005) N = 18; 12–15 Jahre • Interview Ebene der Erfassung: Unterrichtsfach		personal: • Fehlende eigene Interessen situativ: • Unterrichtsinhalte (mangelnder Sinnbezug) • Unterforderung		

Design der Studie	Forschungsergebnisse			
Autor/en (Jahr) *Stichprobe* *Methode*	*Vorkommen*	*Ursachen* personale bzw. situative Merkmale	*Zusammenhänge* zwischen Langeweile und personalen bzw. situativen Merkmalen	*Coping*
KANEVSKY & KEIGHLEY (2003) N = 10; 15–18 Jahre (Underach ever) ▪ Interview Ebene der Erfassung: Schule		situativ: ▪ Einfache Aufgabenstellungen ▪ Fehlende Herausforderung ▪ Langsames Vorgehen ▪ Wiederholungen ▪ Fehlende Selbstkontrolle ▪ Fehlende Wahlmöglichkeiten ▪ Mangelnde Lehrerunterstützung		
LARSON (1990) N = 154; 14–19 Jahre ▪ Fragebogen Ebene der Erfassung: Unterrichtsfach			negative Korrelationen: ▪ Originalität (*) ▪ Aufbau, Struktur (*) ▪ Gesamtqualität (*) ▪ Leistung (*) (bei eigenständigen, kreativen Arbeitsergebnissen der Schüler)	
LARSON & RICHARDS (1991) N = 392; 5.–9. Jgst. ▪ *ESM* ▪ Fragebogen ▪ Interviews Ebene der Erfassung: Schule, Freizeit	Umfang der als langweilig erlebten Zeit: Unterricht: 32 % Freizeit: 23 % Langeweile in Schule und Freizeit (r = .68)	personal: ▪ Desinteresse ▪ Lustlosigkeit situativ (Schule): ▪ Unterrichtsgestaltung ▪ Aufgabenstellung ▪ Passivität ▪ Fächer: Naturwissenschaften, Fremdsprachen situativ (Freizeit): ▪ Untätigkeit ▪ Fehlende Interaktion	Müdigkeit (r = .15*) Frustration (r = .19*) Ärger (r = .31*) Unzufriedenheit (r = .27*) Leistung (.13* < r < .15*) Wunsch nach anderweitiger Aktivität (r = .19*) Wahlmöglichkeiten/Selbstbestimmung (r = -.16*) Interesse (r = -.17*) Motivation (r = -.15*) Aufmerksamkeit (r = -.12*)	

| Design der Studie | Forschungsergebnisse | | | |
Autor/en (Jahr) Stichprobe Methode	Vorkommen	Ursachen personale bzw. situative Merkmale	Zusammenhänge zwischen Langeweile und personalen bzw. situativen Merkmalen	Coping
LAUKENMANN & V. RHÖNECK (2003) N = 652; 8. Jgst. ▪ Fragebogen Ebene der Erfassung: Unterrichtsfach			▪ Prüfungsergebnisse ($r = -.17*$)	
MARTIN, SADLO & STEW (2006) N = 10; 18–81 Jahre ▪ Interview Ebene der Erfassung: Individuum	Interindividuelle Unterschiede in der Häufigkeit des Langeweileerlebens.	situativ: ▪ Wiederholung ▪ Untätigkeit		▪ Fernsehen ▪ Essen ▪ Trinken ▪ Telefonieren ▪ Spielen mit dem Handy ▪ Surfen im Internet ▪ Musikhören
MORTON-WILLIAMS & FINCH (1968) N = 4617; 13–16 Jahre N = 4546 Eltern N = 1489 Lehrer ▪ Fragebogen Ebene der Erfassung: Unterrichtsfach	Anteil der sich langweilenden Schüler im Unterricht: bis zu 50 % (fach- und geschlechtsspezifische Unterschiede)	personal: ▪ Unzureichende Fähigkeiten situativ: ▪ Fächer: Mathematik, Fremdsprachen, Musik, Religion ▪ Monotonie ▪ Wiederholung ▪ Weitere Aspekte der Unterrichtsgestaltung ▪ Nutzlosigkeit des Fachs ▪ Mangelnder Gegenwartsbezug ▪ Lehrerpersönlichkeit		

Design der Studie	Forschungsergebnisse			
Autor/en (Jahr) **Stichprobe** **Methode**	**Vorkommen**	**Ursachen** *personale bzw. situative Merkmale*	**Zusammenhänge** *zwischen Langeweile und personalen bzw. situativen Merkmalen*	**Coping**
PEKRUN (1998); **PEKRUN & HOFMANN (1999)** $N = 56$; 1.–13. Jgst.; $M = 18$ Jahre $N = 251$ Studenten ▪ Interview ▪ Fragebogen ▪ Tagebuch Ebene der Erfassung: Lern-situation	Anteil der sich langweilenden Schüler: Unterricht: 14 % Häusliches Lernen: 3 %		▪ Angst ($r = .59^*$) ▪ Ärger ($r = .82^*$) ▪ Aufgabenirrelevantes Denken ($r = .73^*/r = .76^*$)[b] ▪ Lernfreude ($r = -.45^*$) ▪ Selbstwirksamkeit ($r = -.32^*$) ▪ Interesse ($r = -.64^*/r = -.65^*$)[b] ▪ Zeitmanagement ($r = -.38^*$) ▪ Anstrengung ($r = -.49^*/r = -.51^*$)[b] ▪ Schulleistung ($r = -.33^*/r = -.22^*$)[b]	
PEKRUN, GOETZ, TITZ & PERRY (2002) $N = 230$ Studenten ▪ Fragebogen (AEQ) Ebene der Erfassung: Unter-richtsfach			▪ Aufgabenirrelevantes Denken ($r = .72^*$) ▪ Wahrgenommene externe Regulation ($r = .17^*$) ▪ Interesse ($r = -.63^*$) ▪ Anstrengung ($r = -.50^*$) ▪ Anwendung von Elaborationsstrategien ($r = -.26^*$) ▪ Selbstreguliertes Lernen ($r = -.21^*$)	
PERKINS & HILL (1985) $N (\Sigma) = 92$; 16–22 Jahre ▪ Konstruktionstechnik ▪ Repetory Grid-Technik Ebene der Erfassung: Indivi-duum		personal: ▪ Subjektive Bewertung einer Situation situativ: ▪ Subjektive Monotonie	positive Korrelation: ▪ Frustration negative Korrelation: ▪ Wahrgenommene Komplexität der Aufgaben-stellung	

Design der Studie	Forschungsergebnisse			
Autor/en (Jahr) Stichprobe Methode	Vorkommen	Ursachen *personale bzw. situative Merkmale*	Zusammenhänge *zwischen Langeweile und* *personalen bzw. situativen Merkmalen*	Coping
ROBINSON (1975) *N* = 4617; 13–16 Jahre *N* = 4546 Eltern *N* = 1489 Lehrer ▪ Fragebogen Ebene der Erfassung: Unterrichtsfach	Positiver Zusammenhang zwischen Langeweile in der Schule und in der Freizeit (keine Angabe zur Höhe der Korrelation und zur Signifikanz).		positive Korrelationen: ▪ Aggressivität (*) ▪ Feindliche Einstellung gegenüber der Schule (*) ▪ Schuleschwänzen (*) ▪ Schulabbruch (*) ▪ Monotonie (*) ▪ Nutzlosigkeit der Inhalte (*) negative Korrelationen: ▪ Interesse (*) ▪ Anstrengung (*) ▪ Leistung (*) ▪ Schullust (*) ▪ Soziale Herkunft (*) ▪ Elterninteresse an Schule (*) ▪ Von Schülern wahrgenommenes Interesse der Lehrkräfte (*)	
SCHNEIDER (2005) *N* = 993; 8–9 Jahre ▪ Fragebogen Ebene der Erfassung: Schule	Anteil der sich langweilenden Schüler im Unterricht: Mädchen: 21 % Jungen: 31 % (keine Unterschiede bezogen auf Schichtzugehörigkeit oder Migrationshintergrund)			

Design der Studie	Forschungsergebnisse			
Autor/en (Jahr) Stichprobe Methode	Vorkommen	Ursachen *personale bzw. situative Merkmale*	Zusammenhänge *zwischen Langeweile und personalen bzw. situativen Merkmalen*	Coping
SHAW, CALDWELL & KLEIBER (1996) $N = 73$; 15–16 Jahre ▪ Fragebogen ▪ Interview Ebene der Erfassung: Schule, Freizeit	Anteil der sich langweilenden Jugendlichen: Unterricht: 32 % Freizeit: 30 % Korrelation zwischen Langeweile in Schule und Freizeit ($r = .46*$) (keine geschlechts-spezifischen Unterschiede)	situativ: ▪ Fächer: Geschichte, Englisch, Mathe ▪ Unterrichtsstil ▪ Unterrichtsgestaltung ▪ Lehrerpersönlichkeit		
SUNDBERG & BISNO (1983) $N (\Sigma) = 78$C; 13–92 Jahre ▪ Fragebogen ▪ Interview Ebene der Erfassung: Individuum			positive Korrelationen: ▪ Ablenkbarkeit ▪ Apathie ▪ Niedergeschlagenheit ▪ Ärger ▪ Unzufriedenheit negative Korrelationen: ▪ Soziale Unterstützung ▪ Bildungsstand ▪ Selbstwertgefühl ▪ Lebenszufriedenheit	
TITZ (2001) $N (\Sigma) = 804$; $M = 24$ Jahre ▪ Fragebogen Ebene der Erfassung: Lernsituation	Anteil der sich langweilenden Studenten in Veranstaltungs- bzw. in Lernsituationen: 42 % bzw. 45 %		▪ Ärger ($r = .63*/r = .60*$) [c] ▪ Angst ($r = .37*/r = .09$) [c] ▪ Hoffnungslosigkeit ($r = .43*/r = .32*$) [c] ▪ Scham ($r = .21*/r = .10$) [c] ▪ Aufmerksamkeitsstörungen ($r = .72*/r = .46*$) [c] ▪ Freude ($r = -.48*/r = -.47*$) [c] ▪ Hoffnung ($r = -.43*/r = -.42*$) [c] ▪ Stolz ($r = -.14*/r = -.17*$) [c]	

47

Design der Studie	Forschungsergebnisse			
Autor/en (Jahr) Stichprobe Methode	Vorkommen	Ursachen *personale bzw. situative Merkmale*	Zusammenhänge *zwischen Langeweile und personalen bzw. situativen Merkmalen*	Coping
Titz (2001) (Fortsetzung)			• Kontrolle ($r = -.24*/r = -.19*$)[c] • Interesse ($r = -.63*/r = -.46*$)[c] • Intrinsische Motivation ($r = -.44*/r = -.35*$)[c] • Selbststeuerung des Lernens ($r = -.21*/r = -.10$)[c] • Flexible Lernstrategien ($r = -.26*/r = -.20*$)[c] • Anstrengung ($r = -.50*/r = -.30*$)[c]	• Nebentätig-keiten
Valtin, Wagner & Schwippert (2005) $N = 5943$ bis $N = 8997$; 4. Jgst. • Fragebogen Ebene der Erfassung: Schule, Unterrichtsfach	Anteil der sich langweilenden Schüler im Unterricht: Mädchen: 21 % Jungen: 33 % Jungen langweilen sich signifikant (*) mehr als Mädchen.		• Leistung ($-.09* < r < -.27*$)	
Vandewiele (1980) $N = 694$; 13–23 Jahre (aus dem Senegal) • Fragebogen Ebene der Erfassung: Schule, Freizeit	Anteil der sich langweilenden Jugendlichen: Unterricht: 22 % Freizeit: 38 % Mädchen langweilen sich signifikant (*) mehr als Jungen.	situativ: • Nutzlosigkeit der Inhalte • Mangelnder kultureller Bezug		• Lesen • Hausauf-gaben • Besuch von Freunden • Musikhören • Gespräche
Wasson (1981) $N = 483$; 9.–13. Jgst.; $M = 16$ Jahre • Fragebogen (BS) Ebene der Erfassung: Indivi-duum, Schule			• Schuleschwänzen ($r = .26*/r = .36*$)[a]	

2.2 Zusammenfassung

Im Folgenden wird der Forschungsstand zu Langeweile systematisch zusammen-gefasst. Neben den in Tabelle 2 aufgeführten Studien werden hier weitere Arbeiten berücksichtigt. Entwicklungslinien in der Erforschung von Langeweile werden auf-gezeigt.

- **Autor/en und Jahr der Veröffentlichung**

Die Studie von Illge (1929) leitet die empirische Forschung zu schulischer Lange-weile ein. Ausgangspunkt sind Erfahrungen des Autors in seiner Schulklasse. Vor diesem Hintergrund untersucht Illge (1929) Ursachen von Langeweile, das Erleben der Emotion sowie Copingstrategien und wendet sich somit Fragestellungen zu, die auch heute noch aktuell sind.

Nach dieser Studie vergingen vierzig Jahre, bis Langeweile als Gegenstand empi-rischer Forschung erneut auf Interesse stieß. Seit den siebziger Jahren ist eine regel-mäßige, allerdings noch immer bescheidene Forschungstätigkeit zu beobachten. Bis in die neunziger Jahre hinein kommen die Studien zu schulischer Langeweile überwiegend aus dem anglo-amerikanischen Raum; seitdem widmen sich auch deutsche Forscher dieser Emotion.

- **Stichprobe**

Lernlangeweile wird überwiegend in der Sekundarstufe I und II (z. B. Götz, 2004; Pekrun, 1998; Robinson, 1975) sowie im Studium (z. B. Harris, 2000; Titz, 2001) untersucht. Daraus lässt sich aber nicht schließen, dass Grundschüler von dieser Emotion nicht betroffen sind. Erst jüngst wurde in zwei Studien schulische Lange-weile bei Zweit- bzw. Viertklässlern untersucht (Schneider, 2005; Valtin et al., 2005).

Die Stichprobengröße variiert in den Studien erheblich und hängt maßgeblich vom methodischen Vorgehen ab. Die Ergebnisse aus qualitativen Studien basieren z. B. auf Interviews mit zehn Personen (Kanevsky & Keighley, 2003; Martin et al., 2006) oder Schülern einer Schulklasse (Gläser-Zikuda, 2001), während in quantita-tiven Studien bis zu mehrere tausend Schüler befragt werden (Fogelmann, 1976; Morton-Williams & Finch, 1968). Nur ein kleiner Teil der quantitativen Studien er-hebt den Anspruch auf Repräsentativität (Holler-Nowitzki & Meier, 1997; Schnei-der, 2005; Valtin et al., 2005). Für die vorliegende Studie ist es besonders erfreu-lich, dass darunter die beiden Grundschulstudien sind.

In einigen Studien erfolgt die Auswahl der Stichprobe vor dem Hintergrund bestimmter Kriterien. Untersucht werden z. B. begabte Schüler (Feldhusen & Kroll, 1991; Freeman, 1991; Kanevsky & Keighley, 2003) oder Schüler, die die Schule häufig schwänzen oder sogar abbrechen (Farrell et al., 1988; Sommer, 1985).

▪ **Methode**

Instrumente. In der bisherigen Forschung kommen Methoden wie Aufsatz (Illge, 1929), Tagebuch (Pekrun & Hofmann, 1999), Ethnographie (Breidenstein, 2006) oder die Experience Sampling Method[3] (Larson & Richards, 1991) nur vereinzelt zum Einsatz. Meist wird Langeweile in Interviews und mit Fragebögen erhoben.

Der Einsatz von Interviews zielt auf die Erfassung individueller Sichtweisen, für die in einem Fragebogen mit vorgegebenen Antwortalternativen kein Platz ist. Dieses Vorgehen bietet sich insbesondere bei einem noch wenig erforschten Gegenstand wie der Langeweile an. Im Mittelpunkt der Interviews stehen das Erleben von Langeweile (Götz & Frenzel, 2006; Kanevsky & Keighley, 2003; Martin et al., 2006; Pekrun, 1998; Pekrun & Hofmann, 1999; Shaw et al., 1996) sowie Vorkommen und Ursachen (Farrell et al., 1988; Gläser-Zikuda, 2001; Götz et al., 2006a; Järvenoja & Järvelä, 2005; Kanevsky & Keighley, 2003; Larson & Richards, 1991).

Obwohl Fragebögen mit Abstand am häufigsten eingesetzt werden, beklagt Vodanovich (2003b, S. 569), dass der systematischen Entwicklung eines quantitativen Erhebungsinstruments zu Langeweile bislang zu wenig Aufmerksamkeit geschenkt wurde. Dies gilt in besonderer Weise für schulische Langeweile.[4]

---

3 Bei der *Experience Sampling Method* (Csikszentmihalyi & Larson, 1987) tragen die Versuchspersonen einen Signalgeber mit sich, der sie mehrfach täglich zu unvorhergesehenen Zeitpunkten dazu auffordert, ihre Tätigkeit zu unterbrechen und ihren aktuellen Zustand einzuschätzen (zu methodischen Vor- und Nachteilen vgl. Rheinberg, Vollmeyer & Engeser, 2003, S. 264).

4 International wurden lediglich sieben Skalen zur Erfassung von Langeweile publiziert (Vodanovich, 2003b); keine davon für den schulischen Kontext. Allenfalls situationsunspezifische Skalen wie die *Boredom Susceptibility Scale* oder die *Boredom Proneness Scale* könnten schulische Langeweile durch eine inhaltliche und altersbezogene Modifikation erfassen. Die publizierten Skalen erfassen
– eine allgemeine Anfälligkeit für und Neigung zu Langeweile (*Boredom Susceptibility Scale*, BS: Zuckerman, 1979; *Boredom Proneness Scale*, BP: Farmer & Sundberg, 1986 sowie die *Boredom Proneness Scale – Short Form*, BPS-SF: Vodanovich, Wallace & Kass, 2005),
– berufsbezogene Langeweile (*Job Boredom Scales*, JBS: Grubb, 1975; Lee, 1986),

Das Konstrukt wird in den meisten Studien auf der Grundlage von Einzelitems erhoben (zur Reliabilität und Validität s. u.). Dabei fällt auf, dass die Autoren nicht auf Items aus anderen Untersuchungen zurückgreifen, sondern für ihre Studie jeweils neue Items formulieren. Eine systematische Weiterentwicklung der Instrumente unterbleibt. So wird das Ausmaß von Langeweile z. B. folgendermaßen erfasst:

Ausmaß von Langeweile (in der Schule):
- *I am rather tired of being at school* (Gjesme, 1977)
- *Is school boring for you?* (Feldhusen & Kroll, 1991)
- *Time lies often heavily on my hands (in school)* (Shaw et al., 1996)
- *I feel bored in school* (Fredricks, Friedel, Friedel & Paris, 2005)
- *Langweilst du dich in der Schule?* (Schneider, 2005)
- *Meine Schule ist ein Ort, an dem ich mich oft langweile* (Valtin et al., 2005)

Ausmaß von Langeweile (im Unterricht):
- *In den meisten Unterrichtsstunden kommt bei den Schüler(innen) Langeweile auf* (Holler-Nowitzki & Meier, 1997)
- *Ich habe mich gelangweilt* (Gläser-Zikuda, 2001; Laukenmann & v. Rhöneck, 2003)

Ausmaß von Langeweile (in einem Unterrichtsfach):
- *Ich finde, [Unterrichtsfach] ist langweilig* (Valtin et al., 2005)
- *Wie sehr langweilst du dich in [Unterrichtsfach]?* (Götz et al., 2006b)

Angesichts dieser Situation ist es besonders verdienstvoll, dass eine Forschergruppe um Pekrun in den letzten Jahren ein Instrument zur Erfassung von Lern- und Prüfungsemotionen entwickelt hat. Der *Achievement Emotions Questionnaire Mathematics (AEQ-M)* (Pekrun et al., 2007) ist im Rahmen eines umfassenden Forschungsprojekts zu Lern- und Prüfungsemotionen entstanden und basiert auf mehreren qualitativen und quantitativen Studien (Götz, 2004; Pekrun, 1998; Pekrun & Hofmann, 1999; Pekrun et al., 2002; Titz, 2001).

Der Fragebogen dient der fachspezifischen Erfassung von sieben Lern- und Prüfungsemotionen, darunter auch Langeweile. Theoretische Basis der Items ist das

---

- Freizeitlangeweile (*Leisure Boredom Scale*, LBS: Iso-Ahola & Weissinger, 1990; *Free Time Boredom Scale*, FTB: Ragheb & Merydith, 2001),
- sexuelle Langeweile (*Sexual Boredom Scale*, SBS: Watt & Ewing, 1996),
- die Bewältigung von Langeweile (*Boredom Coping Scale,* BC: Hamilton, Haier & Buchsbaum, 1984).

Vier-Komponenten-Modell, unterschieden werden demnach affektive, kognitive, physiologisch-expressive und motivationale Reaktionen (vgl. Kap. 1.2).

Die Skala zu Langeweile enthält sechs Items, die sich auf unterschiedliche situative Kontexte beziehen. Erfasst wird das Erleben nur in Unterrichts- bzw. Lernsituationen, da Langeweile in Prüfungssituationen kaum vorkommt (Pekrun, 1998).

In der Theorie besteht Einigkeit darin, dass Langeweile eine gegenwartsbezogene Lernemotion ist (vgl. Kap. 1.1). Deshalb stellt sich die Frage, warum das prospektive Erleben von Langeweile im Fragebogen mit einem Item erfasst wird (vgl. Tab. 3). Das künftige Bearbeiten der Hausaufgaben mag Widerwillen auslösen, Langeweile dürfte aber erst in der Situation selbst entstehen, wenn das langsame Verstreichen der Zeit, die Reizlosigkeit der Situation oder die Trägheit *erlebt* werden.

Die folgende Übersicht zeigt die Itemformulierungen des *AEQ-M* für die Lernemotion Langeweile und die Zuordnung zu den genannten Kriterien.

Tab. 3: Itemformulierungen der Lernemotion Langeweile im *AEQ-M* (Pekrun et al., 2007)

Itemformulierung	Komponente	Situativer Bezug	Zeitlicher Bezug
Ich finde den Mathe-Unterricht langweilig.	affektiv	Unterricht	gegenwarts- bezogen
Vor Langeweile schalte ich ab.	kognitiv	Unterricht	gegenwarts- bezogen
Vor Langeweile kann ich mich kaum wach halten.	physiologisch- expressiv	Unterricht	gegenwarts- bezogen
Schon beim Gedanken daran, dass ich Hausaufgaben in Mathe machen muss, langweile ich mich.	affektiv	Lernen/ Hausaufgaben	prospektiv
Mathe-Hausaufgaben langweilen mich zu Tode.	affektiv	Lernen/ Hausaufgaben	gegenwarts- bezogen
Vor Langeweile habe ich keine Lust mehr weiterzumachen.	motivational	Lernen/ Hausaufgaben	gegenwarts- bezogen

Anmerkung:
Das Antwortformat ist eine fünfstufige Likert-Skala mit den Polen *stimmt gar nicht* und *stimmt genau*.

Im *AEQ-M* werden, ebenso wie in den meisten anderen Fragebögen, Antwortalternativen vorgegeben. Ein offenes Antwortformat wählen Autoren hingegen, wenn Langeweile definiert werden soll (Fichten, 1993; Götz & Frenzel, 2006). Fichten (1993) und Götz et al. (2006a) fragen auf diese Weise nach den Ursachen schulischer Langeweile. Harris (2000) und Vandewiele (1980) ziehen Fragen mit offenem Antwortformat heran, um Copingstrategien bei Langeweile zu erfassen.

Reliabilität. Die interne Konsistenz der Langeweile-Skala beim *AEQ-M* beträgt $\alpha = .89$ (Pekrun et al., 2007, S. 13) und kann damit als sehr gut bezeichnet werden. Bei einer Vielzahl anderer Studien sind im Hinblick auf die Reliabilität der Instrumente jedoch Zweifel angebracht. Die Erfassung von Langeweile durch Einzelitems (s. o.) wird der Komplexität des Konstrukts nicht gerecht und ist methodisch fragwürdig; trotz dieser Bedenken werden Einzelitems jedoch erstaunlich oft eingesetzt (Fogelmann, 1976; Gjesme, 1977; Gläser-Zikuda, 2001; Götz et al., 2006b; Holler-Nowitzki & Meier, 1997; Laukenmann & v. Rhöneck, 2003; Schneider, 2005; Shaw et al., 1996; Valtin et al., 2005; Vandewiele, 1980).

Validität. Wird mit den Erhebungsinstrumenten tatsächlich Langeweile oder nicht vielmehr eine der Langeweile ähnliche Emotion erfasst? Bei einigen Studien erscheint diesbezüglich Kritik angebracht:

– So verwendet Gjesme (1977) Langeweile und Unlust synonym: *I am rather tired of being at school.* Das Verb *to be tired of* meint, dass man etwas satt hat, etwas leid ist, von etwas genug hat. Das Item fragt also eher nach Schulmüdigkeit als nach schulischer Langeweile. Die Annahme, dass das Konstrukt unzureichend analysiert und erfasst wurde, bestätigt sich auch im Text. Der Autor sieht in den Begriffen *discomfort* und *feel quite tired* (S. 130) Synonyme für Langeweile. Die Erhebung des Konstrukts mit diesem Item ist daher fragwürdig.

– Larson und Richards (1991) verstehen langweilig als Gegenteil von aufgeregt. Im Hinblick auf die Energetisierung ist dies sicherlich zutreffend (Russell, 1980, S. 1173); andere Aspekte des Erlebens bleiben jedoch unberücksichtigt (zur Kritik an bipolaren Beschreibungen von Emotionen vgl. Russell, 1989, S. 94 f.).

– Shaw et al. (1996) berücksichtigen ausschließlich das Zeiterleben (*Time often lies heavily on my hands*) und erfassen das Konstrukt Langeweile damit nicht in seiner vielfältigen Gestalt.

Die Ausführungen zur Reliabilität und Validität zeigen, dass Langeweile in der bisherigen Forschung oft unzureichend operationalisiert wurde. Das theoretische Wissen über diese Emotion wird bei der Entwicklung von Erhebungsinstrumenten nicht angemessen zur Kenntnis genommen. So wird übersehen, dass Langeweile eine eigenständige Emotion ist, die anhand von fünf Komponenten beschrieben werden kann (vgl. Kap. 1.2). Jeder Versuch, den Begriff der Langeweile durch ein Synonym zu ersetzen, droht zu scheitern, weil mit einer anderen Bezeichnung nicht alle Facetten berücksichtigt werden können, die die Emotion Langeweile kennzeichnen. Circumplexmodelle machen deutlich, dass es zwar einander ähnliche Emotionen gibt, dass das jeweils Spezifische durch eine benachbarte Emotion aber nicht erfasst wird (Russell, 1989). Positiv hervorzuheben ist, dass Fichten (1993) das Adjektiv langweilig im Fragebogen von anderen negativen Erlebenszuständen, wie z. B. ermüdend, frustrierend oder unangenehm, abgrenzt.

Zeitbezug. Langeweile wird auf zweierlei Weise erhoben (Fisher, 1993, S. 401).

- Das aktuelle emotionale Erleben erfassen *prozessbezogene* Erhebungen. Da dies nur mit einem aufwändigen Design wie beispielsweise der Experience Sampling Method (vgl. Fußnote 3) zu leisten ist, finden sich hierzu nur vereinzelt Untersuchungen (z. B. Larson & Richards, 1991).

- Die meisten Studien erfassen Langeweile *retrospektiv*, also rückblickend. Hier ist zu unterscheiden zwischen jenen Erhebungen, die sich auf eine soeben beendete Aufgabe oder eine kurzfristig zurückliegende Zeitspanne (z. B. eine Unterrichtsstunde) beziehen (z. B. Gläser-Zikuda, 2001; Laukenmann & v. Rhöneck, 2003) und solchen Instrumenten, mit denen erfasst wird, wie sich jemand üblicherweise in bestimmten Situationen verhält (z. B. Holler-Nowitzki & Meier, 1997; Schneider, 2005; Valtin et al., 2005).

Bei einer prozessbezogenen Erhebung zeigen sich höhere Werte als bei einer retrospektiven Erfassung. Dies kann damit erklärt werden, dass Langeweile anders als z. B. Angst zu den weniger intensiv erlebten Emotionen gehört, so dass das Langeweileerleben in der Erinnerung möglicherweise verblasst (Pekrun & Hofmann, 1999, S. 249).

Quantifizierung. Wie lange? Wie viele? Wie oft? Wie sehr?

- Abgesehen von einer Studie, in welcher der *Umfang* der als langweilig erlebten *Zeit* gemessen wird (Larson & Richards, 1991),

- erfassen die Studien den *Anteil* der sich langweilenden *Schüler* (Fogelmann, 1976; Gläser-Zikuda, 2001; Götz, 2004; Götz et al., 2006b; Harris, 2000; Holler-Nowitzki & Meier, 1997; Morton-Williams & Finch, 1968; Pekrun, 1998; Robinson, 1975; Schneider, 2005; Shaw et al., 1996; Titz, 2001; Valtin et al., 2005; Vandewiele, 1980).

- In einigen Arbeiten wird die *Häufigkeit* (Fogelmann, 1976; Vandewiele, 1980),

- in anderen die *Intensität* des *Langeweileerlebens* erfasst (Feldhusen & Kroll, 1991; Gläser-Zikuda, 2001; Götz et al., 2006b).

54

Ebenen zur Erfassung. Im Hinblick auf die Differenziertheit der Erfassung lässt sich festhalten, dass Langeweile auf vier der fünf in Kapitel 1.5 genannten Ebenen erhoben wird.

- Vier Studien erfassen Langeweile auf der Ebene des *Individuums*, untersuchen also interindividuelle Unterschiede im Langeweileerleben, ohne sich auf einen bestimmten Lebensbereich zu beziehen (Farmer & Sundberg, 1986; Harris, 2000; Martin et al., 2006, S. 202; Perkins & Hill, 1985; Sundberg & Bisno, 1983).

- In zahlreichen Studien wird Langeweile in Bezug auf spezielle *Lebensbereiche* erhoben:
  * Lebensbereich *Schule* (Farrell et al., 1988; Fichten, 1993; Gjesme, 1977; Götz & Frenzel, 2006; Holler-Nowitzki & Meier, 1997; Illge, 1929; Kanevsky & Keighley, 2003; Pekrun & Hofmann, 1999; Rothman, 1990; Schneider, 2005; Valtin et al., 2005)
  * Lebensbereich *Freizeit* (Fogelmann, 1976)
  * Lebensbereiche *Schule* und *Freizeit* (Larson & Richards, 1991; Robinson, 1975; Shaw et al., 1996; Vandewiele, 1980)

- Langeweile wird in bestimmten *Unterrichtsfächern* erhoben (Gläser-Zikuda, 2001; Götz, 2004; Götz et al., 2006b; Larson, 1990; Larson & Richards, 1991; Laukenmann & v. Rhöneck, 2003; Morton-Williams & Finch, 1968; Pekrun et al., 2002; Robinson, 1975; Valtin et al., 2005).

- Das Auftreten von Langeweile wird im Hinblick auf unterschiedliche *Lern-situationen* erhoben (Götz, 2004; Götz & Frenzel, 2005; Pekrun, 1998; Pekrun & Hofmann, 1999; Titz, 2001).

In der bisherigen Forschung wird also die Ebene der *Unterrichtssituationen* nicht berücksichtigt.

Wie wird Langeweile adäquat erfasst? Hierzu liegen lediglich die Ergebnisse von Götz et al. (2006b) vor, wonach schulische Langeweile eher fachspezifisch als fächerübergreifend strukturiert ist.

▪ **Vorkommen**

Dass Langeweile zu den schulischen Alltagserfahrungen zählt, ist unter Schülern und Lehrkräften unbestritten (z. B. Breidenstein, 2006, S. 65 ff.; Fichten & Meyer, 1986, S. 151; Geist, 2005, S. 20; Kahl, 1983, S. 90 ff.). Kaum ein Schüler dürfte die Schule verlassen, ohne diese Lernemotion erlebt zu haben. In verschiedenen

Studien wurde das Vorkommen von Langeweile empirisch erfasst. Die Forschungsergebnisse werden nun in Bezug auf die in Kapitel 1.5 genannten Ebenen berichtet.

Die Studien belegen erhebliche *interindividuelle Unterschiede* beim Erleben von Langeweile. Während sich manche Personen häufig und/oder intensiv langweilen (Fogelmann, 1976; Holler-Nowitzki & Meier, 1997; Larson & Richards, 1991; Morton-Williams & Finch, 1968), erleben andere Personen die Emotion nicht (z. B. Harris, 2000, S. 587 ff.; Kanevsky & Keighley, 2003, S. 21; Martin et al., 2006, S. 202).

Variiert das individuelle Erleben von Langeweile zwischen verschiedenen *Lebensbereichen*? Berichtet werden stets positive Zusammenhänge, d. h. Schüler, die sich in der Schule langweilen, geben ebenfalls an, sich in der Freizeit zu langweilen und umgekehrt (z. B. Larson & Richards, 1991: $r = .68$; Shaw et al., 1996: $r = .46$). Die Ergebnisse deuten darauf hin, dass bei Langeweile tatsächlich von einer habituellen Persönlichkeitseigenschaft, d. h. einer Disposition, gesprochen werden kann. Aufgrund der Datenlage werden die Ursachen von Langeweile mehr in der Person als in der Situation gesehen (Larson & Richards, 1991).

Trotz der positiven Korrelationen bestehen *lebensbereichsspezifische Ausprägungen*: Die Schüler langweilen sich in der Freizeit mehr als in der Schule (Freeman, 1991; Shaw et al., 1996; Vandewiele, 1980) oder umgekehrt (Larson & Richards, 1991). Je nach Studie langweilt sich jeder zweite bis siebte Schüler in der Schule bzw. im Unterricht (Holler-Nowitzki & Meier, 1997; Morton-Williams & Finch, 1968; Pekrun, 1998; Rothman, 1990; Schneider, 2005; Valtin et al., 2005).

Die Ergebnisse zum Vorkommen von Langeweile im Unterricht zeigen, dass sich Schüler in bestimmten *Fächern* mehr langweilen als in anderen (z. B. Farrell et al., 1988; Field & Olafson, 1999, S. 72; Gallagher et al., 1997; Götz et al., 2006b; Illge, 1929; Larson & Richards, 1991; Morton-Williams & Finch, 1968; Shaw et al., 1996). Je nach Studie gelten aber ganz unterschiedliche Fächer als langweilig. Der Grund dürfte darin liegen, dass weniger das Fach an sich als die jeweilige Unterrichtsgestaltung ursächlich für das Erleben von Langeweile ist (s. u.). In einer Studie zeigen sich keine fachspezifischen Ausprägungen – allerdings sind aufgrund der kleinen Stichprobe ($N = 24$) hierzu keine generalisierbaren Aussagen möglich (Gläser-Zikuda, 2001).

Das Langeweileerleben variiert je nach *Lernsituation*: Jeder siebte Schüler langweilt sich im Unterricht, beim häuslichen Lernen sind es nur drei Prozent der Schüler (Pekrun, 1998). Nach Götz (2004) langweilen sich die Schüler hingegen häufiger bei Hausaufgaben als im Unterricht. Trotz der im Einzelnen unterschiedlichen Aussagen legen die Ergebnisse den Schluss nahe, dass Langeweile situationsspezifisch erhoben werden sollte (vgl. Kap. 1.5).

Beim Erleben von Langeweile stellt sich zudem die Frage nach *geschlechtsspezifischen* Unterschieden. Die bisherigen Ergebnisse hierzu sind widersprüchlich: Holler-Nowitzki und Meier (1997) berichten, dass sich insgesamt mehr Mädchen als Jungen langweilen, in anderen Studien ist dies umgekehrt (Morton-Williams & Finch, 1968; Vodanovich & Kass, 1990; Wasson, 1981). Für die vorliegende Untersuchung sind die Arbeiten von Schneider (2005) und Valtin et al. (2005) interessant, in der Grundschüler erfasst werden. In beiden Studien langweilen sich signifikant mehr Jungen als Mädchen. In drei Studien unterscheiden sich Mädchen und Jungen in ihrem Langeweileerleben hingegen nicht (Gläser-Zikuda, 2001; Götz, 2004; Shaw et al., 1996).

Zur *Altersspezifität* liegen unterschiedliche Ergebnisse vor: Schneider (2005) und Valtin et al. (2005) untersuchen Zweit- bzw. Viertklässler und berichten, dass sich jeder vierte von ihnen langweilt. Holler-Nowitzki und Meier (1997) fanden keine Unterschiede zwischen Schülern der sechsten bis zehnten Jahrgangsstufe. Bei Larson und Richards (1991) hingegen nimmt schulische Langeweile von der fünften bis zur achten Jahrgangsstufe stetig zu – liegt in der neunten Jahrgangsstufe aber wieder unter dem Niveau der Fünftklässler. In einer anderen Studie berichten Schüler rückblickend, dass die Langeweile im Laufe der Schulzeit abgenommen habe (Freeman, 1991, S. 61).

Schulartspezifische Unterschiede werden in zwei Studien untersucht. Bei Götz (2004) langweilen sich Gymnasiasten signifikant öfter im Unterricht und bei den Hausaufgaben als Realschüler; bei Holler-Nowitzki und Meier (1997) unterscheidet sich das Langeweileerleben von Schülern unterschiedlicher Schularten nicht.

In einer Studie wurde das Vorkommen von Langeweile in Abhängigkeit von der *Schichtzugehörigkeit* und vom *Migrationshintergrund* der Schüler untersucht. Bei den untersuchten Zweitklässlern zeigten sich in Bezug auf diese beiden Merkmale keine gruppenspezifischen Unterschiede (Schneider, 2005).

- **Ursachen**

In einigen Studien werden Ursachen schulischer Langeweile erhoben. Methodisch geschieht dies durch Aufsätze (Illge, 1929), Interviews (Farrell et al., 1988; Götz et al., 2006a; Kanevsky & Keighley, 2003) sowie durch Fragebögen mit offenen (Fichten, 1993; Larson & Richards, 1991) und geschlossenen Antwortformaten (Morton-Williams & Finch, 1968).

Da Langeweile weder ausschließlich personen- noch ausschließlich situationsbezogen ist, sondern durch die subjektive Bewertung einer Situation entsteht, ist es streng genommen nicht möglich, die Ursachen der Person oder der Umwelt zuzuschreiben (vgl. Kap. 1.3). Im Wissen um diese Problematik werden die Forschungsergebnisse nun zur besseren Übersicht dahingehend systematisiert, ob die Ursache *eher* in der Person oder *eher* in der Situation liegt (vgl. Tab. 2).

Die Ergebnisse zu *personalen Ursachen* zeigen, dass in der subjektiven Wahrnehmung häufig fehlende Interessen, Lustlosigkeit sowie zu gute oder zu schlechte eigene Fähigkeiten (Unter- bzw. Überforderung) als Grund für das Erleben von Langeweile genannt werden (Fichten, 1993; Götz et al., 2006a; Harris, 2000; Illge, 1929; Järvenoja & Järvelä, 2005; Kanevsky & Keighley, 2003; Larson & Richards, 1991; Morton-Williams & Finch, 1968).

Die Angaben zu *situativen Ursachen* betreffen insbesondere die Gestaltung des Unterrichts: Im Mittelpunkt stehen inhaltliche und methodische Monotonie, langes Zuhören und Warten (Fichten, 1993; Freeman, 1993; Gallagher et al., 1997; Götz et al., 2006a; Harris, 2000; Holler-Nowitzki & Meier, 1997; Illge, 1929). Die Passivität und Monotonie wird den Schülern aufgezwungen, geäußert wird der Wunsch nach mehr Beteiligungsmöglichkeiten, mehr Selbstbestimmung sowie nach anspruchsvollen, herausfordernden Aufgabenstellungen (Harris, 2000; Kanevsky & Keighley, 2003).

In Bezug auf die Unterrichtsinhalte werden deren Nutzlosigkeit und der mangelnde Lebensbezug angeführt (Fichten, 1993; Götz et al., 2006a; Holler-Nowitzki & Meier, 1997; Illge, 1929; Järvenoja & Järvelä, 2005; Morton-Williams & Finch, 1968; Vandewiele, 1980). Allerdings spielt dies in der Wahrnehmung der Schüler eine geringere Rolle als die Unterrichtsgestaltung. Unterrichtsinhalte gelten also nicht per se als langweilig, sondern es hängt maßgeblich von der jeweiligen Unterrichtsgestaltung ab, ob der Inhalt als subjektiv bedeutsam erfahren wird oder nicht. Ein ähnliches Ergebnis zeigt sich im Hinblick auf die Einschätzung von Unterrichtsfächern. Die Schüler benennen nur selten ein Fach an sich, sondern eher konkrete Aspekte des jeweiligen Unterrichts (Farrell et al., 1988; Fichten, 1993; Götz et al., 2006a; Illge, 1929; Larson & Richards, 1991; Morton-Williams & Finch, 1968; Shaw et al., 1996). Dies erklärt auch, warum in den verschiedenen Studien jeweils andere Fächer genannt werden.

Die Lehrerpersönlichkeit wird vergleichsweise selten angeführt. Dies liegt möglicherweise daran, dass diese eng mit der Unterrichtsgestaltung verknüpft und auf diese Weise implizit genannt ist (Farrell et al., 1988; Fichten, 1993; Götz et al., 2006a; Morton-Williams & Finch, 1968; Shaw et al., 1996).

Insgesamt nennen die Schüler erheblich mehr situative als personale Ursachen. Dieses Ergebnis ist theoriekonform. Externale Ursachenattributionen werden als wesentliches Kennzeichen von Langeweile betrachtet (Fisher, 1993, S. 412; Mikulas & Vodanovich, 1993, S. 1; Smith & Ellsworth, 1985, S. 833; Sundberg, Latkin, Farmer & Saoud, 1991, S. 217).

- **Zusammenhänge zwischen Langeweile und personalen bzw. situativen Merkmalen**

Die Forschung liefert Erkenntnisse darüber, mit welchen personalen bzw. situativen Merkmalen das Erleben von Langeweile zusammenhängt. Korrelationen beschreiben stets nur Beziehungen, die Daten lassen folglich keine Aussagen über Wirkungsbeziehungen zu. So können eine gering ausgeprägte Motivation oder Schullust sowohl Ursache als auch Folge des Langeweileerlebens sein.

Fasst man die Ergebnisse zusammen, so ist festzuhalten, dass Langeweile mit anderen Emotionen und Erlebenszuständen negativer Valenz positiv korreliert. Zu nennen sind insbesondere: [5]

- Angst (Götz, 2004: $r = .32$; Götz et al., 2006b: $.22 < r < .41$; Pekrun & Hofmann, 1999: $r = .59$; Pekrun, Elliot & Maier, 2006: $r = .26/.49$; Titz, 2001: $r = .37$)
- Hoffnungslosigkeit (Farmer & Sundberg, 1986: $r = .41$; Götz, 2004: $r = .46$; Pekrun et al., 2006: $r = .34/.54$; Titz, 2001: $r = .43$)
- Ärger (Götz, 2004: $r = .69$; Harris, 2000: $r = .41$; Pekrun & Hofmann, 1999: $r = .82$; Sundberg & Bisno, 1983; Titz, 2001: $r = .63$)
- Frustration (Harris, 2000: $r = .51$; Larson & Richards, 1991; Perkins & Hill, 1985)

Die Zusammenhänge zwischen Langeweile und Angst bzw. Hoffnungslosigkeit dürften sich auf Situationen beziehen, in denen Lernende überfordert sind (vgl. Pekrun, 2000, S. 152).

Die Unzufriedenheit über die aktuelle Situation, die den eigenen Bedürfnissen nicht entspricht, kann Ärger hervorrufen. Die hohen Korrelationen mit Ärger belegen damit auch empirisch die mit Langeweile auftretende Energetisierung (vgl. Kap. 1.2).

Langeweile kann mit dem Gefühl von Frustration einhergehen, wenn die Situation nicht nach den eigenen Bedürfnissen gestalten werden kann, sich die Person also als wenig selbstbestimmt erfährt. Diese Form der Langeweile bezeichnen Sundberg und Bisno (1983) als *restless boredom*, Götz und Frenzel (2006, S. 152) als *reaktante Langeweile*.

---

5   Wenn die Höhe der Korrelation nicht genannt wird, fehlt die Angabe in der Originalarbeit.

Dass das Erleben von Langeweile den Lernprozess beeinträchtigt, legen folgende Ergebnisse nahe. So geht Langeweile sowohl mit nicht aufgabenbezogenen Kognitionen und Aufmerksamkeitsstörungen als auch mit einer negativen affektiven Einstellung gegenüber der Schule sowie entsprechenden Verhaltensweisen einher:

- aufgabenirrelevantes Denken (Götz, 2004: $r = .80$; Pekrun & Hofmann, 1999: $r = .73/.76$; Pekrun et al., 2002: $r = .72$; Pekrun et al., 2006: $r = .54/.65$)
- Aufmerksamkeitsstörungen (Larson & Richards, 1991; Sundberg & Bisno, 1983; Titz, 2001: $r = .72$)
- Schulunlust (Holler-Nowitzki & Meier, 1997; Robinson, 1975)
- aufsässiges Verhalten in der Schule, Schwänzen und Schulabbruch (Bearden, Spencer & Moracco, 1989; Fogelmann, 1976; Robinson, 1975; Sommer, 1985; Tolor, 1989; Wasson, 1981: $r = .26/.36$)

Jene Merkmale hingegen, die dem Lernprozess förderlich sind, sind umso geringer ausgeprägt, je mehr Langeweile erlebt wird. Dabei handelt es sich um affektive und motivationale Konstrukte wie z. B.:

- Schulzufriedenheit (Gjesme, 1977: $r \geq -.60$)
- Lernfreude (Götz, 2004: $r = -.61$; Götz et al., 2006b: $-.57 < r < -.75$; Pekrun & Hofmann, 1999: $r = -.45$; Pekrun et al., 2006: $r = -.53/-.57$; Titz, 2001: $r = -.48$)
- Interesse (Götz, 2004: $r = -.58$; Pekrun & Hofmann, 1999: $r = -.64/-.65$; Pekrun et al., 2002: $r = -.63$; Titz, 2001: $r = -.63$),
- intrinsische Motivation (Götz, 2004: $r = -.61$; Titz, 2001: $r = -.44$)
- Lernzielorientierung (mastery goals) (Pekrun et al., 2006: $r = -.30/-.33$)
- Anstrengung (Götz, 2004: $r = -.54$; Pekrun & Hofmann, 1999: $r = -.49/-.51$; Pekrun et al., 2002: $r = -.50$; Titz, 2001: $r = -.50$)
- Einsatz von Lernstrategien (Götz, 2004: $r = -.35$; Pekrun et al., 2002: $r = -.26$)

Ebenfalls theoriekonform sind Ergebnisse, wonach Langeweile umso stärker erlebt wird, je weniger Selbstbestimmung und Selbstregulation möglich sind. Ein geringes Maß an Autonomieerleben bietet keine Gelegenheit, die Situation gemäß den eigenen Bedürfnissen zu verändern:

- Autonomie (Farmer & Sundberg, 1986: $r = -.36$)
- Selbststeuerung (Fichten, 1993; Götz, 2004: $r = -.20$; Götz et al., 2002: $r = -.21$; Titz, 2001: $r = -.21$)

Perkins und Hill (1985) haben nachdrücklich darauf hingewiesen, dass die objektiv feststellbare Monotonie einer Situation weder eine notwendige noch eine hinreichende Voraussetzung für Langeweile ist. Vielmehr beruht der Eindruck von Monotonie auf der subjektiven Wahrnehmung und Bewertung einer Situation. Dies zeigt sich nicht nur bei den Ergebnissen zu Ursachen von Langeweile, sondern auch bei korrelativen Zusammenhängen. Subjektiv wahrgenommene Monotonie und Langeweile korrelieren signifikant positiv (Robinson, 1975).

Langeweile auf Schülerseite kann darüber hinaus in Beziehung gesetzt werden zu Merkmalen der Lernsituation. Langeweile geht mit Unterrichtsstörungen einher (Götz, 2004: $r = .34$; Holler-Nowitzki & Meier, 1997). Ob diese Ursache von Langeweile sind – der Unterricht schreitet nicht voran und bietet keine inhaltlichen Herausforderungen – oder ob diese Folge von Langeweile sind – im Sinne einer problemorientierten Copingstrategie wenden sich die Schüler Nebenbeschäftigungen zu –, muss hier offen bleiben.

Darüber hinaus bestehen Zusammenhänge zu Merkmalen, die vor allem die Lehrkraft betreffen. Je geringer die Schüler z. B. das unterrichtliche Engagement der Lehrkraft ($r = -.37$), ihre Motivierungsfähigkeit ($r = -.40$) sowie die Klarheit und Strukturiertheit des Unterrichts ($r = -.33$) einschätzen, umso mehr langweilen sie sich (Götz, 2004).

Zum Zusammenhang zwischen Langeweile einerseits und Fähigkeiten bzw. Leistungsergebnissen andererseits liegen uneinheitliche Forschungsergebnisse vor: Es finden sich signifikant *negative* Korrelationen (Fogelmann, 1976; Gjesme, 1977; Larson, 1990; Laukenmann & v. Rhöneck, 2003; Pekrun & Hofmann, 1999; Robinson, 1975; Valtin et al., 2005), ebenso signifikant *positive* Zusammenhänge (Larson & Richards, 1991); weitere Studien berichten von *keinem* signifikanten Zusammenhang (Farmer & Sundberg, 1986; Feldhusen & Kroll, 1991; Freeman, 1991; Gläser-Zikuda, 2001).

Offenbar wird Langeweile auf allen Fähigkeits- und Leistungsniveaus erlebt (Larson & Richards, 1991). Diese Annahme wird durch die Studie von Götz und Frenzel (2005) bestätigt. Die Autoren unterscheiden verschiedene Formen von Langeweile – Langeweile aufgrund von Unter- bzw. Überforderung. Auf diese Weise decken die Autoren differenzielle Effekte zwischen Langeweile und Leistungsmaßen auf: Langeweile aufgrund von Unterforderung korreliert signifikant positiv mit Leistung ($r = .37$), bei Langeweile aufgrund von Überforderung besteht ein negativer Zusammenhang zu Leistungsmerkmalen ($r = -.48$).

Die zum Teil hohen Korrelationen zu anderen Konstrukten werfen die Frage nach Forschungen zur diskriminanten Validität von Langeweile auf. So könnte man z. B.

fragen, ob Langeweile das Gegenteil von Interesse ist bzw. ob Langeweile und fehlende Aufmerksamkeit das gleiche Phänomen beschreiben. Mit dem Begriff *jangle fallacy* bezeichnet Kelley (1927, S. 62 ff.) die Tatsache, wonach ein Konstrukt zwar unterschiedlich bezeichnet wird, aber empirisch nicht separiert werden kann. Forschungsergebnisse deuten darauf hin, dass dies bei Langeweile nicht der Fall ist:

Russell (1980) sowie Smith und Ellsworth (1985) lokalisieren verschiedene Emotionen im Hinblick auf sieben Dimensionen.[6] Die empirischen Analysen zeigen, dass Langeweile von anderen Erlebenszuständen wie z. B. Frustration oder Ärger separierbar ist, wenngleich im Hinblick auf einzelne Dimensionen Ähnlichkeiten bestehen. Herauszustellen ist, dass sich die Konstrukte Interesse und Langeweile nur im Hinblick auf eine der sieben Dimensionen (Aufmerksamkeit) als gegensätzlich abbilden lassen (Smith & Ellsworth, 1985, S. 827).

Die Eigenständigkeit von Langeweile zeigt sich in weiteren Untersuchungen:

Obgleich Langeweile und Ärger hoch korrelieren, können die beiden Emotionen voneinander unterschieden werden. Langeweile und Ärger werden in unterschiedlichen Situationen erlebt (Larson & Richards, 1991; Pekrun & Hofmann, 1999) und sind faktorenanalytisch separierbar (Sundberg & Bisno, 1983).

Die hohen Korrelationen zwischen Langeweile und aufgabenirrelevantem Denken bzw. Aufmerksamkeitsstörungen sind theoriekonform, schließlich wird damit die kognitive Komponente von Langeweile erfasst (vgl. Kap. 1.2). Die anderen, mit Langeweile einhergehenden affektiven, physiologischen, expressiven und motivationalen Reaktionen werden durch das Phänomen ‚aufgabenirrelevantes Denken' jedoch nicht beschrieben. Langeweile und aufgabenirrelevantes Denken können also theoretisch unterschieden werden. Die Höhe der Korrelationen (s. o.) lässt es zu, auch empirisch von zwei Konstrukten zu sprechen.

Langeweile äußert sich in einer ablehnenden Haltung gegenüber der aktuellen Situation. Trotzdem können Abneigung und Langeweile empirisch separiert werden (Perkins & Hill, 1985). Unterschiede zwischen den beiden Konstrukten bestehen nicht nur im Hinblick auf die erlebte Frustration (bei gelangweilten Personen ist diese besonders hoch), sondern auch bezüglich der Bedürfnisse. Im Vergleich zu jenen Personen, die gegenüber einer Tätigkeit abgeneigt sind, äußern gelangweilte Personen ein signifikant größeres Bedürfnis nach Leistung, nach Struktur und nach Abwechslung. Diese Ergebnisse stimmen mit den Erkenntnissen über die Ursachen von Langeweile (z. B. fehlende Herausforderungen, Monotonie) überein.

---

6   Die Dimensionen sind: Aktivierung vs. Deaktivierung, angenehm vs. unangenehm, hohe vs. niedrige Anstrengung, Aufmerksamkeit vs. Unaufmerksamkeit, Sicherheit vs. Unsicherheit, situative Kontrolle vs. eigene Kontrolle, eigene Verantwortung vs. fremde Verantwortung.

- **Coping**

Es gibt kaum Untersuchungen darüber, wie Kinder und Jugendliche mit Langeweile umgehen. Sieben Studien beschäftigen sich damit, davon allerdings nur vier mit schulischer Langeweile (Fichten, 1993; Götz & Frenzel, 2006; Illge, 1929; Valtin et al., 2005).

Bei *außerschulisch* erlebter Langeweile kann die Situation meist verändert oder verlassen werden. Als Copingstrategien werden Lesen, Freunde besuchen, Musikhören, Fernsehen oder Sporttreiben genannt. Die Personen sorgen für neue, anregende Stimuli (Harris, 2000; Martin et al., 2006; Vandewiele, 1980).

Restriktive Rahmenbedingungen von *Schule* und *Unterricht* erfordern andere Formen des Copings. Illge (1929) nennt als einzige Strategie Tagträumen, was mit dem Verhalten von Schülern in den 1920er Jahren zusammenhängen könnte. Heutzutage dürften die Schüler weitere, auch auffälligere Taktiken einsetzen.

Fichten (1993) untersucht zwei Strategien: Schülertaktiken und Nebentätigkeiten. Schülertaktiken zeichnen sich durch ein äußerlich angepasstes Verhalten aus, die Schüler hängen ihren Gedanken nach oder täuschen Aufmerksamkeit und Engagement vor. Nebentätigkeiten hingegen sind durch die Zuwendung zu unterrichtsfremden Gegenständen gekennzeichnet. Sie werden häufig heimlich praktiziert.

In der nationalen Erweiterung von IGLU (Internationale Grundschul-Lese-Untersuchung) wurden die Kinder zu unterschiedlichen Verhaltensweisen im Unterricht befragt. Die heimliche Beschäftigung mit unterrichtsfremden Dingen sowie das aufgabenirrelevante Denken sind für die vorliegende Untersuchung von besonderem Interesse, weil diese Strategien auch bei Langeweile zum Einsatz kommen dürften. Über die Hälfte der Viertklässler gibt an, sich im Unterricht Nebentätigkeiten zuzuwenden. Darunter sind, ebenso wie beim Tagträumen, signifikant mehr Jungen als Mädchen (Valtin et al., 2005, S. 208). Der Zusammenhang zwischen diesen Verhaltensweisen und dem Langeweileerleben der Kinder wird in der Studie nicht untersucht.

Götz und Frenzel (2006) erfassen in ihrer Studie, was die Schüler gerne tun würden: 52 Prozent der Schüler berichten, dass sie Einfluss auf das Unterrichtsgeschehen nehmen wollen, indem sie z. B. die Lehrkraft zur Verwendung von Unterrichtsmaterialien und zu Methodenvielfalt bewegen. Ebenfalls 52 Prozent der Schüler möchten Alternativhandlungen ausführen (z. B. zeichnen oder lesen). Den Wunsch, die Situation zu verlassen nennt jeder dritte Schüler. Offen bleibt, ob die Schüler die genannten Strategien tatsächlich anwenden.

2.3 Forschungslücken

Die Darstellung bisheriger Forschungsergebnisse zur Lernemotion Langeweile lässt verschiedene Forschungslücken erkennbar werden, von denen ein Großteil in der vorliegenden Studie bearbeitet wird.

- **Stichprobe**

Es fehlen insbesondere Studien mit Kindern im Grundschulalter. Möglicherweise blieb diese Altersgruppe bisher ausgeklammert, weil bezweifelt wird, dass Kinder unter zehn Jahren Langeweile von anderen Emotionen negativer Valenz (wie z. B. Ärger oder Angst) unterscheiden können (Hill & Perkins, 1985, S. 235; Robinson, 1975, S. 142).

Studien mit dieser Altersgruppe dürften auch aus methodischen Gründen fehlen. Die Befragung von Kindern stellt in besonderem Maß Anforderungen an altersgemäße Erhebungsinstrumente.

- **Methode**

Die meisten Studien erfassen Langeweile retrospektiv. Trotz des erhöhten Forschungsaufwands sollten auch prozessbezogene Erhebungen durchgeführt werden, um den Einfluss verschiedener Designs untersuchen zu können.

Schulische Langeweile wurde in Bezug auf Lebensbereiche, Fächer und Lernsituationen erhoben. Was fehlt, ist eine differenzierte Untersuchung von Langeweile in verschiedenen Unterrichtssituationen.

Entsprechend wurde auch die interne Struktur von Langeweile bisher lediglich auf der Grundlage von Unterrichtsfächern untersucht. Die Situationsspezifität wurde nicht berücksichtigt.

- **Vorkommen**

Schulische Langeweile wird insbesondere in der Lernsituation Unterricht erlebt. Offen ist jedoch, welche Unterrichtssituationen Langeweile verursachen.

Aus pädagogischer Sicht ist es nicht nur wichtig zu wissen, wer sich unter welchen Bedingungen langweilt, sondern auch danach zu fragen, welche Bedeutung diese Emotion im Schulalltag tatsächlich hat. Damit stellt sich die Frage nach dem Vorkommen der langeweileinduzierenden Bedingungen. Es ist denkbar, dass Schüler bestimmte Unterrichtssituationen langwilig finden, dass diese jedoch im Alltag nur selten vorkommen (vgl. Fichten, 1993). Deshalb sollten Schüler auch gefragt werden, wie oft die als langwilig eingeschätzten Unterrichtssituationen auftreten.

Gibt es geschlechtsspezifische oder schulartspezifische Unterschiede im Langeweileerleben? Die wenigen vorliegenden Ergebnisse sind uneinheitlich.

Längsschnittliche Befunde zu schulischer Langeweile, auf deren Grundlage eine Aussage über Ursache-Wirkungsbeziehungen möglich ist, sind ebenfalls rar.

- **Ursachen**

In mehreren Studien wurden Schüler nach den Ursachen schulischer Langeweile befragt. Es fehlen hingegen Arbeiten, in denen Bedingungsfaktoren von Langeweile und deren Zusammenwirken auf der Grundlage theoretischer Modelle untersucht werden. Dieses Vorgehen bietet die Möglichkeit, auch solche Einflussfaktoren zu erfassen, die die befragten Schüler von sich aus nicht berücksichtigen (wie z. B. allgemeine Persönlichkeitsmerkmale).

- **Zusammenhänge zwischen Langeweile und Schülermerkmalen bzw. Merkmalen der Lernsituation**

Angesichts der zum Teil widersprüchlichen Ergebnisse sollte der Zusammenhang zwischen Langeweile und Fähigkeiten/Leistungen erneut analysiert werden.

Korrelative Zusammenhänge wurden bisher ausschließlich bei Schülern der Sekundarstufe I und II sowie bei Studenten untersucht. Offen ist, ob die berichteten Zusammenhänge in gleicher Weise für Grundschüler gelten.

Weiterer Forschungsbedarf besteht im Hinblick auf die diskriminante Validität von Langeweile. So fehlt es beispielsweise an Studien, in denen Langeweile von Konstrukten wie Interesse, Neugier und Aufmerksamkeit abgegrenzt wird.

- **Coping**

Im Hinblick auf Copingstrategien im schulischen Kontext und den zugrunde liegenden Motiven von Schülern besteht erheblicher Forschungsbedarf (Vodanovich, 2003a, S. 31). Deduktive Forschungsstrategien bedürfen hier der Vorbereitung durch explorative Studien.

3   Fragestellungen

Im Mittelpunkt dieser Studie steht schulische Langeweile bei Kindern der dritten Jahrgangsstufe. Methodisch handelt es sich um eine retrospektive Fragebogenerhebung mit standardisierten offenen und geschlossenen Fragen. Angesichts des wenig fundierten Forschungsstands ist die Studie in weiten Teilen explorativer Art.

Die in Kapitel 2.3 aufgezeigten Forschungslücken stecken den Rahmen für die in dieser Studie zu bearbeitenden Fragestellungen ab. Die Forschungsfragen werden hier im Überblick genannt und in den angegebenen Kapiteln näher ausgeführt und begründet. Der fragebogenbasierten Hauptuntersuchung ist eine explorative Interviewstudie vorgeschaltet (vgl. Kap. 4).

Gegenstand der Hauptstudie sind folgende Fragestellungen:

- **Interne Struktur von Langeweile**

Wie ist die interne Struktur von Langeweile? Wie wird das Konstrukt Langeweile adäquat erfasst? Ist Langeweile ein situations- und fächerübergreifendes Phänomen oder ist die Emotion situations- und/oder fachspezifisch strukturiert? (vgl. Kap. 5.2.2)

- **Explikation von Langeweile**

Was verstehen Kinder im Grundschulalter unter Langeweile? Können sie wesentliche Merkmale dieser Emotion benennen und Langeweile damit von anderen negativen Emotionen unterscheiden? (vgl. Kap. 5.2.3)

- **Vorkommen und Ursachen von Langeweile**

Auf der Ebene von Lebensbereichen:

Langweilen sich Schüler öfter in der Freizeit oder in der Schule? Wie begründen die Kinder ihre außerschulisch bzw. schulisch erlebte Langeweile? (vgl. Kap. 5.2.4)

Auf der Ebene von Unterrichtssituationen und -fächern:

Wie bewerten Schüler verschiedene Unterrichtssituationen in den Fächern Deutsch und Mathematik im Hinblick auf ihre langeweileinduzierende Wirkung?

Unterscheidet sich diese Einschätzung zwischen den Fächern bzw. zwischen Jungen und Mädchen? (vgl. Kap. 5.2.5.1)[7]

- **Zusammenhänge zwischen Langeweileerleben und Schülermerkmalen bzw. Merkmalen der Lernsituation**

Welche Zusammenhänge bestehen zwischen dem Langeweileerleben in verschiedenen Unterrichtssituationen und Schülermerkmalen bzw. Merkmalen der Lernsituation? (vgl. Kap. 5.2.5.2)

- **Wunsch nach Wahrnehmung von Langeweile durch die Lehrkraft**

Wollen die Schüler, dass die Lehrkraft ihre Langeweile bemerkt? Welche Gründe sprechen aus Sicht der Kinder dafür bzw. dagegen? (vgl. Kap. 5.2.6)

- **Coping von Langeweile**

Was tun Schüler, wenn sie sich im Deutsch- bzw. Mathematikunterricht langweilen?

Unterscheidet sich die Wahl der Copingstrategien zwischen den Fächern bzw. zwischen Jungen und Mädchen? (vgl. Kap. 5.2.7.1)

- **Zusammenhänge zwischen Coping und Schülermerkmalen bzw. Merkmalen der Lernsituation**

Welche Zusammenhänge bestehen zwischen Copingstrategien und Schülermerkmalen bzw. Merkmalen der Lernsituation? (vgl. Kap. 5.2.7.2, 5.2.7.3)

---

7 Bei diesen Forschungsfragen werden neben dem *Vorkommen* auch *Ursachen* erfasst. So wird bei der Einschätzung langeweileinduzierender Unterrichtssituationen untersucht, ob sich die Schüler in diesen Situationen langweilen (*Vorkommen*); durch die situative Erfassung werden aber zugleich mögliche *Ursachen* erhoben.

4 Voruntersuchung

4.1 Forschungsfragen

Schulische Langeweile wurde bei Kindern im Grundschulalter bisher nicht untersucht, wenn man von den Studien von Schneider (2005) und Valtin et al. (2005) absieht. Es fehlt Wissen zum kindlichen Verständnis von Langeweile und zum Vorkommen sowie zu Ursachen, Zusammenhängen und Copingstrategien (vgl. Kap. 2.2).

Ziel der explorativen Vorstudie ist deshalb eine Annäherung an den Forschungsgegenstand bezogen auf diese Altersgruppe. Einzelinterviews mit offenem Antwortformat erscheinen besonders geeignet, individuelle Sichtweisen der Kinder zu folgenden Forschungsfragen einzufangen (vgl. Kap. 3):

Explikation. Was verstehen Kinder im Grundschulalter unter Langeweile?

Vorkommen und Ursachen. Welche Unterrichtssituationen erleben Grundschüler als langweilig?

Wunsch nach Wahrnehmung von Langeweile durch die Lehrkraft. Wollen die Schüler, dass die Lehrkraft ihre Langeweile bemerkt?

Coping. Was tun Kinder, wenn sie sich im Unterricht langweilen?

Valenz. Wie bewerten Kinder schulische Langeweile?

4.2 Methode

Im März 2005 wurden an fünf Tagen halbstandardisierte Einzelinterviews durchgeführt. Die Stichprobe umfasste $N = 61$ Grundschüler im Alter von sechs bis elf Jahren aus neun Klassen einer Bayreuther Grundschule. Das Durchschnittsalter der Kinder lag zum Zeitpunkt der Erhebung bei 8.47 Jahren ($SD = 1.07$), 39 % der Kinder waren Mädchen, 61 % Jungen. Etwa die Hälfte der Gespräche fand während des regulären Unterrichts statt; die anderen Kinder wurden nach Schulschluss während der Mittagsbetreuung befragt. Die Teilnahme an der Untersuchung war freiwillig – Voraussetzung war eine schriftliche Einwilligung der Erziehungsberechtigten. Die Lehrkräfte waren in die Interviews nicht involviert, um die soziale Erwünschtheit der Antworten zu reduzieren. Die Gespräche fanden in einem separaten Zimmer statt und dauerten durchschnittlich zwanzig Minuten (Range: 5; 35). Alle Gespräche wurden von mir durchgeführt.

Die Interviews wurden mit Diktiergeräten bzw. auf Video aufgezeichnet, um später transkribiert werden zu können. Ausgewertet wurden die Aufzeichnungen mit der *qualitativen Inhaltsanalyse* nach Mayring (2003) (vgl. Kap. 5.1.5). In mehreren Reduktionsschritten wurden bedeutungsgleiche bzw. -ähnliche Paraphrasen zusammengefasst. Deduktiv wurde wiederum überprüft, inwieweit die durch Induktionsprozesse generierten Kategorien das Ausgangsmaterial noch adäquat repräsentieren. Mehrfachantworten waren aufgrund der offenen Fragestellung möglich und gingen in die Auswertungen ein.

Der Interviewleitfaden gliederte sich in Vorphase, Hauptphase und Schluss. Alle hier berichteten Ergebnisse wurden in der Hauptphase gewonnen. Zunächst wurden die Schüler gebeten, Langeweile zu definieren. Anschließend sollten sie sich an langweilig empfundene Unterrichtssituationen erinnern, diese genauer beschreiben und mögliche Ursachen benennen. Im Anschluss wurden die Kinder gefragt, ob und warum die Lehrkraft ihre Langeweile (nicht) bemerken soll. Die nächste Frage betraf den Umgang mit der Emotion. Zuletzt ging es um die Bewertung von Langeweile.

Die Stichprobengröße wurde vorab nicht definiert; das Sampling wurde beendet, als eine *theoretische Sättigung* eintrat, d. h. durch die Befragung weiterer Schüler war kein bedeutender zusätzlicher Erkenntnisgewinn mehr zu erwarten (Kvale, 1996, S. 102).

4.3 Ergebnisse

- **Was verstehen Kinder im Grundschulalter unter Langeweile?**

Den Kindern wurde folgende Frage gestellt: *Stell dir vor, jemand kennt das Gefühl der Langeweile nicht und du sollst jetzt beschreiben, wie es sich anfühlt.*

Die meisten Kinder ($N = 36$) erklären Langeweile mit fehlender Aktivität. Einige beschreiben lediglich die Situation (Nichtstun), andere ergänzen den Wunsch, aktiv zu sein, ohne genau zu wissen, was man tun könnte (kognitive, motivationale Komponente).

- Wenn man nichts zu tun hat. (siebenjähriger Junge [30])
- Langeweile ist, wenn man nichts zu tun hat und auch nicht weiß, was man tun könnte. (neunjähriger Junge [9])

Sechs Kinder bringen zum Ausdruck, dass man eine gewünschte Tätigkeit nicht ausführen kann oder etwas gegen den eigenen Willen tun muss.

- Wenn man was machen möchte, was man nicht tun kann. (zehnjähriger Junge [14])
- Wenn man was machen muss, was man nicht machen will. (neunjähriger Junge [15])

Nach Aussage der Schüler geht Langeweile gelegentlich mit anderen Emotionen negativer Valenz wie z. B. Frustration oder Ärger einher, allerdings unterscheiden die Kinder die verschiedenen Emotionen und benennen das jeweils Spezifische.

Viele Grundschüler betrachten die Adjektive interessant und langweilig als semantisch gegensätzlich – und beziehen sich damit auf situative Interessen.

- Ich hasse HSU, weil ich nicht gut darin bin. Aber langweilig ist es nicht, weil es interessant ist. (achtjähriger Junge [13])

Eine Schülerin hingegen sagt, dass Englisch zwar ein interessantes Fach sei, sie sich aber aufgrund der eintönigen Unterrichtsgestaltung langweile (achtjähriges Mädchen [1]). Dieses Kind bezieht sich auf sein individuelles Interesse und unterscheidet es von der situativ erlebten Langeweile im Unterricht. Zum Erhebungszeitpunkt hat das Mädchen fast ein Jahr Englischunterricht erlebt – noch hat der Unterricht das grundsätzliche Interesse am Fach offenbar nicht reduziert. Anzumerken ist jedoch, dass Interessen durch Bedingungen des Unterrichts beeinträchtigt werden können (Krapp, 1998, S. 197).

In ihrer Antwort beziehen sich vier Kinder auf die physiologische Komponente und benennen Müdigkeit bzw. Trägheit.

- Da möchte man einfach einschlafen. (achtjähriger Junge [10])
- Wenn ich mich langweile, werde ich ganz ruhig und dann seufze ich manchmal. (neunjähriger Junge [15])

Das subjektiv langsame Verstreichen von Zeit (affektive Komponente) benennt bei dieser Frage nur ein Schüler, im Verlauf des Interviews kommen jedoch auch noch andere Kinder darauf zu sprechen.

- Wenn man die ganze Zeit nur rumsitzt und wartet. (neunjähriger Junge [15])

Zusammenfassend ist festzuhalten, dass sich die Kinder bei der Definition des Konstrukts auf affektive, kognitive und physiologische Komponenten von Langeweile beziehen (vgl. Kap. 1.2). Während sie auf die Fragen antworten, zeigen einige Kinder zudem körpersprachlich (expressive Komponente), wie sich Langeweile äußern kann. Beispielsweise legen sie den Kopf auf ihre Arme oder sinken in ihrem Stuhl zusammen.

Im Rahmen ihrer Begriffserklärung schildern manche Kinder detailliert Situationen, in denen sie sich gelangweilt haben. Dabei benennen sie auch mögliche Ursachen. Diese sind Gegenstand des folgenden Abschnitts.

- **Welche Unterrichtssituationen erleben Grundschüler als langweilig?**

Die zweite Frage (*Wann hast du dich zuletzt gelangweilt?*) zielt darauf ab, situationsspezifische Ursachen von Langeweile zu eruieren. Kinder, die den schulischen Bezug nicht von sich aus herstellen, werden durch eine Nachfrage dazu angeregt: *Ist dir auch in der Schule/im Unterricht langweilig?*

Die vielfältigen Unterrichtssituationen, die von den Kindern genannt werden, lassen sich den nachstehenden Kategorien zuordnen:

– Unterforderung
– Überforderung
– Wiederholung
– methodische Monotonie
– ungenutzte Lernzeit
– fehlende Disziplin
– fehlende Lehrer-Schüler-Interaktion

Nur zwei der insgesamt 61 interviewten Kinder geben an, sich noch nie im Unterricht gelangweilt zu haben. Für alle anderen gehört Langeweile zu den grundlegenden Erfahrungen im Unterricht.

Die am häufigsten genannte Ursache von Langeweile ist *Unterforderung*, mehr als jeder zweite Schüler beschreibt derartige Situationen ($N = 33$). Einige Schüler berichten, die Unterrichtsinhalte zu Hause geübt und wiederholt zu haben, weshalb sie sich nun langweilen.

> – Wenn es leichte Aufgaben sind, finde ich es langweilig. Wenn es schwierige Aufgaben sind, dann muss ich ja überlegen. Und das ist nicht langweilig. (achtjähriger Junge [13])
> – Wenn wir über ein Thema sprechen, über das ich schon längst Bescheid weiß. (zehnjähriger Junge [41])
> – Ich langweile mich, wenn ich schon alles kann, weil ich davor mit meinen Eltern schon geübt habe. (achtjähriger Junge [16])

Situationen der *Überforderung* beschreiben $N = 19$ Kinder. Die Unterrichtsinhalte sind zu schwer, sie können nicht folgen, Langeweile entsteht.

- Ich bin eben schlecht [in Mathematik] und ich komme manchmal nicht mit. (neunjähriger Junge [49])
- Wenn wir was Kompliziertes machen, was ich nicht versteh, dann wird mir langweilig. (neunjähriger Junge [50])

Wiederholung als Ursache geben $N = 23$ Kinder an. Wiederholung geht zuweilen mit Unterforderung einher, die Kinder benennen hier aber explizit *inhaltliche Monotonie*.

- Wenn der Lehrer immer wieder das Gleiche sagt. (neunjähriger Junge [38])
- Wenn wir über was sprechen, was wir schon x-mal besprochen haben und andere haben es immer noch nicht verstanden, dann denk ich mir: ‚Wann kapieren die das denn endlich.' (zehnjähriger Junge [41])
- Der Lehrer erklärt alles so was von langweilig, so langsam. Wir haben das dann 72-mal durchgenommen und immer noch mal, immer noch mal. (achtjähriger Junge [10])
- Wenn wir was durchnehmen, was wir schon gemacht haben. Dann denke ich: ‚Ned scho wieder, des ham wir scho gmacht.' (zehnjähriger Junge [14])
- Frau [xx] müsste es nicht so genau erklären. (achtjähriges Mädchen [52])

Neben der Wiederholung beklagen einige Schüler eine *methodische Monotonie* ($N = 12$). Insbesondere in Bezug auf eine Lehrkraft kritisieren die Kinder, dass viele Unterrichtsstunden den gleichen Ablauf haben.

- Es ist langweilig, wenn wir so viele gleiche Aufgaben rechnen müssen. (neunjähriger Junge [15])
- Jede Stunde läuft gleich ab. (achtjähriges Mädchen [1])

Die Schüler langweilen sich, wenn *Unterrichtszeit ungenutzt* verstreicht, wenn sie warten müssen und ihr Lernen nicht selbst bestimmen können ($N = 17$).

- Wenn die Probe fertig ist, ich nichts anderes tun darf und leise sein muss. Wenn jemand überlegt und es nicht vorangeht. (zehnjähriger Junge [14])
- Wenn ich warten muss, bis die anderen Kinder alle Aufgaben gerechnet haben. (siebenjähriger Junge [20])
- Die Lernwörter werden immer wieder geübt und dann habe ich keine Lust und möchte was Neues machen, aber ich kann ja nicht einfach allein was anfangen. Die Frau [xx] ist ja die Lehrerin und sie sagt ja, was wir machen. (neunjähriges Mädchen [53])
- [Eine Schülerin erzählt, dass die Kinder die Hausaufgaben erst aufschreiben dürfen, wenn die Lehrerin sie fertig erklärt hat.] Dann muss ich abwarten, habe nichts zu tun. (neunjähriges Mädchen [6])

Mehrere Kinder beziehen sich auf Unterrichtsgespräche und *fehlende Lehrer-Schüler-Interaktionen* (*N* = 13): Der Unterricht stockt, es fehlt an Dynamik, die Kinder erleben eine unerwünschte Passivität.

- Der Lehrer redet pausenlos. (achtjähriges Mädchen [1])
- Am Montag dürfen wir immer ganz lang erzählen und dann wird's mir immer langweilig. (sechsjähriger Junge [34])
- Ich langweile mich im Unterricht, wenn ich nichts sagen darf: Oft habe ich mich schon vier-, fünfmal gemeldet und komme nicht dran. (achtjähriger Junge [36])
- Wenn die Kinder was vorlesen und das nicht gescheit können, dann sitzen wir bloß so da. (sechsjähriger Junge [25])
- Der Lehrer stellt Fragen, wo keiner was weiß. Manchmal will der Lehrer so komplizierte Wörter hören und dann dauert es ziemlich lange, bis die Lösung da ist. Niemand meldet sich. (neunjähriger Junge [7])

Drei Kinder geben an, dass *fehlende Disziplin* innerhalb der Klasse oftmals Anlass für Unterrichtsstörungen und -unterbrechungen ist; es entsteht Leerlauf, der Langeweile verursacht.

- Wenn die Kinder schwätzen, dann ermahnt der Lehrer die Kinder und sagt, sie sollen aufhören, aber das vertrödelt so viel Zeit. (siebenjähriger Junge [30])
- Beim Sport, da machen die Jungen Blödsinn, da ermahnt uns unser Lehrer und wir machen gar nicht weiter. (neunjähriges Mädchen [53])

Bei der Nennung von Ursachen erweisen sich die Schüler als Experten für Unterricht und Unterrichtsqualität. Mit ihren Worten benennen sie zentrale Merkmale guten Unterrichts wie z. B. die Nutzung von Lernzeit, die Notwendigkeit individueller Förderung und eine angemessene methodische Vielfalt bei der Unterrichtsgestaltung (Meyer, 2004). Werden diese im Unterricht zu wenig berücksichtigt, wächst die Wahrscheinlichkeit, dass Langeweile entsteht.

Während die meisten Schüler die jeweilige Lehrkraft und die Unterrichtsgestaltung für die Langeweile verantwortlich machen (externale Attribution, vgl. Kap. 2.2), bezieht ein Schüler die Ursache explizit auf sich.

- Wenn, dann muss ich mich ja ändern, damit ich keine Langeweile mehr habe. (achtjähriger Junge [36])

- **Wollen die Schüler, dass die Lehrkraft ihre Langeweile bemerkt?**

Willst du, dass dein Lehrer/deine Lehrerin bemerkt, wenn du dich im Unterricht langweilst?

Bis auf einige wenige Ausnahmen *verheimlichen* die Schüler ihre Langeweile, sie möchten keinesfalls, dass die Lehrkraft diese bemerkt ($N = 27$). Die Kinder verhalten sich angepasst, haben verschiedene Taktiken entwickelt, unerkannt zu bleiben. Einige Schüler täuschen Interesse am Unterricht vor, andere beschäftigen sich heimlich mit anderen Dingen. Sie befürchten Sanktionen (z. B. Strafarbeit, Bemerkung im Zeugnis, Gespräch mit den Eltern) und wollen einen guten Eindruck bei der Lehrkraft hinterlassen.

- Ich tu so als ob, dann wird sie mich nicht so oft drannehmen, weil sie denkt, ich pass auf. Weil sie nimmt immer die dran, die nicht aufpassen. Ich will nicht drankommen, weil das dauert dann so lange [zu überlegen], sie [die Mitschüler] atmen ein und aus und dann fühle ich mich wie der Dümmste. (neunjähriger Junge [49])
- Sie soll es nicht wissen, wenn sie weiß, dass mir langweilig ist, dann sagt das Frau [xx] meinen Eltern und dann schimpfen meine Eltern, es ist wichtig, dass Frau [xx] denkt, dass mir der Unterricht immer Spaß macht. (neunjähriges Mädchen [60])
- Man sollte lieber nicht sagen, dass man sich langweilt! (zehnjähriger Junge. [14])
- Ich würde mich nicht trauen, der Lehrerin zu sagen, dass ich mich langweile. (zehnjähriges Mädchen [24])
- Das soll sie nicht bemerken, weil dann denkt sie vielleicht, ihr Unterricht ist nicht so gut. (achtjähriges Mädchen [52])

Fünf Schüler *teilen* der Lehrkraft *mit*, wenn sie sich langweilen. Sie erhoffen sich davon eine Änderung der als langweilig erlebten Situation, z. B. indem sie zusätzliche Aufgaben erhalten oder sich einer anderen Tätigkeit zuwenden können.

- Ich frag sie, warum wir das jetzt schon wieder durchnehmen müssen. (zehnjähriger Junge [41])
- Ich melde mich, sage, dass mir langweilig ist, sage, dass sie mir was zum Schreiben geben soll. (achtjähriges Mädchen [44])

- **Was tun Kinder, wenn sie sich im Unterricht langweilen?**

An die Situationsschilderungen schließt sich die Frage nach dem Umgang mit schulischer Langeweile an: *Was machst du dann?* Die Antworten lassen sich in folgender Weise kategorisieren: Die Kinder

- beteiligen sich weiter am Unterrichtsgeschehen,

- träumen vor sich hin,
- warten ab,
- denken über das Thema nach,
- wenden sich Nebentätigkeiten zu.

Hierbei handelt es sich um problemorientierte Copingstrategien – Ziel ist eine Veränderung der aktuellen Situation (vgl. Kap. 1.4).

Ein Großteil der Kinder gibt an ($N = 21$), dem Unterrichtsgeschehen trotz Langeweile zu folgen bzw. sich *weiterhin* daran zu *beteiligen*. Einige sehen darin eine Möglichkeit, der Langeweile entgegenzuwirken; andere befürchten negative Konsequenzen, wenn sie ihre Langeweile erkennbar werden lassen. Problematisch ist, dass die Langeweile dieser Kinder unerkannt bleiben dürfte. Die Lehrkraft sieht daher keine Notwendigkeit, an der jeweiligen Unterrichtssituation etwas zu ändern.

- Ich passe auf, dann vergeht die Zeit schneller. (neunjähriger Junge [42])
- Dann mach ich einfach mit, weil wenn ich dann nicht mitmach, wird's mir noch langweiliger. (neunjähriges Mädchen [60])
- Ich versuche mitzumachen, damit ich bessere Noten hab'. (neunjähriger Junge [50])
- Ich mache meistens trotzdem mit, weil es sein kann, dass sie was erklärt, was ich noch nicht weiß. (zehnjähriger Junge [41])

Acht Kinder hängen ihren Gedanken nach (*Tagträumen*).

- Dann bin ich irgendwo mit meinen Gedanken. (achtjähriges Mädchen [52])
- Dann denke ich an Fußball. (neunjähriger Junge [49])

Vier Kinder *warten* einfach ab, hoffen, dass die Zeit möglichst schnell vergeht.

- Ich mache gar nichts, ich sitze einfach nur rum. (achtjähriger Junge [36])
- Dann warte ich und schaue auf die Uhr. (neunjähriges Mädchen [6])

Vier Kinder geben an, sich weiterführende Gedanken zum Thema zu machen; sie beschäftigen sich mit dem Unterrichtsgegenstand auf einem selbstbestimmten Anspruchsniveau (*thematische Reflexion*).

- Dann tu ich mir andere Rechnungen überlegen. [Nachfrage: Was ist an denen anders?] Das sind Rechnungen, die ich noch nie gerechnet hab'. (neunjähriger Junge [26])
- Ich denke über was anderes nach, z. B. wenn wir noch mal ne Probe schreiben, wie ich die Aufgaben dann löse. (zehnjähriger Junge [14])

Die meisten Schüler ($N = 27$) wenden sich jedoch *Nebentätigkeiten* zu. Einige malen, kramen in ihrem Federmäppchen, spielen mit ihren Fingern, kippeln mit ihrem Stuhl, andere schauen auf die Uhr, trinken, essen, quatschen oder ärgern ihre Mitschüler. Sie suchen zusätzliche Stimuli. Zu vermuten ist, dass ihr Verhalten zu Unruhe und zu Disziplinproblemen innerhalb der Klasse führt.

> – Ich male, trinke, haue mir noch den letzten Rest vom Brötchen rein. Ich male meine Finger an, male mein Federmäppchen an, wenn der Lehrer zur Tafel schreibt und mich nicht sieht. Wenn er sich umdreht, lege ich schnell den Stift weg. (neunjähriger Junge [15])
>
> – Dann male ich mir Bilder auf den Arm, male Pferde auf meinen Arm, male Nägel an, dann popel ich in der Nase, dann schreibe ich Sachen über die Lehrerin auf meinen Arm, dann bastel ich Papierschiffchen und Papierflieger, ich baue meine Filzstifte auseinander, nehme mir ein Taschentuch, reiße dann Knüller ab, schmeiße sie in den Papierkorb. (neunjähriges Mädchen [37])

Es ist erstaunlich, wie vielen unterschiedlichen Nebentätigkeiten sich dieses Mädchen bei Langeweile zuwendet. Diese dürften der Lehrkraft nicht verborgen bleiben. Ob das Kind möchte, dass die Lehrerin die Langeweile bemerkt, geht aus der Äußerung nicht hervor.

- **Wie bewerten Kinder schulische Langeweile?**

Langeweile wird in der Literatur meist als eine Lernemotion mit negativer Valenz beschrieben. Dies zeigt sich auch in hohen positiven Korrelationen zwischen Langeweile und Ärger (vgl. Kap. 2.2). In verschiedenen Studien zeigt sich jedoch, dass Langeweile auch positiv erlebt wird (Götz & Frenzel, 2006; Harris, 2000; Sundberg & Bisno, 1983; Vodanovich, 2003a). Deshalb wurden die Kinder gefragt, wie sie schulische Langeweile bewerten: *Macht es dir was aus, wenn du dich langweilst oder nicht?*

Die überwiegende Zahl der Schüler erlebt schulische Langeweile *negativ*. Sie wissen, dass es nicht opportun ist, sich im Unterricht zu langweilen, dass sie aufmerksam sein und sich beteiligen sollen, auch wenn der jeweilige Lerngegenstand ihre Aufmerksamkeit nicht weckt (vgl. Breidenstein, 2006, S. 79).

> – Langweile ist blöd, weil da kriegt man nix mit, was wir machen müssen. (zehnjähriger Junge [29])
> – Wenn ich mich langweile, dann bin ich gar nicht richtig bei der Sache, dann träume ich. (achtjähriges Mädchen [1])

Insbesondere leistungsstarke Schüler äußern aber auch *positive* Aspekte von Langeweile: Sie können sich ausruhen, genießen die Denkpausen oder nutzen die Zeit, um ihre Aufgaben noch einmal zu überprüfen. Wenn sie sich aufgrund von Unterforderung langweilen, ziehen sie daraus positive Schlüsse über ihr Fähigkeitsselbstkonzept. Allerdings ist kritisch zu fragen, ob sich diese Kinder tatsächlich langweilen, oder ob hier nicht besser von einer positiv bewerteten Form des Nichtstuns zu sprechen ist.

- Manchmal genieße ich die Langeweile, weil ich das alles schon kann. Dann warte ich einfach ab, bis die anderen fertig sind. (neunjähriger Junge [7])
- Langeweile ist auch schön, dann lege ich mich ein bisschen auf den Tisch und mache die Augen ein bisschen zu. (neunjähriger Junge [15])
- Dann habe ich Zeit, um zu sehen, ob ich einen Fehler hab, zu korrigieren oder Zusatzaufgaben zu machen. (siebenjähriger Junge [30])

Götz und Frenzel (2006, S. 152) bezeichnen diese Form von Langeweile, die durch eine Nähe zu Entspannungszuständen gekennzeichnet ist, als *indifferente Langeweile* (vgl. Kap. 1.1).

4.4 Zusammenfassung

Explikation. Die Interviews zeigen, dass Grundschüler ein unterschiedlich differenziertes, aber im Kern stets zutreffendes Verständnis darüber haben, was Langeweile ist. Aus ihrer Sicht geht die Emotion mit einer fehlenden oder unerwünschten Aktivität einher, einige beziehen sich in ihren Antworten auf affektive, kognitive und physiologische Anteile.

Ursachen und Vorkommen. Bisherige Forschungsergebnisse werden durch die Interviews repliziert. Auch Grundschüler sehen in konkreten Aspekten der Unterrichtsgestaltung die Ursache von Langeweile und benennen kein Unterrichtsfach an sich (vgl. Fichten, 1993; Götz et al., 2006a; Shaw et al., 1996). Dies spricht für eine situationsspezifische Erfassung des Konstrukts (Götz & Frenzel, 2005; Pekrun, 1998).

Die genannten Merkmale beziehen sich überwiegend auf situative Aspekte (Wiederholung, methodische Monotonie, ungenutzte Lernzeit, fehlende Disziplin, Passivität, Hausaufgabenbesprechung, Klassengespräch). Personale Ursachen sehen die Kinder in ihren über- oder unterdurchschnittlichen Fähigkeiten (vgl. Fichten, 1993; Götz et al., 2006a; Illge, 1929; Morton-Williams & Finch, 1968).

Wunsch nach Wahrnehmung von Langeweile durch die Lehrkraft. Bereits Grundschüler haben schulische Normen internalisiert und raffinierte Techniken entwickelt, mit ihrer Langeweile umzugehen. Sie wissen, dass die Demonstration von Langeweile nicht opportun ist und befürchten, dass das Hervorkehren ihrer Langeweile entsprechende Etikettierungen seitens der Lehrkraft zur Folge hat. Aus Angst vor negativen Sanktionen zeigen sie ein angepasstes Verhalten. Sie täuschen Aufmerksamkeit vor und wenden sich heimlich Nebentätigkeiten zu.

Neben diesen selbstbezogenen Gründen haben andere Schüler die Befindlichkeit der Lehrkraft im Blick. Sie wollen durch ihr Verhalten deren Engagement würdigen und, weil sie die Lehrkraft mögen, keine Kritik äußern.

Nur ein kleiner Teil der Kinder möchte, dass die Lehrkraft die Langeweile bemerkt. Sie erhoffen sich, dadurch Einfluss auf die Unterrichtssituation nehmen zu können.

Coping. Die wenigen Ergebnisse zum Umgang mit Langeweile werden bestätigt: Die Schüler warten ab, hängen ihren Gedanken nach (Illge, 1929), wenden sich Nebentätigkeiten zu oder täuschen Aufmerksamkeit vor (Fichten, 1993). Etwa ein Drittel gibt an, das Unterrichtsgeschehen weiter zu verfolgen.

Valenz. Langeweile wird überwiegend negativ erlebt. Die meisten Schüler sehen sich in der jeweiligen Situation gefangen, möchten sich anderen Tätigkeiten widmen und vermissen selbstbestimmte Handlungsmöglichkeiten. Nur leistungsstarke Schüler können langweiligen Unterrichtsphasen, die durch Unterforderung oder eine zügige Fertigstellung von Aufgaben entstehen, etwas Positives abgewinnen.

Die explorativen Interviews ermöglichen einen Einblick in schulische Langeweile von Grundschulkindern. Es wird deutlich, dass die Lernemotion bereits in dieser Altersstufe bedeutsam ist. Die Antworten der Kinder zu situationsspezifischen Ursachen und zu Copingstrategien bilden neben der Literaturrecherche die Grundlage für die Entwicklung der langeweilespezifischen Items (vgl. Kap. 5.1.1.2).

5 Hauptuntersuchung

5.1 Methodisches Vorgehen

5.1.1 Beschreibung der Instrumente

Wie Situationen bewertet und erlebt werden, hängt von *personenspezifischen* und von *situativen Merkmalen* ab (vgl. Kap. 1.3, Abb. 4):

Personenspezifität. Verschiedene Schüler erleben die gleiche Lernsituation unterschiedlich. Während ein Schüler z. B. interessiert und aufmerksam bei der Sache ist und Lernfreude erlebt, empfindet ein anderer die gleiche Situation als langweilig.

Situationsspezifität. Ein Schüler erlebt verschiedene Lernsituationen unterschiedlich, z. B. langweilt er sich in Unterforderungssituationen, während er in Überforderungssituationen Angst erlebt.

In dieser Studie werden deshalb Merkmale des Schülers (vgl. Kap. 5.1.1.1, 5.1.1.2) und der Lernsituation (vgl. Kap. 5.1.1.3) erfasst. Da die subjektive Interpretation einer Situation Grundlage von Bewertungen ist (vgl. Kap. 1.3), werden alle Merkmale aus der Sicht des Schülers erhoben.

Die Auswahl der personenspezifischen und situativen Merkmale erfolgt vor dem Hintergrund *theoretischer Überlegungen* und *empirischer Forschungsergebnisse* (vgl. Kap. 2). Die theoretische Basis bildet die Kontroll-Wert-Theorie der Entwicklung von Lern- und Leistungsemotionen (Pekrun, 2000, 2006; Pekrun et al., 2002), in der das Zusammenwirken von personellen und situativen Einflussfaktoren, Emotionen sowie Wirkungen aufgezeigt wird. Die Theorie erhebt den Anspruch, dieses Zusammenspiel für verschiedene Lern- und Leistungsemotionen abzubilden, bezieht sich also nicht ausschließlich auf Langeweile. Aus der Vielzahl der dort vorgeschlagenen personellen und situativen Merkmale werden für die vorliegende Studie jene Variablen ausgewählt, die für das Erleben von Langeweile als besonders relevant erachtet werden.

5.1.1.1 Nicht-langeweilespezifische Schülermerkmale

Um emotionale Prozesse verstehen und erklären zu können, müssen Persönlichkeitsstrukturen betrachtet werden, in die emotionale Prozesse eingebettet sind. Unterschiedliche Ausprägungen bei einzelnen Persönlichkeitsmerkmalen können die Bewertung von Situationen und das individuelle emotionale Erleben beeinflussen.

Tab. 4: Nicht-langeweilespezifische Schülermerkmale (Skalen, Itemanzahl, Quellen)

Skala	Itemanzahl	Quelle
Allgemeine Schülermerkmale		
Emotionale Erregbarkeit	12	Persönlichkeitsfragebogen für Kinder (PFK-VS1; Seitz & Rausche, 2004)
Fehlende Willenskontrolle	12	Persönlichkeitsfragebogen für Kinder (PFK-VS2; Seitz & Rausche, 2004)
Extravertierte Aktivität	12	Persönlichkeitsfragebogen für Kinder (PFK-VS3; Seitz & Rausche, 2004)
Schulbezogene Schülermerkmale		
Selbstbezogene und schul- bzw. fachbezogene Kognitionen und Emotionen		
Schullust	4	Angstfragebogen für Schüler (AFS; Wieczerkowski et al., 1998)
Lernfreude	5	Titz (2001)
Fähigkeitsselbstkonzept und Selbstwirksamkeitserwartung	9	Götz (2004); Schwanzer (2002)
Interesse	5	Götz (2004); Eigenentwicklung
Intrinsische Valenz	3	Götz et al. (2005); Eigenentwicklung
Leistungsbezogene Valenz	2	Götz (2004)
Intrinsische Motivation	4	Götz (2004)
Kompetenzmotivation	3	Götz (2004); Eigenentwicklung
Soziale Motivation	5	Götz (2004); Eigenentwicklung
Wettbewerbsmotivation	2	Eigenentwicklung
Leistungsmotivation durch Noten	3	Götz (2004); Eigenentwicklung
Anstrengungsbereitschaft	4	Götz (2004)
Leistungsbezogene Schülermerkmale		
Kognitive Grundfähigkeiten: verbal	20	Kognitiver Fähigkeitstest
Kognitive Grundfähigkeiten: quantitativ	20	(KFT 4 R: V3, Q2; Heller & Perleth, 2000)
Vorwissen	2	Schulnoten (Schulaufgabe, Zeugnis)

In dieser Studie werden allgemeine und schulbezogene Schülermerkmale erhoben, um deren Zusammenhänge mit dem Erleben von Langeweile untersuchen zu können. Tabelle 4 gibt einen Überblick über die eingesetzten Skalen.

Die genannten Skalen werden nun vorgestellt. Aufgrund theoretischer Überlegungen und vor dem Hintergrund der Ergebnisse aus anderen Studien werden Erwartungen zum Zusammenhang zwischen dem jeweiligen Merkmal und Langeweile formuliert.

- **Allgemeine Schülermerkmale**

In der Kontroll-Wert-Theorie formuliert Pekrun (2006, S. 325) die Annahme, dass allgemeine Persönlichkeitsmerkmale das emotionale Erleben beeinflussen. In empirischen Studien konnte dieser Zusammenhang auch bei Langeweile beobachtet werden (Farmer & Sundberg, 1986; Hill & Perkins, 1985; Sundberg & Bisno, 1983). Um das individuelle schulische Erleben von Langeweile in Beziehung zur Struktur und Ausprägung von einzelnen Persönlichkeitsdimensionen setzen zu können, werden drei der vier Primärskalen zu Verhaltensstilen aus dem Persönlichkeitsfragebogen für Kinder (PFK; Seitz & Rausche, 2004) ausgewählt: *emotionale Erregbarkeit, fehlende Willenskontrolle, extravertierte Aktivität* (vgl. Tab. 4). Jede Skala besteht aus zwölf Items. Damit geben die Skalen einen breiten Einblick in unterschiedliche Verhaltensdimensionen der Kinder. Der Einsatz des Fragebogens ist ab dem neunten Lebensjahr vorgesehen.

Emotionale Erregbarkeit

Die Items fragen eine emotionale Erregbarkeit durch aktuelle Bedingungen ab. Kinder mit einer hohen Ausprägung sind emotional unruhig und reagieren auf irritierende Außenreize ängstlich-nervös. Dies hat einerseits eine den Handlungsantrieb steigernde, andererseits eine den Handlungsantrieb desorganisierende Wirkung. Die Kinder sind durch Widerstände leicht frustrierbar. Die Skala korreliert positiv mit der Subskala Schulunlust aus dem Angstfragebogen für Schüler (AFS; Wieczerkowski et al., 1998) (Seitz & Rausche, 2004, S. 208).

Die Items beziehen sich auf Situationen, die auch auf den schulischen Kontext und damit auf die vorliegende Studie anwendbar sind. Die dranghafte innere Unruhe und Ungeduld der Personen signalisieren den Wunsch nach hohem Arousal. Deshalb ist davon auszugehen, dass emotionale Erregbarkeit positiv mit dem Erleben von Langeweile, einer deaktivierenden Emotion, korreliert. Da die Personen irritierbar und leicht frustrierbar sind, wird erwartet, dass die Skala vor allem mit Langeweile in Überforderungssituationen positiv korreliert.

Beispielitem: *Manchmal rutsche ich vor Ungeduld auf dem Stuhl hin und her.*

Fehlende Willenskontrolle

Kinder mit einer hohen Ausprägung im Bereich fehlende Willenskontrolle haben Schwierigkeiten, eigene Bedürfnisse zu unterdrücken und sich an Gebote und Forderungen von Autoritätspersonen zu halten. Sie haben eine nur schwache Eigenkontrolle, können sich schlecht konzentrieren, sind wenig belastbar und wenig ausdauernd. Nach Ansicht von Lehrkräften fehlt ihnen die Bereitschaft zur Mitarbeit im Unterricht, und sie zeigen ein unkontrolliertes Arbeitsverhalten. Dem entsprechen die positiven Korrelationen mit den Skalen Anstrengungsvermeidung aus dem Anstrengungsvermeidungstest (AVT; Rollett & Bartram, 1998) und Schulunlust aus dem Angstfragebogen für Schüler (AFS; Wieczerkowski et al., 1998) (Seitz & Rausche, 2004, S. 217 f.).

Kindern mit einer schwachen Willenskontrolle dürfte es schwer fallen, sich dem Lerngegenstand und der Lernsituation auch dann zuzuwenden, wenn der Unterricht Themen aufgreift, die sie nicht interessieren. Eine positive Korrelation zwischen fehlender Willenskontrolle und Langeweile wird erwartet.

Beispielitem: *Ich halte mich nur dann an Vorschriften, wenn ich merke, dass jemand aufpasst.*

Extravertierte Aktivität

Extravertierte Schüler zeigen spontane Aktivitäten, sie haben Freude daran, schwierige Situationen zu meistern und sind frohgelaunt.

Smith (1981) sowie Kanevsky und Keighley (2003) stellen fest, dass extravertierte Personen besonders empfänglich für Langeweile sind. Extravertierte zeigen ein ausgeprägtes Bedürfnis nach Aktivität und Arousal und sind auf der Suche nach stimulierenden sozialen Situationen. Unterschreitet der Ist-Wert den Soll-Wert, kann Langeweile entstehen. Hill und Perkins (1985) betrachten eine hohe Ausprägung von Extraversion (personenspezifisches Merkmal) in Verbindung mit geringer Stimulation (situatives Merkmal) als Ursache von Langeweile. Entsprechende Situationen könnten insbesondere in schulischen Zusammenhängen auftreten, wo es nur bedingt möglich ist, die Situation gemäß den eigenen Bedürfnissen zu gestalten. So kann ein Schüler nicht einfach in der Klasse umherlaufen, wenn ihm danach zumute ist.

Beispielitem: *Ich habe es gern, wenn ich den Auftrag bekomme, mit anderen Kindern etwas vorzubereiten.*

Die Rohwerte der drei PFK-Subskalen *emotionale Erregbarkeit, fehlende Willenskontrolle* und *extravertierte Aktivität* werden entsprechend den Vorgaben im Testhandbuch in jahrgangsspezifische t-Werte transformiert (Seitz & Rausche, 2004, S. 391 ff.). Diese haben einen Mittelwert von $M = 50$ und eine Standardabweichung von $SD = 10$.

- **Schulbezogene Schülermerkmale**

Nach Pekrun und Schiefele (1996, S. 155) umfassen affektive Konstrukte wie z. B. Schul- oder Lernfreude das subjektive Empfinden, während motivationale Konstrukte deklarative Wünsche und Absichten zu bestimmten Handlungen sowie prozedurale Aktivierungen von Verhaltensprogrammen beschreiben.

Affektive und motivationale Komponenten beeinflussen die Wahrnehmung, das emotionale Empfinden und das jeweilige Verhalten in konkreten Situationen (vgl. Kap. 1.2). Die Zusammenhänge zwischen jenen Schülermerkmalen und Langeweile wurden bei Schülern der Sekundarstufe und Studierenden bereits untersucht (vgl. Kap. 2). In dieser Studie werden sie bei Grundschulkindern analysiert.

Darüber hinaus wird untersucht, ob zwischen der Ausprägung der affektiven und motivationalen Konstrukte einerseits sowie der Wahl von Copingstrategien bei Langeweile andererseits Zusammenhänge bestehen: So wird ein am Fach interessierter Schüler mit einer hohen intrinsischen und/oder extrinsischen Motivation sich möglicherweise auch dann am Unterrichtsgeschehen beteiligen, wenn die aktuelle Situation als langweilig wahrgenommen wird. Sind diese Merkmale hingegen schwach ausgeprägt, wächst die Wahrscheinlichkeit, dass sich der Schüler z. B. Nebentätigkeiten zuwendet.

Um entsprechende Zusammenhänge untersuchen zu können, werden verschiedene Konstrukte erhoben (vgl. Tab. 4); im Einzelnen handelt es sich um:

Selbstbezogene und schul- bzw. fachbezogene Kognitionen und Emotionen
Schullust, Lernfreude, Fähigkeitsselbstkonzept und Selbstwirksamkeiterwartungen, Interesse, intrinsische Valenz, leistungsbezogene Valenz, intrinsische Motivation, extrinsische Motivation, Anstrengungsbereitschaft

Leistungsbezogene Schülermerkmale
Kognitive Grundfähigkeiten, Vorwissen

Angesichts der zu erwartenden fachspezifischen Ausprägung dieser Konstrukte (mit Ausnahme von *Schullust*) werden die Variablen jeweils für Deutsch und Mathematik erhoben (Helmke, 1997; Krapp, 2006; Moschner & Dickhäuser, 2006).

Selbstbezogene und schul- bzw. fachbezogene Kognitionen und Emotionen

Schullust

Im Laufe der Schulzeit festigt sich bei Schülern eine affektive Einstellung gegenüber Schule und Lernen. Diese schul- oder lernbezogene Orientierung bezieht sich auf Lerninhalte, Aktivitäten, Personen oder Institutionen (Helmke, 1993, S. 78).

Die Skala *Schulunlust* (AFS; Wieczerkowski et al., 1998) erfasst „die innere Abwehr von Kindern und Jugendlichen gegen die Schule" (Wieczerkowski et al., 1998, S. 20) auf der Grundlage von zehn Items. Aus ökonomischen Gründen wurden nur vier Items in diese Studie übernommen, zwei davon sprachlich vereinfacht. Die Antwortformate der Items werden so umgepolt, dass die Skala *Schullust* abbildet.

Es wird erwartet, dass Schullust und Langeweile nur schwach negativ oder gar nicht korrelieren. Dem liegt die Überlegung zugrunde, dass sich einerseits Kinder langweilen dürften, die nicht gerne zur Schule gehen und sich durch die Inhalte nicht angesprochen fühlen (Robinson, 1975). Andererseits ist zu berücksichtigen, dass sich Kinder, die gerne zur Schule gehen, trotzdem oder gerade deshalb in bestimmten Unterrichtssituationen langweilen können, weil z. B. der Unterricht stockt oder sie sich unterfordert fühlen (Kanevsky & Keighley, 2003).

Beispielitem: *Ich gehe gern zur Schule.*

Lernfreude

Schullust und Lernfreude sind konzeptionell eng verwandt. Helmke (1993) versteht unter Lernfreude eine „relativ überdauernde emotionale Besetzung bzw. affektive Tönung des schulischen Lernens und fachlicher Inhalte" (S. 78). Mit dem Erleben von Lernfreude sind vielfältige lernrelevante Aspekte verknüpft, die nicht nur den Lernerfolg, sondern auch das Lernverhalten maßgeblich mitbestimmen. Wenn die innere Abwehr gegenüber der Schule und dem Lernen steigt, d. h. wenn Schullust und Lernfreude sinken, dann verhalten sich die Schüler im Unterricht passiv oder stören diesen.

Die Skala Lernfreude enthält fünf Items; Grundlage dafür bilden die Items von Titz (2001). Da sich diese Items jedoch an Studierende richten und sich nicht auf ein konkretes Studienfach beziehen, müssen die Items alters- und fachspezifisch umformuliert werden. So lautet das Item „Ich freue mich auf das Lernen" (Titz, 2001) nach der Überarbeitung „Ich freue mich auf die nächste Mathematikstunde".

Schüler mit gering ausgeprägter Lernfreude erleben im Unterricht mehr negative Lernemotionen (Hartinger & Fölling-Albers, 2002, S. 87 ff.; Helmke, 1993, S. 81; Helmke & Weinert, 1997, S. 115). Es wird erwartet, dass diese Befunde auch auf die Emotion Langeweile zutreffen, denn Langeweile und Lernfreude korrelieren negativ (Götz, 2004; Pekrun, 1998; Titz, 2001).

Beispielitem[8]: *Mathematik macht mir Spaß.*

---

8 Angesichts der sonst identischen Formulierungen für Deutsch sind die Beispielitems der fachspezifisch erhobenen Konstrukte nur auf das Fach Mathematik bezogen.

Fähigkeitsselbstkonzept und Selbstwirksamkeitserwartung

In schulischen Lern- und Leistungssituationen spielen kognitive Repräsentationen bezüglich der eigenen Fähigkeiten und Leistungen eine wichtige Rolle. Entsprechende Annahmen erhält der Schüler vor allem durch direkte oder indirekte Rückmeldungen anderer und dadurch ausgelöste Kausalattributionen. Damit beeinflusst das Fähigkeitsselbstkonzept nicht nur die Leistungen einer Person, sondern auch das emotionale Erleben (Byrne, 1996; Helmke & v. Aken, 1995; Köller, Klemmert, Möller & Baumert, 1999; Pekrun, 2006; Schöne, Dickhäuser, Spinath & Stiensmeier-Pelster, 2003, S. 7).

Das Fähigkeitsselbstkonzept ist aufgrund der verhaltensregulativen Funktion eng mit Selbstwirksamkeitsüberzeugungen und -erwartungen verknüpft (Bandura, 1977). Diese beinhalten „die Überzeugung einer Person, das zur Erlangung eines Handlungsergebnisses erforderliche Verhalten erfolgreich ausführen zu können" (Moschner & Dickhäuser, 2006, S. 685; zu konzeptuellen und methodischen Unterschieden beider Konstrukte vgl. Köller, 2004, S. 99).

Die Skala umfasst sieben Items zum Fähigkeitsselbstkonzept; fünf davon werden von Götz (2004), zwei in Anlehnung an Schwanzer (2002) übernommen und teilweise sprachlich altersgemäß überarbeitet. Die Skala enthält ferner zwei Items zu Selbstwirksamkeitserwartungen; Grundlage dafür bildet die drei Items umfassende Skala von Götz (2004).

Es wird erwartet, dass das Fähigkeitsselbstkonzept mit Langeweile in Überforderungssituationen negativ korreliert: Da ein hohes Fähigkeitsselbstkonzept eine wichtige Bedingung für die Aufnahme von Lernhandlungen ist und deren Fortsetzung und Abschirmung gegenüber auftretenden Schwierigkeiten fördert, dürften Schüler mit einem geringen Selbstkonzept und einer geringen Selbstwirksamkeitserwartung eher dazu neigen, Lernsituationen aufzugeben. Überforderte Schüler wiederum dürften nur dann mit Langeweile auf die Lernsituation reagieren, wenn sie keine Möglichkeit mehr sehen, den Gegenstand zu verstehen und Anschluss zu finden. Es werden folglich negative Korrelationen zwischen dem Fähigkeitsselbstkonzept und Langeweile in Überforderungssituationen erwartet.

Ob sich ein Schüler in Unterforderungssituationen langweilt, dürfte hingegen weniger vom Fähigkeitsselbstkonzept als vielmehr von anderen, z. B. allgemeinen Schülermerkmalen, abhängen. So äußert ein Kind im Rahmen der Interviews, dass es sich in Unterforderungssituationen nicht langweile: „weil wenn ich es schon kann, dann kann ich mich ja melden und kriege bessere Noten" (neunjähriger Junge [28]). Die offenbar hoch ausgeprägte Leistungsmotivation dieses Kindes führt dazu, dass es die Situation nicht als langweilig interpretiert.

Beispielitem: *Wenn ich in Mathematik aufgerufen werde, weiß ich fast immer die richtige Antwort.*

Interesse

Während Lernfreude die affektive Beziehung zu einem Gegenstand erfasst, betont das Interesse stärker eine herausgehobene kognitive Beziehung einer Person zu einem Gegenstand (vgl. z. B. Schiefele, 1996). Trotz der Nähe der beiden Konstrukte und der zu erwartenden hohen Korrelation werden aufgrund der konzeptionellen Unterschiede beide Schülermerkmale erhoben.

Schiefele (1992, 1996) und Krapp (1998, 2006) unterscheiden in ihrer Person-Gegenstands-Konzeption situative und individuelle Interessen: Zwischen einer Person und einem neuen Gegenstand kann durch aktuell anregende Bedingungen der Lernumwelt ein situatives Interesse entstehen. Wird die Auseinandersetzung mit dem Gegenstand positiv erlebt und erscheint der Gegenstand subjektiv bedeutsam, kommt es also zu einer Synthese affektiver und kognitiver Komponenten (Krapp, 2006, S. 281), dann können sich überdauernde individuelle Interessen entwickeln.

Fünf Items erfassen das individuelle Interesse an dem jeweiligen Unterrichtsfach. Drei Items wurden von der acht Items umfassenden Interessenskala von Götz (2004) übernommen, zwei weitere Items altersgemäß neu formuliert und ergänzt.

Es wird erwartet, dass Langeweile und individuelles Interesse schwach negativ korrelieren. Kinder, die an einem Fach wenig Interesse haben, dürften zwar schneller geneigt sein, sich in Unterrichtssituationen zu langweilen – ein hohes individuelles Interesse schützt jedoch nicht grundsätzlich vor situativ erlebter Langeweile.

Beispielitem: *Oft finde ich das, was wir in Mathematik durchnehmen, richtig spannend.*

Intrinsische Valenz

Intrinsische Valenz erfasst die subjektive Bedeutung eines Fachs. Die Skala umfasst drei Items. Zwei Items werden von Götz et al. (2005) übernommen und überarbeitet, ein Item wird ergänzt.

Studien zeigen, dass das Erleben schulischer Langeweile mit einer wahrgenommenen Nutzlosigkeit der Inhalte zusammenhängt (Fichten, 1993; Morton-Williams & Finch, 1968; Robinson, 1975; Vandewiele, 1980). Folglich wird eine negative Korrelation zwischen intrinsischer Valenz und Langeweile erwartet.

Beispielitem: *Mathematik gefällt mir, auch wenn ich eine schlechte Note bekomme.*

Leistungsbezogene Valenz

Die Skala leistungsbezogene Valenz erfasst die fachspezifische subjektive Bedeutung von Noten. Leistungsvalenzen werden als notwendige Bedingung für die Entstehung vieler Lern- und Leistungsemotionen betrachtet. Nach Lazarus (1991, S. 125) treten Emotionen nur auf, wenn individuell bedeutsame Zielhierarchien betroffen sind. So wird eine Prüfungssituation nur dann als bedrohlich wahrgenommen, wenn deren Ergebnis subjektiv bedeutsam ist.

Dies könnte sich jedoch bei der Lernemotion Langeweile anders darstellen. Wenn die Leistungen in einem Fach wenig Anreizwert haben, könnte es sogar wahrscheinlicher sein, dass Langeweile entsteht, weil extrinsische Anreize fehlen (Götz, 2004). Es wird überprüft, ob leistungsbezogene Valenz und Langeweile negativ korrelieren.

Die zwei Items werden von der fünf Items umfassenden Skala von Götz (2004) übernommen.

Beispielitem: *Nur wenn ich eine gute Note in Mathematik bekomme, bin ich zufrieden.*

Neben den genannten Merkmalen werden in dieser Arbeit weitere motivationale Konstrukte erfasst. Unter Lern- oder Aufgabenmotivation versteht man den Wunsch bzw. die Absicht, bestimmte Inhalte oder Fertigkeiten zu lernen bzw. bestimmte Aufgaben auszuführen. Der Wunsch oder die Absicht zu lernen kann auf verschiedene Gründe zurückgehen oder mit unterschiedlichen Zielstellungen erfolgen. Unterschieden werden intrinsische und extrinsische Motivation (vgl. zsf. Schiefele & Köller, 2006).

Die intrinsische Motivation ist auf eine Handlung oder einen Gegenstand gerichtet: Die Ausführung einer Tätigkeit oder die Auseinandersetzung mit einem Gegenstand erscheint interessant, herausfordernd oder spannend (Schiefele & Köller, 2006, S. 303). Bei den beiden hier eingesetzten Skalen handelt es sich um gegenstandszentrierte Motivationsarten. Im Mittelpunkt steht der subjektive Anreizwert der Unterrichtsfächer Deutsch und Mathematik.

Intrinsische Motivation

Diese Skala erfasst eine habituelle intrinsische Motivation in den beiden Fächern. Die vier Items sind in Anlehnung an Götz (2004) formuliert.

Beispielitem: *In Mathematik strenge ich mich an, weil ich das Fach so gerne mag.*

Kompetenzmotivation

Diese Skala erfragt die Motivation aufgrund fachspezifischer Inhaltsanreize. Möchte der Schüler sein fachliches Wissen erweitern? Zwei Items werden wörtlich von Götz (2004) übernommen, ein drittes selbst entwickelt.

Beispielitem: *In Mathematik strenge ich mich an, weil ich in diesem Fach mehr wissen will.*

Bei der extrinsischen Motivation stehen die Folgen der Tätigkeit im Mittelpunkt: Eine Tätigkeit wird ausgeführt, weil damit positive Folgen herbeigeführt bzw. negative Folgen vermieden werden sollen. Aufgrund der angestrebten Folgen werden in dieser Studie drei Formen extrinsischer Motivation unterschieden.

Soziale Motivation

Schüler mit einer ausgeprägten sozialen Motivation wünschen sich soziale Anerkennung und positive Bewertungen durch die Lehrkraft. Die Skala besteht aus fünf Items: Zwei werden von Götz (2004) übernommen und überarbeitet, die anderen drei Items neu entwickelt.

Beispielitem: *Ich mache im Mathematikunterricht mit, damit mich unser Lehrer für einen guten Schüler hält.*

Wettbewerbsmotivation

Bei der Wettbewerbsmotivation steht der Leistungsvergleich mit einer Bezugsgruppe im Vordergrund. Die Motivation erwächst aus dem Wunsch, besser zu sein als die Mitschüler. Die beiden Items werden neu entwickelt.

Beispielitem: *In Mathematik möchte ich besser sein als meine Mitschüler.*

Leistungsmotivation durch Noten

Diese Skala erfasst die Motivation, sich aufgrund einer späteren Bewertung mit einer Sache auseinanderzusetzen. Ein Item wird wörtlich von Götz (2004) übernommen, die beiden anderen werden neu formuliert.

Beispielitem: *In Mathematik strenge ich mich an, weil ich eine bessere Note möchte.*

Die fünf genannten Motivationsskalen werden eingesetzt, um differenzielle Bezüge zu langeweilespezifischen Schülermerkmalen untersuchen zu können. Bei Götz

(2004) korrelieren alle Motivationsformen negativ mit Langeweile. Anderen Studien zufolge geht intrinsische Motivation mit positiven Emotionen, extrinsische Motivation vor allem mit negativen Emotionen einher (Linnenbrink & Pintrich, 2002; Pekrun, 1998, S. 236; Pekrun, 2006, S. 326).

Es wird überprüft, welche dieser Ergebnisse anhand der vorliegenden Stichprobe repliziert werden können. Dabei ist von besonderem Interesse, ob sich die Zusammenhänge je nach Unterrichtssituation unterscheiden. Es könnte z. B. sein, dass Langeweile bei Überforderung mit einer gering ausgeprägten intrinsischen oder extrinsischen Motivation einhergeht, während sich bei einer Form von Langeweile, die ihre Ursache in der unzureichenden Lehrer-Schüler-Interaktion hat, keine oder geringere Zusammenhänge zu motivationalen Konstrukten zeigen.

Anstrengungsbereitschaft

Eine hohe intrinsische oder extrinsische Motivation äußert sich während der Handlungsausführung in hoher Anstrengungsbereitschaft und Persistenz (vgl. zsf. Kuhl, 1983). Hat sich eine Person Ziele gesetzt, so muss sie das eigene Verhalten im Sinne dieser Zielerreichung steuern. Die Selbststeuerung, d. h. die Konzentration auf zielbezogene Prozesse und das Ausschließen nicht-zielbezogener Prozesse, kann dabei sowohl auf die Überwindung äußerer als auch innerer Hindernisse bezogen sein. Äußere Hindernisse beziehen sich z. B. auf die subjektiv wahrgenommene Aufgabenschwierigkeit. Bei den inneren Hindernissen besteht das Problem in der willkürlichen Änderung bzw. Kontrolle der eigenen für die Tätigkeitsausführung ungünstigen Emotions- oder Motivationslage (vgl. Kap. 1.4). Die mit dem Erleben von Langeweile einhergehenden emotionalen Reaktionen wie Tagträumen oder Müdigkeit (vgl. Kap. 1.2) behindern die Handlungsausführung und damit die Anstrengungsbereitschaft.

Anstrengungsbereitschaft und Langeweile korrelieren in zahlreichen Studien negativ, so dass auch hier ein entsprechender Zusammenhang erwartet wird (Götz, 2004; Pekrun, 1998; Pekrun et al., 2002; Robinson, 1975; Titz, 2001).

Die vier Items der Skala werden aus der neun Items umfassenden Skala von Götz (2004) übernommen, zwei der Items werden sprachlich überarbeitet.

Beispielitem: *In Mathematik strenge ich mich auch dann an, wenn mich das Thema nicht interessiert.*

Leistungsbezogene Schülermerkmale

Kognitive Determinanten wie Intelligenz oder Vorwissen beeinflussen die Wahrnehmung und Bewertung von Lern- und Leistungssituationen und damit auch das emotionale Erleben (Pekrun, 2006). Neben motivationalen und affektiven Variablen hängt es auch von den kognitiven Fähigkeiten eines Schülers ab, wie gut die Passung mit dem Lehrangebot gelingt. Zum Zusammenhang von Leistung und Langeweile gibt es uneinheitliche Forschungsergebnisse (vgl. Kap. 2).

Auch in der vorliegenden Studie wird dieser Zusammenhang untersucht. Anders als in den bisherigen Studien wird jedoch zwischen verschiedenen langeweileinduzierenden Unterrichtssituationen unterschieden. Die Schülerleistungen werden durch standardisierte Tests (*Kognitive Grundfähigkeiten*) und durch Schulnoten (*Vorwissen*) erfasst.

Kognitive Grundfähigkeiten

In der Studie werden kognitive Grundfähigkeiten im verbalen und nonverbalen Bereich erhoben. Aus dem Kognitiven Fähigkeitstest (KFT 4 R; Heller & Perleth, 2000) werden in der Studie der Subtest V3 (Wortanalogien) aus dem verbalen Teil sowie der Subtest Q2 (Zahlenreihen) aus dem quantitativen Teil eingesetzt.

Auswahlkriterium beider Subtests ist die Erfassung des schlussfolgernden Denkens. In einer Abfolge von Zahlen oder Symbolen soll eine allgemeine Regel entdeckt und bei der Vorhersage des nächstfolgenden Elements angewendet werden. Diese Fähigkeit wird fachspezifisch erhoben.

Beim *verbalen Subtest* V3 ist ein Wortpaar gegeben, „dessen Teile in einem bestimmten Verhältnis zueinander stehen. Zu einem dritten Wort ist aus fünf Antwortalternativen diejenige herauszufinden, die mit dem dritten Wort in gleicher Relation (Analogie) steht wie die beiden ersten." (Heller & Perleth, 2000, S. 10)

Beim *quantitativen Subtest* Q2 ist eine Reihe von Zahlen gegeben, „die nach einer bestimmten Regel angeordnet sind. Diese Regel soll erkannt werden. Aus fünf weiteren Zahlen soll dann diejenige herausgefunden werden, die die Reihe folgerichtig fortsetzt." (Heller & Perleth, 2000, S. 10)

Beide Subtests enthalten 20 Multiple-Choice-Aufgaben. Die Tests sind für Schüler der vierten Jahrgangsstufe vorgesehen. In dieser Studie werden sie eingesetzt, weil die Erhebungen in den letzten vier Wochen vor Schuljahresende stattfanden, so dass die Schüler die dritte Klasse bereits vollendet hatten.

Die Rohwerte beider KFT-Subtests werden entsprechend den Vorgaben im Testhandbuch in jahrgangsspezifische t-Werte transformiert (Heller & Perleth, 2000, S. 141 ff.).

Vorwissen

Neben den standardisierten KFT-Subtests werden Schülerleistungen über Schulnoten erhoben. Die Schüler geben die Note ihrer letzten schriftlichen Schulaufgabe und die letzte Zeugnisnote (Halbjahreszeugnis 2004/2005) in den Fächern Deutsch und Mathematik an. Kann man davon ausgehen, dass die von den Schülern berichteten Noten mit den tatsächlichen Zensuren übereinstimmen? Dickhäuser und Plenter (2005, S. 221) haben dies untersucht und stellen fest, dass berichtete Zeugnisnoten und tatsächliche Noten zu $r = .88$ korrelieren.

Zusammenhänge zwischen Langeweile und kognitiven Determinanten sind insbesondere bei Langeweile in Unter- oder Überforderungssituationen zu erwarten. So dürften leistungsbezogene Schülermerkmale mit Langeweile aufgrund von Unterforderung positiv korrelieren, mit Langeweile in Überforderungssituationen sind hingegen negative Zusammenhänge anzunehmen.

Zudem werden Zusammenhänge zwischen leistungsbezogenen Schülermerkmalen und der Wahl von Copingstrategien untersucht. Aufgrund fehlender Hypothesen ist dieser Teil der Studie explorativer Art.

5.1.1.2 Langeweilespezifische Schülermerkmale

Diese Schülermerkmale unterscheiden sich von den zuvor beschriebenen dadurch, dass sie in einem unmittelbaren Bezug zu Langeweile stehen.

Zwei Fragen mit offenem Antwortformat regen die Kinder zunächst an,
- *Langeweile* zu *explizieren* und
- ihr *Langeweileerleben* in *Schule* und *Freizeit* zu vergleichen und zu begründen.

Items mit geschlossenen Antwortformaten erfassen
- die Einschätzung des *Langeweileerlebens* in verschiedenen *Unterrichtssituationen* in Deutsch und Mathematik sowie
- *Copingstrategien*.

Eine weitere Frage mit offenem Antwortformat erfasst, ob die Schüler wollen, dass die Lehrkraft die *Langeweile bemerkt* oder ob das emotionale Erleben lieber verborgen bleiben soll.

Während die qualitativen Analysen im Rahmen der Vorstudie die Funktion hatten, einen ersten Zugang zum Gegenstand zu bekommen und die Hauptstudie vorzubereiten, stehen die oben genannten drei offenen Fragen für sich (Renkl, 1999). Das Erkenntnisinteresse gilt hier den von den Kindern geäußerten Sichtweisen und Begründungen.

- **Explikation von Langeweile**

Welches Verständnis haben Drittklässler von Langeweile? Eine Frage zu Beginn des Langeweile-Fragebogens, die in ähnlicher Weise in den explorativen Interviews gestellt wurde, dient der Untersuchung des kindlichen Verständnisses von Langeweile und der Hinführung auf das Konstrukt.

Was ist Langeweile? Stell dir vor, jemand weiß nicht, was Langeweile ist, und du sollst es erklären.

Die Schüler werden gebeten, Langeweile selbstständig zu definieren, sie sollen das Konstrukt explizieren, bevor sie die Items zu schulischer Langeweile bearbeiten. Sicherlich ist eine schriftliche Beantwortung dieser Frage erheblich anspruchsvoller als eine mündliche. Zu befürchten ist deshalb, dass die Kinder die Frage weniger präzise bearbeiten können als ihnen das in einem Gespräch möglich wäre. Angesichts der großen Stichprobe ist dieses Problem jedoch im Rahmen dieser Arbeit methodisch nicht anders lösbar.

- **Langeweile in Freizeit und Schule**

Das Verhältnis von außerschulischer und schulischer Langeweile wurde im Grundschulbereich bisher nicht untersucht (vgl. Kap. 2.2). Deshalb wird in dieser Studie auch die lebensbereichsspezifische Ausprägung des Langeweileerlebens erfasst: *Wo langweilst du dich öfter?* Die geschlossenen Antwortmöglichkeiten sind *in der Freizeit* und *in der Schule/im Unterricht.*

Das *forced-choice*-Format des Items zwingt die Kinder, sich zwischen den beiden gleichzeitig dargebotenen Aussagen zu entscheiden. Die Möglichkeit einer neutralen Antwort oder des Nuancierens besteht nicht (Kubinger, 2006, S. 113; Seiwald, 2003, S. 28). Dies muss bei der Interpretation der Ergebnisse berücksichtigt werden.

Neben der quantitativen Erfassung dient eine Frage mit offenem Antwortformat dazu, die Ursachen für die außerschulisch bzw. schulisch erlebte Langeweile zu eruieren. Die Kinder werden aufgefordert, ihre Einschätzung zu begründen (*weil …*).

Die Frage zum Verhältnis von außerschulischer und schulischer Langeweile folgt jener zur Explikation von Langeweile. Die Kinder beantworten die Fragen, bevor sie die langeweilespezifischen Items lesen und bearbeiten. Die von den Kindern genannten Ursachen zum schulischen Langeweileerleben sind somit nicht durch die nachfolgenden Items beeinflusst, in denen mögliche langeweileinduzierende Unterrichtssituationen benannt werden.

- **Langeweile in Unterrichtssituationen und -fächern**

Instrumente zur Erfassung von Langeweile sind rar. Die wenigen existierenden Fragebögen erfassen Langeweile auf der Ebene von Lebensbereichen oder Unterrichtsfächern, beziehen sich also nicht auf konkrete Lern- oder Unterrichtssituationen. Angesichts des bisherigen Forschungsstands erscheint es jedoch sinnvoll, schulische Langeweile in Bezug auf Unterrichtsfächer und Lernsituationen zu erheben (vgl. Kap. 1.5, 2.2). Die bestehenden Instrumente richten sich zudem an Schüler der Sekundarstufe sowie an Studenten. Damit werden sie dem Design und der Stichprobe dieser Studie nicht gerecht. Dies macht die Entwicklung neuer Skalen erforderlich.

Bevor die Skalen zur Erfassung von Langeweile vorgestellt werden, ist zu fragen, ob das Erleben von Langeweile auf der Grundlage von Fragebögen adäquat erhoben werden kann. Emotionen lassen sich zwar auf vielfältige Weise erfassen, werden aber meist fragebogenbasiert erhoben (vgl. Kap. 2.2). Welche Vor- und Nachteile bietet diese Erhebungsmethode?

Fragebögen bieten sich gerade zur Messung von Persönlichkeitseigenschaften an – kein anderes Verfahren kann subjektive Angaben so direkt und ohne großen personellen und apparativen Aufwand erfassen. Wie alle anderen wissenschaftlichen Messungen ist allerdings auch diese Methode störanfällig. Schüler könnten z. B. erst durch die Items darauf gestoßen werden, dass sie sich in den genannten schulischen Situationen langweilen (Titz, 2001, S. 75).

Verstehen die Versuchspersonen die Items in der intendierten Weise? Diesem Problem wird durch die explorative Interviewstudie sowie durch die Pilotierung begegnet (vgl. Kap. 4, 5.1.2). Formulierungen der Kinder aus den Interviews werden in die Items übernommen, so dass davon ausgegangen werden kann, dass die Aussagen allgemein verständlich sind.

Schulische Langeweile zu erleben und darüber zu berichten, ist nicht opportun. Deshalb stellt sich die Frage, ob Schüler das Ausmaß dieser Lernemotion im Fragebogen zutreffend einschätzen oder ob sie sozial erwünschte Antworten geben. Diese Überlegungen werden bei der Datenerhebung berücksichtigt: Alle Erhebungen werden von externen Testleitern durchgeführt, die den Kindern Anonymität zusichern (vgl. Kap. 5.1.4).

Eine weitere Frage betrifft den Einsatz von Selbstberichtsskalen in dieser Altersstufe. Sind Kinder im Grundschulalter in der Lage, ihr emotionales Erleben auf diese Weise kundzutun? Janke und Janke (2005) berichten, dass neun- bis elfjährige Kinder ($N = 396$) ihr Befinden nach Intensität und Qualität verlässlich beurteilen können.

Zusammenfassend kann festgehalten werden, dass durch die Art der Datenerhebung versucht wird, Störeinflüsse der fragebogenbasierten Erfassung zu minimieren, um valide Daten zu erhalten.

In dieser Studie soll das Langeweileerleben in zwei Fächern untersucht werden. Welche Unterrichtsfächer sollen berücksichtigt werden? Ein wichtiges *Auswahlkriterium* ist, dass die beiden Fächer von derselben Lehrkraft unterrichtet werden. Somit können Konfundierungen zwischen Merkmalen des Fachs und der Lehrerpersönlichkeit ausgeschlossen werden. Üblicherweise ist dies in Deutsch, Mathematik sowie Heimat- und Sachunterricht der Fall. Letzteres scheidet jedoch aus, weil vielfältige sozial- und naturwissenschaftliche Inhalte Gegenstand des Fachs sind; fachbezogene Kognitionen und Emotionen (z. B. Interesse, Lernfreude, intrinsische und extrinsische Motivation) könnten deshalb stark von den jeweils aktuell behandelten Inhalten beeinflusst sein. In den Fächern Deutsch und Mathematik ist hingegen eine stärkere Stabilität der fachspezifischen Schülermerkmale zu erwarten, weshalb diese Fächer Gegenstand der vorliegenden Studie sind.

Unterricht ist ein komplexes Geschehen und kann im Hinblick auf ganz unterschiedliche Merkmale beschrieben werden (Arnold, 2006, S. 17 ff.; Glöckel, 1996, S. 321 ff.). Angesichts dieser Komplexität stellt sich die Frage, welche Aspekte von Unterrichtssituationen untersucht werden sollen. Deren Auswahl erfolgt auf der Grundlage

– der *Literaturrecherche* (vgl. Kap. 2),
– der Ergebnisse aus den *explorativen Interviews* der Vorstudie (vgl. Kap. 4).

Im Fragebogen werden sechs Unterrichtssituationen erfasst, die durch folgende Merkmale gekennzeichnet sind: *Unterforderung, Wiederholung, fehlende Lehrer-Schüler-Interaktion, ungenutzte Lernzeit, Überforderung* und *fehlende Klassendisziplin*. Tabelle 5 gibt einen Überblick über die situations- und fachspezifischen Langeweile-Skalen und die jeweilige Anzahl der Items.

Tab. 5: Situations- und fachspezifische Langeweile (Skalen, Itemanzahl, Quellen)

Skala	Itemanzahl	Quelle
Unterforderung	5	Eigenentwicklung
Wiederholung	3	Eigenentwicklung
Fehlende Lehrer-Schüler-Interaktion	5	Eigenentwicklung
Ungenutzte Lernzeit	4	Eigenentwicklung
Überforderung	4	Eigenentwicklung
Fehlende Klassendisziplin	3	Eigenentwicklung

Damit werden insgesamt 48 Items erhoben, jeweils 24 für Deutsch und Mathematik. Die Items sind fach- und situationsspezifisch formuliert: Jedes Item ist auf ein Unterrichtsfach bezogen und beinhaltet die Beschreibung einer Unterrichtssituation. Bei jedem Item schätzen die Schüler ein,

- in welchem Ausmaß die emotionale Reaktion Langeweile (*Ich langweile mich*),
- in einem Fach (*im Deutschunterricht* bzw. *im Mathematikunterricht*),
- in einer Situation (*wenn ...*) auftritt.

Unabhängig vom Auftreten dieser Situationen im Unterrichtsalltag beurteilen die Schüler die jeweiligen Unterrichtssituationen im Hinblick auf ihre langeweileinduzierende Wirkung.

Das Antwortformat ist eine vierstufige Likert-Skala; da es um eine subjektive Einschätzung geht, wird eine Zustimmungsskalierung verwendet: *stimmt genau, stimmt eher, stimmt eher nicht, stimmt gar nicht.*

Im Folgenden werden die Skalen vorgestellt und exemplarisch durch Items illustriert. Angesichts der sonst identischen Formulierungen sind die Items nur auf das Fach Mathematik bezogen. Eine Übersicht aller Items findet sich im Anhang B.

Unterforderung

Handelt es sich bei den schulischen Anforderungen um angemessene Herausforderungen? Langeweile kann entstehen, wenn die Passung zwischen Aufgabe und Individuum nicht gelingt, weil die Aufgabe z. B. als zu leicht wahrgenommen wird. Die in der Vorstudie am häufigsten genannte Ursache schulischer Langeweile ist Unterforderung. Dieses Ergebnis deckt sich mit theoretischen Annahmen (Csikszentmihalyi, 1987, S. 58; Pekrun, 2006, S. 334) und empirischen Forschungsergebnissen (Fichten, 1993; Götz & Frenzel, 2005; Harris, 2000; Kanevsky & Keighley, 2003; Robinson, 1975).

Vier Items beziehen sich auf nicht näher konkretisierte Unterforderungssituationen im Unterricht. Ein weiteres Item greift eine in den Interviews mehrfach erwähnte Situation auf, wonach die Erklärung der erteilten Hausaufgaben langweilig sei.

Beispielitem: *Ich langweile mich im Mathematikunterricht, wenn wir etwas durchnehmen, was ich schon weiß oder kann.*

Wiederholung

Dass die Wiederholung von Lerninhalten als langweilig erlebt wird, zeigt sich sowohl in Forschungsergebnissen (Fichten, 1993; Illge, 1929; Kanevsky & Keighley, 2003; Morton-Williams & Finch, 1968) als auch in den Einzelinterviews.

Drei Items erfassen inhaltliche Monotonie; es wird etwas durchgenommen, was bereits zu einem früheren Zeitpunkt erarbeitet wurde, der Lehrer erklärt einen Sachverhalt noch einmal.

Beispielitem: *Ich langweile mich im Mathematikunterricht, wenn wir wiederholen, was wir durchgenommen haben.*

Die beiden Unterrichtssituationen Unterforderung und Wiederholung können *konzeptionell* unterschieden werden. Während Unterforderung eine schlechte Passung von Anforderung und Kompetenz zum Ausdruck bringt und deshalb auch bei der erstmaligen Thematisierung von Unterrichtsinhalten erlebt werden kann, bezieht sich Wiederholung auf die nochmalige Besprechung von Unterrichtsinhalten. Über das Kompetenzerleben sagen diese Situationen zunächst nichts aus.

Es ist jedoch zu fragen, ob die beiden situationsspezifischen Langeweileformen auch *empirisch* separiert werden können. Schüler, die sich in Unterforderungssituationen langweilen, dürften auch bei Wiederholungen Langeweile erleben und umgekehrt. Ob die Items zu einer Skala zusammengefasst werden (Langeweile in Unterforderungs- und Wiederholungssituationen) oder von zwei voneinander unabhängigen Skalen auszugehen ist, wird anhand des Datensatzes der Hauptstichprobe überprüft (vgl. Kap. 5.2.1.2).

Fehlende Lehrer-Schüler-Interaktion

Lehrervorträge sowie Unterrichtsphasen, die durch mangelnde Lehrer-Schüler-Interaktionen gekennzeichnet sind, bringen Passivität auf Schülerseite mit sich. Erlebt der Schüler diese als unerwünscht, kann Langeweile entstehen (Fichten, 1993; Harris, 2000; Larson & Richards, 1991).

Die fünf Items betreffen die Verteilung von Redegelegenheiten und Redezeiten im Unterrichtsgespräch. Die Unterrichtssituation macht es erforderlich, zuzuhören und abzuwarten.

Beispielitem: *Ich langweile mich im Mathematikunterricht, wenn unser Lehrer viel redet.*

Ungenutzte Lernzeit

Guter Unterricht zeichnet sich durch einen hohen Anteil echter Lernzeit aus, d. h. die Unterrichtszeit wird in hohem Maße für das Erreichen der angestrebten Ziele genutzt (Carroll, 1963; Treiber, 1982). Dabei sind mehrere Zeitfaktoren zu unterscheiden. Auch wenn die Unterrichtszeit auf Klassenebene gut genutzt ist, kann sich für den einzelnen Schüler Leerlauf ergeben, der zu Langeweile führt.

Dieser Aspekt taucht in der Literatur zu Langeweile nur vereinzelt auf (Harris, 2000; Kanevsky & Keighley, 2003), wird aber von einem nennenswerten Teil der Kinder in den Interviews angesprochen.

Vier Items erfassen die individuelle aktive Lernzeit: Aufgabenstellungen werden zügig bearbeitet, so dass der Schüler auf die anderen warten muss. Die Lernzeit verstreicht ungenutzt, es entsteht unerwünschter Leerlauf.

Beispielitem: *Ich langweile mich im Mathematikunterricht, wenn ich früher als andere Kinder mit einer Aufgabe fertig bin und auf die anderen warte.*

Überforderung

Wenn unzureichende Fähigkeiten die aktive Beteiligung an einer Lernsituation verhindern, kann Langeweile entstehen. Dies wird nicht nur theoretisch postuliert (Pekrun, 2006, S. 334), sondern zeigt sich auch in Forschungsergebnissen (Fichten, 1993; Götz et al., 2006a; Illge, 1929; Morton-Williams & Finch, 1968; Titz, 2001). Die interviewten Schüler bringen dies ebenfalls zur Sprache.

Sprachlich ähneln die vier Items zu Überforderung denen zu Unterforderung.

Beispielitem: *Ich langweile mich im Mathematikunterricht, wenn wir etwas durchnehmen, was ich nicht verstehe.*

Fehlende Klassendisziplin

Die Skala *ungenutzte Lernzeit* betrifft die Nutzung der Lernzeit auf Individualebene; die Items der Skala *fehlende Klassendisziplin* beziehen sich hingegen auf die Ebene der Klasse. Hier wird die tatsächliche Unterrichtszeit z. B. durch Störungen reduziert, weil sich die Lehrkraft auf die Wiederherstellung der Unterrichtsdisziplin konzentriert. Somit unterbleibt die Auseinandersetzung mit dem Unterrichtsgegenstand. Im Gegensatz zu den bisher vorgestellten Situationen findet hier kein Unterricht statt.

Die Reduzierung möglicher Störungen ist ein wesentlicher Aspekt der Klassenführungskompetenz und damit ein zentrales Merkmal guten Unterrichts (Kounin, 1976). In der Forschung taucht *fehlende Klassendisziplin* als Ursache von Langeweile allerdings bisher nicht auf. Einige Kinder schildern jedoch in den Interviews, dass Unterrichtsstörungen Leerlauf und damit Langeweile verursachen.

Die drei Items erfassen Disziplinstörungen und einen zu hohen Lärmpegel.

Beispielitem: *Ich langweile mich im Mathematikunterricht, wenn es in unserer Klasse laut ist.*

Geprüft wird, ob die sechs Skalen *Unterforderung, Wiederholung, fehlende Lehrer-Schüler-Interaktion, ungenutzte Lernzeit, Überforderung, fehlende Klassendisziplin* nicht nur konzeptionell, sondern auch empirisch separierbar sind. Diese Skalenanalysen werden auf der Grundlage der Daten aus der Hauptstichprobe durchgeführt (vgl. Kap. 5.2.1.2).

Die Erhebung von Langeweile in zwei Unterrichtsfächern und verschiedenen Unterrichtssituationen ermöglicht es, bei der Analyse der internen Struktur die Fach- und Situationsspezifität zu berücksichtigen. Mit dieser Datenstruktur kann überprüft werden, ob Langeweile ein fach- und/oder situationsspezifisches Konstrukt ist (vgl. Kap. 5.2.2).

- **Wunsch nach Wahrnehmung von Langeweile durch die Lehrkraft**

Die Frage, ob das Langeweileerleben von der Lehrkraft bemerkt werden soll, wurde bereits in den explorativen Einzelinterviews gestellt. Dabei zeigte sich, dass der überwiegende Teil der Kinder die Frage verneint, die Emotion also verheimlichen möchte (vgl. Kap. 4). Im Rahmen der Hauptstudie wird dies anhand einer größeren Stichprobe erneut untersucht. Um mögliche fachspezifische Effekte untersuchen zu können, bearbeiten die Kinder die Frage bezogen auf die Fächer Deutsch und Mathematik.

Willst du, dass dein Lehrer bemerkt, wenn du dich im Mathematikunterricht langweilst?

Die geschlossene Frage gibt zwei mögliche Antworten vor: *ja* und *nein*. Die Kinder sollen ihre Einschätzung zudem schriftlich begründen (*weil ...*). Da es hierzu bisher keine Untersuchungen gibt, erscheint ein offenes Antwortformat geeignet, um spontane, allein durch die Frage ausgelöste Äußerungen der Kinder zu erhalten. Interessant ist, ob neben den in der Vorstudie geäußerten Aspekten weitere Begründungen genannt werden.

- **Coping von Langeweile**

Langeweile verdeutlicht die Isolation des Subjekts von seiner Umwelt – den Rückzug aus der Situation, den Mangel an Anziehung und Anknüpfung (Breidenstein, 2006, S. 70). Im schulischen Kontext ist Langeweile eine häufig erlebte Emotion. Was tun Schüler, wenn sie sich langweilen? Wie füllen sie die Zeit aus?

Gibt man die Begriffe *Langeweile* und *Unterricht* in die Suchmaschine ‚Google‘ ein, dann erhält man 264 000 Treffer. Man stößt z. B. auf *Überlebenstipps für langweiligen Unterricht* (http://www.yopi.de/rev/160540; Suche vom 17.07.2007).

Genannt werden

- Kaugummi kauen,
- Briefe schreiben,
- kreative Beschäftigungen (z. B. Heftränder, Heftdeckel, Bücher mit kunstvollen Zeichnungen verzieren, Zeichnungen vom Lehrer),
- spielen (z. B. Vier gewinnt),
- zurückzählen (1. Variante: auf einen Zettel 45 Kästchen malen, diese von 45 bis eins beschriften, jede Minute wird ein Kästchen ausgemalt; 2. Variante: auf dem Taschenrechner die verbleibenden Sekunden ausrechnen und dann sekundlich minus eins drücken).

Gelangweilte Schüler wenden sich offenbar den unterschiedlichsten Aktivitäten zu; im Mittelpunkt steht der Wunsch nach externalen oder mentalen Stimuli.

Die hohe Trefferquote im Internet deutet darauf hin, dass schulische Langeweile ein Alltagsphänomen ist und der Umgang mit dieser Emotion für Kinder und Jugendliche von großer Bedeutung zu sein scheint. Wissenschaftlich fundierte Erkenntnisse darüber, welche Strategien Schüler anwenden, gibt es hingegen nicht. Es fehlen Fragebögen, die Copingstrategien bei schulischer Langeweile erfassen. Deshalb werden diese im Rahmen der vorliegenden Arbeit entwickelt.

Welche Copingstrategien sollen untersucht und im Fragebogen durch Items erfasst werden? Angesichts des defizitären Forschungsstands wird hierbei auf die Ergebnisse der Einzelinterviews zurückgegriffen (vgl. Kap. 4). Die Items lehnen sich an die kindlichen Aussagen an und lassen sich sechs Kategorien zuordnen: *Mitmachen, vorgetäuschtes Zuhören, Mitteilen, Warten, Träumen, Nebentätigkeiten*.

Als Antwortformat dient eine vierstufige Likert-Skala mit Häufigkeitsskalierung: *immer, oft, manchmal, nie*. Tabelle 6 gibt einen Überblick über die Skalen und die jeweilige Anzahl der Items.

Tab. 6: Coping (Skalen, Itemanzahl, Quellen)

Skala	Itemanzahl	Quelle
Mitmachen	3	Eigenentwicklung
Vorgetäuschtes Zuhören	3	Eigenentwicklung
Mitteilen	4	Eigenentwicklung
Warten	3	Eigenentwicklung
Träumen	2	Eigenentwicklung
Nebentätigkeiten	5	Eigenentwicklung

Es wird erwartet, dass die Wahl der Strategie von personalen und situativen Schülermerkmalen abhängig ist (vgl. Kap. 1.4). So werden sich Kinder, die darauf bedacht sind, vor den Augen der Lehrerin gut dazustehen, kaum Nebentätigkeiten zuwenden, weil ihre Langeweile dadurch für die Lehrkraft wahrnehmbar wird. Macht ein Schüler die Erfahrung, dass eine Mitteilung an die Lehrkraft nicht die erwünschte Veränderung der Situation bewirkt, sondern möglicherweise Sanktionen nach sich zieht, so wird der Schüler diese Strategie zukünftig vermutlich nicht mehr anwenden. Erscheinen Aufgabe und Situation trotz Langeweile hoch valent (z. B. wegen einer anstehenden Leistungsüberprüfung), werden sich die Schüler bemühen, weiter bei der Sache zu bleiben.

Im Folgenden werden die fachspezifisch erhobenen Skalen beschrieben und, bezogen auf das Fach Mathematik, durch Beispielitems illustriert.

Mitmachen

Die drei Items bringen zum Ausdruck, dass sich der Schüler trotz seiner Langeweile am Unterrichtsgeschehen aktiv beteiligt oder dieses zumindest aufmerksam verfolgt, was eine bewusste Fokussierung der Wahrnehmung erfordert (Fisher, 1993, S. 396, S. 409). Dahinter steht die Überlegung, dass „es sein kann, dass sie was erklärt, was ich noch nicht weiß" bzw. „dass die Eltern etwas falsch erklärt haben" (zehn- bzw. achtjähriger Junge [41], [16]). In den Einzelinterviews ist dies die von den meisten Kindern geäußerte Copingstrategie. Die Antworten zeugen von einer hohen fachbezogenen Valenz. Den Kindern sind die jeweiligen Inhalte wichtig, weshalb sie sich trotz ihrer Langeweile weiterhin darauf konzentrieren.

Beispielitem: *Obwohl ich mich im Mathematikunterricht langweile, mache ich trotzdem mit.*

Vorgetäuschtes Zuhören

Einigen Kindern gelingt es zwar nicht, sich auf den Unterricht zu konzentrieren, sie beschäftigen sich aber auch nicht mit unterrichtsfremden Dingen. Sie haben Taktiken entwickelt, um Interesse am Unterricht vorzutäuschen und machen einen interessierten Eindruck „bei gleichzeitigem mentalen Leerlauf oder Stillstand" (Helmke, 2004, S. 105). Diese Strategie zählt zu den *school survival skills*. In den drei Items wird dies durch die Formulierung ‚tue ich so, als ob' erfasst.

Beispielitem: *Wenn ich mich im Mathematikunterricht langweile, tue ich so, als ob ich aufpasse.*

Mitteilen

Eine konstruktive Form, auf die Situation einzuwirken, ist es, die Lehrkraft über das emotionale Erleben zu unterrichten – verbunden mit der Hoffnung, dass sich dann etwas verändert und „die Langeweile geht" (neunjähriges Mädchen [37]). Die Ergebnisse aus den Einzelinterviews legen nahe, dass die wenigsten Kinder diese Strategie anwenden; sie befürchten Sanktionen.

Die vier Items beziehen sich auf unterschiedliche Situationen. Nur bei einem Item wird explizit die Emotion Langeweile angesprochen. Bei den anderen drei Items geht es darum, ob die Lehrkraft über die erlebte Unterforderung, Überforderung oder inhaltliche Wiederholung informiert wird. Die entsprechende Mitteilung an die Lehrkraft könnte das Auftreten langweiliger Situationen verhindern helfen.

Beispielitem: *Wenn ich mich im Mathematikunterricht langweile, sage ich das dem Lehrer.*

Warten

Ein zentrales Merkmal von Langeweile ist das subjektiv verlängerte Zeitempfinden: „In der Langeweile wird die Zeit ‚aufsässig', weil sie nicht wie gewohnt vergehen will. Erst dadurch lässt sich die Realität der Zeit erfassen." (Svendsen, 2002, S. 137) Dem begegnet man am ehesten durch die Beschäftigung mit anderen stimulierenden Aktivitäten. Dennoch ist auch das Abwarten eine immer wieder genannte Copingstrategie.

Drei Items erfassen dies sprachlich: Herumsitzen, sich in der Klasse umschauen und auf die Uhr schauen sind typische Verhaltensweisen, wenngleich die beiden zuletzt genannten eine stärkere Aktivierung und Nervosität zum Ausdruck bringen.

Beispielitem: *Wenn ich mich im Mathematikunterricht langweile, sitze ich einfach nur rum.*

Träumen

Eng verknüpft mit dem Warten ist das Träumen, das Fliehen in eigene Gedankenwelten in der als langweilig erlebten Situation. Diese Strategie hat bereits Illge (1929) beschrieben und auch Fenichel (1934) betont, dass sich phantasiebegabte Menschen selten langweilen, während „die zur Langeweile disponierten Menschen unfähig oder gehemmt sind in der Produktion von Tagträumen" (S. 277). Zwei Items erfassen diese Strategie.

Beispielitem: *Wenn ich mich im Mathematikunterricht langweile, denke ich an etwas anderes.*

Nebentätigkeiten

Langeweile ist gekennzeichnet durch ein subjektiv gering erlebtes Anregungsniveau. Deshalb besteht eine Copingstrategie in der Suche nach externalen Stimuli – die Schüler wenden sich Nebentätigkeiten zu (Fichten, 1993). In den Interviews zählten die Kinder eine Vielzahl möglicher Aktivitäten auf, die in fünf Items Eingang finden: Die Schüler ärgern andere, malen, schreiben, reden oder spielen mit Gegenständen. Die Schüler beschäftigen sich mit diesen Gegenständen nicht, weil diese sie so sehr fesseln, „sondern weil sie sich mit irgendetwas beschäftigen müssen, um sich von der Empfindung der zu langsam verstreichenden Zeit abzulenken" (Breidenstein, 2006, S. 65).

Beispielitem: *Wenn ich mich im Mathematikunterricht langweile, spiele ich mit etwas, z. B. mit dem Federmäppchen, mit Stiften, mit dem Radiergummi, mit meinen Händen.*

Zusammenfassend ist herauszustellen, dass bei den genannten Strategien eine Veränderung der aktuellen Situation im Mittelpunkt steht. Es handelt sich deshalb um problemorientierte Copingstrategien (vgl. Kap. 1.4).

Offen ist, ob die Strategien empirisch separierbar sind. Insbesondere bei den Strategien *Warten* und *Träumen* scheinen hier Zweifel angebracht. Die Struktur der Skalen wird anhand der Hauptstichprobe untersucht (vgl. Kap. 5.2.1.2).

5.1.1.3 Merkmale der Lernsituation

Forschungsergebnisse zeigen, dass das Erleben von Langeweile nicht von objektiv feststellbaren situativen Merkmalen, sondern von der subjektiven Bewertung einer

Situation abhängt (Perkins & Hill, 1985). In der vorliegenden Studie werden deshalb auch die Merkmale der Lernsituation aus der Sicht der Schüler erhoben. Die Skalen werden zunächst im Überblick dargestellt (vgl. Tab. 7) und anschließend erläutert.

Tab. 7: Merkmale der Lernsituation (Skalen, Itemanzahl, Quellen)

Skala	Itemanzahl	Quelle
Professionelles Lehrerengagement	10	BIJU-Studie (Baumert, Gruehn, Heyn, Köller & Schnabel, 1997); Götz (2004); Götz et al. (2005); Eigenentwicklung
Häufigkeit des Auftretens von Unterrichtssituationen		
Unterforderung	5	Eigenentwicklung
Wiederholung	3	Eigenentwicklung
Fehlende Lehrer-Schüler-Interaktion	5	Eigenentwicklung
Ungenutzte Lernzeit	4	Eigenentwicklung
Überforderung	4	Eigenentwicklung
Fehlende Klassendisziplin	3	Eigenentwicklung

Professionelles Lehrerengagement

Unterricht wird in hohem Maße durch die jeweilige Lehrkraft geprägt und ist mit deren Professionalität und Persönlichkeit eng verknüpft (Bauer, Kopka & Brindt, 1999). Neben personenspezifischen Merkmalen des Schülers wirken sich die Instruktionsbedingungen maßgeblich auf das emotionale Erleben von Schülern aus, wie Pekrun (2006) in der Kontroll-Wert-Theorie aufzeigt. Dies trifft auch auf Langeweile zu (Fichten, 1993; Shaw et al., 1996). Mit dieser Skala wird deshalb das professionelle Lehrerengagement aus Schülersicht erfasst. Da nicht zu erwarten ist, dass sich die Ausprägungen zwischen den beiden Fächern erheblich unterscheiden – schließlich werden die Fächer von der gleichen Lehrkraft unterrichtet –, sind die Items fächerübergreifend formuliert.

Einzelne Items dieser Skala wurden unverändert aus anderen Studien übernommen (Baumert et al., 1997), andere sprachlich altersgemäß überarbeitet (Götz, Jahn, Stürmlinger & Trottmann, 2005) oder neu entwickelt. Gegenstand der Skala ist die von den Schülern eingeschätzte Professionalität und das von ihnen wahrgenommene Engagement. Die Skala beinhaltet vier Items zur schüleradaptiven Verständlichkeit, fünf Items zu Engagement und Enthusiasmus sowie ein Item zu Abwechslung.

Beispielitem: *Unserem Lehrer ist es wichtig, dass wir Kinder viel lernen.*

Engagierte Lehrer können Kinder für die Unterrichtsinhalte und das Unterrichtsgeschehen begeistern; ein abwechslungsreicher, verständlicher Unterricht aktiviert die Schüler und lässt durch Tätigkeitswechsel keine Routine und keine Langeweile aufkommen. Eine negative Korrelation wird erwartet.

Häufigkeit des Auftretens von Unterrichtssituationen

Alle Items aus dem Fragebogen zu Langeweile beziehen sich auf konkrete Situationen. Die langeweileinduzierende Wirkung wird von den Kindern unabhängig von der Häufigkeit des Auftretens der jeweiligen Situation eingeschätzt. Es kann also sein, dass ein Kind eine Unterrichtssituation nicht erlebt, sich aber langweilen würde, wenn sie aufträte.

Um zu erfassen, wie oft die verschiedenen Situationen im Unterrichtsalltag aus Schülersicht vorkommen, werden alle Items aus dem Fragebogen zu Langeweile (vgl. Kap. 5.1.1.2) ein zweites Mal erhoben – allerdings geht es dabei ausschließlich um deren Auftretenshäufigkeit. In Tabelle 8 wird dies exemplarisch veranschaulicht.

Tab. 8: **Gegenüberstellung von Items zur Erfassung situations- und fachspezifischer Langeweile und zur Erfassung der Auftretenshäufigkeit jener Unterrichtssituationen in einem Fach**

Was wird erfasst?	Beispielitem
Fachspezifisches Langeweileerleben in einer Unterrichtssituation	Ich langweile mich im Mathematikunterricht, wenn wir etwas üben, was zu leicht für mich ist.
Häufigkeit des Auftretens jener Unterrichtssituation in einem Fach	Im Mathematikunterricht üben wir etwas, was zu leicht für mich ist.

Damit werden erneut 48 Items erhoben (jeweils 24 für Deutsch und Mathematik), die den sechs schon beschriebenen Skalen zugeordnet werden können: *Unterforderung, Wiederholung, fehlende Lehrer-Schüler-Interaktion, ungenutzte Lernzeit, Überforderung, fehlende Klassendisziplin* (vgl. Tab. 5). Das Antwortformat ist eine vierstufige Likert-Skala. Da es sich um verhaltensnahe Konstrukte handelt, wird eine Häufigkeitsskalierung verwendet: *immer, oft, manchmal, nie.*

Diese Daten ermöglichen es, den Zusammenhang zwischen der eingeschätzten Auftretenshäufigkeit und dem Erleben von Langeweile zu untersuchen. Eine positive Korrelation zwischen beiden Merkmalen wird erwartet: Je häufiger eine dieser potentiell langweiligen Situationen aus Schülersicht vorkommt, umso eher wird sie als langweilig erlebt.

Zusammenfassend ist festzuhalten: In dieser Studie werden zahlreiche Merkmale des Schülers und der Lernsituation erhoben. Die Daten ermöglichen es, die jeweiligen Zusammenhänge zu langeweilespezifischen Merkmalen (Vorkommen, Coping) zu untersuchen. Diese Fragestellungen sind explorativer Art; die jeweiligen Ergebnisse werden in den Kapiteln 5.2.5.2, 5.2.7.2 und 5.2.7.3 dargestellt.

5.1.2 Pilotierung

Die in Kapitel 5.1.1 beschriebenen Instrumente wurden in einer Pilotierungsstudie überprüft. Die Stichprobe bestand aus vier dritten Klassen mit insgesamt $N = 95$ Schülern aus Starnberg und Bayreuth, die nicht an der Hauptstudie beteiligt waren.

Die Pilotierung hatte zum Ziel, sprachliche Unklarheiten aufgrund mündlicher Rückmeldungen der Kinder zu beseitigen sowie die Item- und Skalenkennwerte zu überprüfen (Mittelwert, Standardabweichung, Trennschärfe, Reliabilität).

Die PFK-Subskalen (Seitz & Rausche, 2004) und die KFT-Subtests (Heller & Perleth, 2000) wurden unverändert eingesetzt und deshalb nicht pilotiert. Die fachspezifisch zu erhebenden Variablen wurden angesichts der identischen Formulierungen in den beiden Fächern nur in Mathematik überprüft.

Die eingesetzten Skalen zeigen keine auffälligen Verteilungen (Decken- und Bodeneffekte). Im Folgenden werden die notwendig gewordenen sprachlichen Überarbeitungen zusammengefasst und durch Beispiele illustriert sowie eine Skala mit unzureichender Reliabilität angeführt. Konsequenzen für die Hauptuntersuchung werden aufgezeigt.

Sprachliche Überarbeitungen der Items

Dass die neu entwickelten Items zu Langeweile den Kindern nur vereinzelt Probleme bereiteten, hat sicherlich damit zu tun, dass die explorativen Interviews der Vorstudie die Grundlage für die Itementwicklung bildeten. Bei zahlreichen Items wurden die Formulierungen der Kinder wörtlich übernommen, andere Items lehnen sich zumindest gedanklich eng an das von den Kindern Gesagte an (vgl. Kap. 4).

Trotzdem waren einige Überarbeitungen notwendig, was hier exemplarisch aufgezeigt wird (vgl. Tab. 9).

Tab. 9: Ursprüngliche und überarbeitete Itemformulierungen

Beispiel	Skala	Ursprüngliche Formulierung	Überarbeitete Formulierung
1)	Professionelles Lehrerengagement	Bei unserem Lehrer hat jede Stunde den gleichen Ablauf.	Unser Lehrer hat immer wieder neue Ideen, wie er den Unterricht gestalten kann.
2)	Langeweile in Situationen fehlender Klassendisziplin	Ich langweile mich im Mathematikunterricht, wenn keine Ruhe eintritt.	Ich langweile mich im Mathematikunterricht, wenn die Kinder nicht zur Ruhe kommen.
3)	Langeweile in Überforderungssituationen	Ich langweile mich im Mathematikunterricht, wenn unser Lehrer etwas nicht gut genug erklärt.	Ich langweile mich im Mathematikunterricht, wenn unser Lehrer etwas erklärt, aber ich es trotzdem nicht verstehe.

1) Die Kinder verstanden das genannte Item der Skala *professionelles Lehrerengagement* nicht in der intendierten Weise. Erfasst werden sollte ein formalisierter, sich stetig wiederholender Unterrichtsverlauf, eine immer wiederkehrende Grobstruktur. Die Kinder waren jedoch der Meinung, Unterricht könne aufgrund der sich wechselnden Inhalte nicht den gleichen Ablauf haben. In der überarbeiteten Formulierung wird ein abwechslungsreich gestalteter Unterricht erfasst.

2) Ein Item der Skala *Langeweile in Situationen fehlender Klassendisziplin* wird sprachlich überarbeitet, weil vielen Kindern die Formulierung ‚Ruhe eintreten' nicht vertraut war.

3) Bei diesem Item (*Langeweile in Überforderungssituationen*) wird in der überarbeiteten Version weniger die mangelnde Instruktionskompetenz der Lehrkraft und mehr die individuelle Überforderung akzentuiert.

Während sich die bisher genannten Überarbeitungen auf einzelne Items beziehen, geht es nun um all jene Items, die auf die Lehrkraft Bezug nehmen. Der geschlechtsneutrale Begriff Lehrkraft ist Kindern in der Regel nicht vertraut und wird deshalb in den Items nicht verwendet. In der Pilotierungsstudie wurde der Einfachheit halber eine Version erstellt, in der nur vom Lehrer die Rede war. Die Kinder nahmen jedoch Anstoß, wenn ihre Lehrerin im Fragebogen als Lehrer bezeichnet wurde. Von einer Dopplung (unser Lehrer/unsere Lehrerin) wurde abgesehen, weil dies die Lesbarkeit beeinträchtigt und den Fragebogen unnötig verlängert hätte.

Deshalb wurden in der Hauptstudie geschlechtsspezifische Versionen eingesetzt: In den zehn Klassen mit männlichen Lehrkräften ist in den Items die Rede vom Lehrer, die anderen elf Klassen erhalten Fragebögen, in denen die Lehrkraft als Lehrerin bezeichnet wird. Im Anhang B sind angesichts der sonst identischen Formulierungen nur die Versionen für männliche Lehrkräfte abgedruckt.

Besonderes Augenmerk wurde bei der Planung der Studie auf die *Antwortformate* gerichtet. Im Rahmen der Pilotierung wurden verschiedene nonverbale und verbale Formate getestet. Am besten kamen die Kinder jedoch mit mehrstufigen verbalen Antwortformaten zurecht.

In IGLU erwies sich die Änderung der Fragerichtung von Items, die zu einer Skala gehören, als problematisch (Valtin et al., 2005, S. 188 f.). In der Pilotierung bereiteten den Kindern positiv und negativ gepolte Items hingegen keine Schwierigkeiten (z. B. bei den Skalen *Schullust, Fähigkeitsselbstkonzept und Selbstwirksamkeitserwartung, Interesse*).

Unzureichende Skalenreliabilität

Die Reliabilität der Skala *Auftretenshäufigkeit der Situation fehlende Lehrer-Schüler-Interaktion* ist unzureichend ($\alpha = .50$), während sich die Items zur Einschätzung von Langeweile in diesen Situationen sinnvoll bündeln lassen ($\alpha = .76$). Hier werden also inhomogene Interaktionsmuster erfasst (vgl. Items in Anhang B), die jedoch als ähnlich langweilig eingeschätzt werden. Angesichts der erwünschten parallelisierten Formulierung der Items wird die genannte Skala nicht überarbeitet.

5.1.3 Stichprobe

Stichprobenauswahl

Nachdem die Regierung von Oberfranken das Forschungsvorhaben bewilligt hatte, wurden im März 2005 in Zusammenarbeit mit dem örtlichen Staatlichen Schulamt 34 Lehrkräfte schriftlich über die geplante Studie informiert und um Mitwirkung gebeten.

Auswahlkriterien für die Lehrkräfte war die Klassenführung einer dritten Klasse sowie – aus Gründen der Erreichbarkeit – das Unterrichten an einer Schule in der Stadt oder im Landkreis Bayreuth. Lehrerinnen und Lehrer sollten ebenso wie jüngere und ältere Kollegen berücksichtigt sein. Die jeweiligen Schulen sollten sich außerdem sowohl in städtischen als auch in ländlichen Gebieten befinden. Von den angeschriebenen 34 Lehrkräften wollten sich 15 an der Studie beteiligen, 19 lehnten ab. Über die angeschriebenen Kollegen erfuhren weitere Lehrkräfte von der Studie; sechs von ihnen wirkten mit ihren Klassen an den Erhebungen mit.

Bei der Stichprobenauswahl dieser Studie handelt es sich, wie bei vielen Projekten im Bereich der Schul- und Unterrichtsforschung, somit nicht um eine Zufalls-, sondern um eine *Gelegenheitsstichprobe* (Rost, 2007a, S. 91).

Die Untersuchung wurde an 15 Grundschulen in der Stadt und im Landkreis Bayreuth durchgeführt. 21 dritte Klassen nahmen daran teil, deren Klassenführung elf Lehrerinnen und zehn Lehrer innehatten. Von den insgesamt $N = 459$ Schülern aller Klassen gingen $N = 36$ Schüler nicht in die Auswertung ein. Bei $N = 24$ Schülern erklärten sich die Eltern mit der Teilnahme ihres Kindes an der Studie nicht einverstanden, ohne dafür Gründe zu nennen. Weitere zwölf Schüler nahmen zwar an der Untersuchung teil, ihre Testergebnisse wurden jedoch aus der Stichprobe entfernt, weil die Fragebögen nicht zuverlässig ausgefüllt worden waren. Dies zeigte sich z. B. an wiederkehrenden Mustern.

Es handelt sich bei der Stichprobe um eine *Klumpenstichprobe*. Sofern erforderlich, wird dies durch Mehrebenenanalysen berücksichtigt (vgl. Kapitel 5.1.5).

Demographische Daten

Von den teilnehmenden $N = 423$ Schülern waren $N = 199$ weiblich (47 %) und $N = 224$ männlich (53 %). Die Kinder waren am ersten Erhebungstermin zwischen sieben und elf Jahre alt, das neunte Lebensjahr hatten die meisten von ihnen vollendet ($N = 310$; 73.3 %). Tabelle 10 gibt einen Überblick über die geschlechtsspezifische Altersverteilung der Stichprobe.

Tab. 10: Alter der an der Hauptstudie beteiligten Schülerinnen und Schüler

	weiblich		männlich		gesamt	
	N	in Prozent	N	in Prozent	N	in Prozent
7 Jahre	0	0	1	0.4	1	0.2
8 Jahre	46	23.1	30	13.4	76	18.0
9 Jahre	135	67.8	175	78.1	310	73.3
10 Jahre	17	8.5	17	7.6	34	8.0
11 Jahre	1	0.5	1	0.4	2	0.5

Das durchschnittliche Alter betrug $M = 8.91$ Jahre ($SD = .52$). Schülerinnen ($M = 8.86$ Jahre, $SD = .56$) und Schüler ($M = 8.94$ Jahre, $SD = .49$) unterscheiden sich nicht signifikant ($p > .05$).

Neben dem Geschlecht und dem Alter wurden von den Kindern keine persönlichen Daten erhoben. Über die Zusammensetzung der Stichprobe hinsichtlich struktureller familiärer Merkmale (wie z. B. Bildungsnähe oder Migrationshintergrund) kann deshalb keine Aussage gemacht werden.

108

5.1.4 Datenerhebung

Die beteiligten Lehrkräfte wurden Ende April 2005 über die Studie und deren Ablauf informiert. Eine Woche später starteten die ersten Erhebungen, die im Juli 2005 abgeschlossen waren. Um der begrenzten Lese- und Konzentrationsfähigkeit der Schüler Rechnung zu tragen, wurde die Datenerhebung auf fünf Vormittage verteilt. Die Schüler bearbeiteten die Fragebögen jeweils in den ersten beiden Schulstunden.

Die Erhebungen wurden von mir und neun studentischen Hilfskräften durchgeführt. In Klassen, in denen nach Einschätzung der Lehrkräfte mehrere leseschwache Kinder waren oder die hinsichtlich ihrer Disziplin als schwierig galten, führten zwei Personen die Erhebungen durch. Es wurde versucht, den Testleitern feste Erhebungsklassen zuzuweisen, um die Schüler nicht immer wieder mit neuen Personen zu konfrontieren. Diese Kontinuität wurde in den meisten Klassen erreicht; in einigen Klassen waren an den insgesamt fünf Terminen zwei Testleiter im Einsatz, in Ausnahmefällen drei. Die Studierenden wurden durch Schulungen intensiv auf die jeweiligen Erhebungstermine vorbereitet. Schriftlich festgelegte Durchführungsanweisungen für jeden Termin sicherten die Objektivität der Durchführung. Die Studierenden hielten sich eng an das Testleiterskript und lasen es an wichtigen Stellen wörtlich vor.

Die Lehrkräfte wurden gebeten, die Kinder nicht über Details der Studie zu informieren und mit ihnen nicht über Langeweile zu sprechen, um ihre Wahrnehmungen und Sichtweisen nicht zu beeinflussen. Die Klassenleiter verweilten während der Erhebungen im Klassenzimmer, beteiligten sich jedoch nicht an den Instruktionen und an der Durchführung. Auch gingen sie nicht umher, um das Antwortverhalten der Schüler nicht zu beeinflussen. Stattdessen beschäftigten sich die Lehrkräfte meist mit unterrichtlichen Aufzeichnungen und Korrekturen. Einige überließen den Testleitern die Klasse ganz und zogen sich in das Lehrerzimmer zurück. Lediglich bei den Notenangaben griffen die Lehrkräfte unterstützend ein, wenn die Schüler sich nicht an ihre Zensuren erinnern konnten.

Betont wurde bei jedem Fragebogen, dass die Antworten jedes einzelnen Schülers interessieren, dass es keine richtigen oder falschen, sondern nur ehrliche und unehrliche Antworten gibt. Sorgen vor möglichen Beurteilungen oder Benotungen der Fragebögen wurden ebenfalls angesprochen. Anonymität wurde zugesichert.

An Beispielen wurde das Vorgehen erläutert und die Antwortmöglichkeiten erklärt. Insgesamt füllten die Schüler acht Fragebögen und zwei KFT-Subtests aus, in der Regel zwei Bögen pro Termin. Zwischen den Bögen wurde stets eine Pause gemacht und diese durch Lieder, Spiele, Rätsel oder eine kleine Unterrichtseinheit gestaltet. Diese Rhythmisierung war notwendig, weil das Lesen und Bearbeiten der Fragebögen für viele Kinder eine Herausforderung und Anstrengung bedeutete.

Die meisten Kinder bearbeiteten die Bögen still für sich. Sehr leseschwachen Kindern sowie Kindern mit Migrationshintergrund, die die deutsche Schriftsprache noch nicht gut beherrschten, wurden die Items vorgelesen. Zusätzliche Erklärungen waren nicht notwendig.

Für die Beantwortung der Fragebögen gab es keine zeitlichen Vorgaben. Lediglich beim KFT war die Bearbeitungszeit laut Testmanual beim verbalen Subtest V3 auf sieben Minuten, beim quantitativen Subtest Q2 auf neun Minuten beschränkt. Banknachbarn bearbeiteten hier unterschiedliche Versionen.

Tab. 11: Überblick über die Datenerhebung

Mess-zeit-punkt	Erhobene Merkmale	nicht fach-spezi-fisch	Deutsch	Mathe-matik
1.	*Nicht-langeweilespezifische Schülermerkmale:* Allgemeine Schülermerkmale, Schullust	X		
	Merkmale der Lernsituation: Professionelles Lehrerengagement	X		
2.	*Merkmale der Lernsituation:* Häufigkeit des Auftretens von Unterrichtssituationen		X	X
3.	*Nicht-langeweilespezifische Schülermerkmale:* Selbst- und fachbezogene Kognitionen		X	X
4.	*Langeweilespezifische Schülermerkmale:* Explikation von Langeweile	X		
	Langeweile in Freizeit und Schule	X		
	Vorkommen, Coping		X	
	Nicht-langeweilespezifische Schülermerkmale: Leistungsbezogene Schülermerkmale		X	X
5.	*Langeweilespezifische Schülermerkmale:* Vorkommen, Coping			X
	Nacherhebungen			

Die Datenerhebung (vgl. Tab. 11) folgte dem Grundsatz: vom Allgemeinen zum Besonderen. Begonnen wurde mit einem Fragebogen zu allgemeinen Schülermerk-malen, gefolgt von Fragen zu fächerübergreifenden Merkmalen der Lernsituation. Ab dem zweiten Erhebungszeitpunkt waren die Items fachspezifisch formuliert.

Die Fragebögen zum Vorkommen von Langeweile und zum Coping bearbeiteten die Schüler am (vor-)letzten Erhebungstermin.

Der Fragebogen zu allgemeinen Schülermerkmalen eignete sich auch aus methodischen Gründen für den Einstieg: Die dichotomen Antwortmöglichkeiten (stimmt, stimmt nicht) dienten der Einübung und Vorbereitung auf die späteren vierstufigen Antwortformate. Bei dem zweistufigen Antwortformat vermissten die Kinder jedoch Abstufungen; mit dem vierstufigen kamen sie sehr gut zurecht.

In Kapitel 5.1.1.3 wurde deutlich gemacht, dass neben der Einschätzung von Langeweile in verschiedenen Unterrichtssituationen auch die Auftretenshäufigkeit jener Situationen erfasst wird. Aufgrund der ähnlichen Formulierungen der Items sollten die Schüler die Fragebögen nicht nacheinander bearbeiten. Die jeweiligen Einschätzungen sollten so unabhängig wie möglich voneinander sein. Der Fragebogen zu schulbezogenen Schülermerkmalen am dritten Messzeitpunkt lenkte die Aufmerksamkeit der Kinder deshalb auf andere Inhalte.

Neben der Erfassung von Langeweile im Fach Mathematik war der letzte Termin Nacherhebungen vorbehalten. Kinder, die an einem der vorherigen Termine nicht anwesend waren, wurden gebeten, die fehlenden Bögen noch zu bearbeiten. Da in der vorliegenden Studie keine längsschnittlichen Daten erhoben werden, gab es gegenüber diesem Vorgehen keine methodischen Bedenken.

In dem Datensatz gibt es deshalb kaum missings. Bei vielen Items fehlen gar keine Werte, bei einigen fehlen zwischen einem und drei Werten, nur bei einem Item liegen zwölf missings vor. Fehlen innerhalb eines Fragebogens nur vereinzelt Angaben zu einem Item, wurden die missings durch die Itemmittelwerte der Gesamtstichprobe ergänzt.

Dieses Vorgehen wurde jedoch nicht bei jenen drei Kindern angewendet, die beim letzten Erhebungstermin fehlten. Da der gesamte Fragebogen dieser Kinder durch die Itemmittelwerte der Gesamtstichprobe hätte ergänzt werden müssen, wurde davon abgesehen.

5.1.5 Verfahren zur Datenanalyse

Statistische Verfahren

Wenn bei Schülerstichproben ganze Schulklassen erfasst werden, liegen geschachtelte Datensätze vor, sog. Klumpenstichproben. Die Schüler gehören bestimmten Klassen an. Zu beachten ist, dass sich Schüler einer Klasse im Hinblick auf bestimmte Merkmale ähnlich sind, was dazu führt, dass die Varianz innerhalb der

Klasse eingeschränkt ist. Die Schüler sind dann nicht unabhängig voneinander, sondern bilden einen ‚Klumpen'.

Intensiv untersucht ist beispielsweise, dass sich das Fähigkeitsselbstkonzept vor dem Hintergrund der jeweiligen Klassenzugehörigkeit entwickelt und durch diese beeinflusst wird (Köller, 2004). Beim Erleben von Angst und Freude trifft dies ebenfalls zu (Götz et al., 2004). Nicht untersucht ist dies bisher beim Erleben von und dem Umgang mit Langeweile.

Auch in dieser Studie liegt ein geschachtelter Datensatz vor: Die 423 Schüler besuchen 21 Schulklassen. Deshalb muss im Rahmen der Skalenanalysen überprüft werden, ob die Klassenzugehörigkeit eine zusätzliche Information über das Antwortverhalten der Schüler liefert. Wenn die Varianz innerhalb der Klassen eingeschränkt ist, darf der Mehrebenencharakter der Daten nicht unberücksichtigt bleiben, weil sonst Fehler in den Analysen auftreten können. Schließlich setzen die meisten statistischen Verfahren Zufallsstichproben voraus (vgl. Lüdtke & Köller, 2006, S. 470). Im Falle von geklumpten Stichproben ist diese Voraussetzung jedoch nicht gegeben.

Die Intraklassenkorrelation *rho* (ρ) beschreibt den Anteil der Interklassenvarianz an der Gesamtvarianz. Je höher dieser Wert ist, umso homogener ist das Antwortverhalten der Schüler innerhalb der Klassen. Die mehrebenenanalytischen Berechnungen werden mit dem Programm HLM durchgeführt (Hierarchical Linear and Nonlinear Modeling; Version 6.03; Raudenbush, Bryk & Congdon, 2006) (vgl. Kap. 5.2.1.2).

Die neu entwickelten Langeweile-Skalen werden zudem auf ihre empirische Separierbarkeit hin untersucht (vgl. Kap. 5.2.1.2, 5.2.2). Überprüft wird, ob die theoretischen Überlegungen hinsichtlich der Skalenstruktur zutreffend sind. Die Zusammenhänge zwischen den Skalen können mit Produkt-Moment-Korrelationen berechnet werden. Aufgrund der Reliabilitäten von $\alpha < 1$ werden die Zusammenhänge bei diesem Vorgehen jedoch unterschätzt. Mit konfirmatorischen Faktorenanalysen kann hingegen die unterschiedliche Reliabilität der Skalen bei der Korrelationsberechnung berücksichtigt werden. Geschätzt wird dabei der Zusammenhang zwischen den latenten Faktoren. Die Berechnung solcher disattenuierter (minderungskorrigierter) Korrelationen erfolgt mit dem Programm LISREL (Linear Structural Relationship; Version 8.54; Jöreskog & Sörbom, 2003). Dabei wird vorab stets überprüft, ob die Voraussetzungen für die Durchführung einer konfirmatorischen Faktorenanalyse erfüllt sind (Bühner, 2006, S. 260 ff.).

Der Studie liegen Zusammenhangshypothesen zugrunde, so dass im Zuge der Auswertung *Korrelationsanalysen* durchgeführt werden. Korrelationen beschreiben Beziehungen zwischen Variablen. Der Korrelationskoeffizient *r* quantifiziert Enge und Richtung eines Zusammenhangs (Rasch, Friese, Hofmann & Naumann, 2004, S. 115).

Unterschiedshypothesen erfordern *Mittelwertsvergleiche*. Werden unterschiedliche Ausprägungen zwischen zwei Gruppen (z. B. Mädchen, Jungen) im Hinblick auf ein Merkmal untersucht, werden Mittelwertsvergleiche für unabhängige Stichproben durchgeführt. In anderen Fällen sind die Werte nicht unabhängig voneinander. Werden z. B. fachspezifische Ausprägungen bei einem Merkmal untersucht, dann müssen Mittelwertsvergleiche für abhängige Stichproben berechnet werden. Je nachdem, ob die Daten die Voraussetzungen für parametrische Verfahren erfüllen oder nicht, kommen t-Tests bzw. U-Tests zum Einsatz (Rasch, 2004, S. 59 f.). Werden mehrere voneinander unabhängige Signifikanztests durchgeführt, wird eine Bonferroni-Adjustierung vorgenommen. Dazu wird das auf 5 % festgesetzte Signifikanzniveau durch die Anzahl der Signifikanztests geteilt (Rost, 2007a, S. 224).

Korrelationen und Mittelwertsunterschiede werden mit dem Programm SPSS berechnet (Statistical Package for the Social Sciences; Version 14.0).

Angesichts der großen Stichprobe wird bei den Ergebnissen nicht die Signifikanz, sondern die Effektstärke interpretiert. Dies erfolgt in Anlehnung an die von Rost (2007a, S. 218) genannten Richtwerte:

Der Korrelationskoeffizient r quantifiziert die Enge des Zusammenhangs zweier Variablen und wird wie folgt interpretiert: $.10 < r \leq .29$ = kleiner Effekt; $.29 < r \leq .50$ = mittlerer Effekt; $r > .50$ = großer Effekt.

Beim Mittelwertsvergleich zweier Gruppen wird das Effektstärkemaß d berechnet. Es ist definiert als die Differenz der Mittelwerte beider Gruppen, geteilt durch die gemittelte Standardabweichung beider Gruppen ($.20 < d \leq .50$ = kleiner Effekt; $.50 < d \leq .80$ = mittlerer Effekt; $d > .80$ = großer Effekt).

Effektstärken liefern einen Anhaltspunkt für die Einschätzung der praktischen Bedeutsamkeit. Zudem bieten diese Maße den Vorteil, Ergebnisse aus unterschiedlichen Studien besser miteinander vergleichen zu können.

Qualitative Verfahren

Die Schülerantworten zu den drei Fragen mit offenem Antwortformat (vgl. Kap. 5.1.1.2) werden mit der *qualitativen Inhaltsanalyse* nach Mayring (2003) schrittweise analysiert. Ziel dieses Vorgehens ist die sinnvolle Reduzierung umfangreichen Textmaterials. Durch die Abstraktion soll Übersichtlichkeit erreicht werden (Lissmann, 2001, S. 82). Das Abstraktionsniveau der Kategorien muss dem Material angemessenen sein, es darf weder zu hoch noch zu niedrig sein. Die Bildung der Kategorien erfolgt induktiv, d. h. diese werden direkt aus dem Material abgeleitet. Dies soll eine möglichst gegenstandsnahe „Abbildung des Materials ohne Verzerrungen durch Vorannahmen des Forschers" ermöglichen (Mayring, 2003, S. 75).

In einem ersten Schritt werden die Analyseeinheiten bestimmt. Anschließend werden bedeutungsgleiche bzw. -ähnliche Antworten zusammengefasst und paraphrasiert. Hieran schließt sich die Entwicklung und Beschreibung von Ober- und Unterkategorien an, die eine eindeutige Zuordnung der Schüleraussagen ermöglichen soll. In mehreren Durchgängen wird geprüft, ob die durch Induktionsprozesse generierten Kategorien das Ausgangsmaterial adäquat repräsentieren. In mehreren Induktions-Deduktionsschleifen wird das Kategoriensystem modifiziert und optimiert.

Wenn sich die Kinder in ihren Antworten auf verschiedene Kategorien beziehen, dann werden die jeweiligen Bestandteile der Äußerung für sich kategorisiert (vgl. das Beispiel in Kap. 5.2.3). Eine Mehrfachkategorisierung wird so vermieden.

Ob das Kategoriensystem eine eindeutige Zuordnung der Schüleraussagen ermöglicht, wird abschließend überprüft. Zur Bestimmung der Interraterreliabilität wird Cohen's Kappa (Cohen, 1960) herangezogen. Kappa ist wie folgt zu interpretieren: $\kappa \leq .40$ = nicht akzeptabel; $.40 < \kappa \leq .60$ = ggf. noch akzeptabel; $.60 < \kappa \leq .75$ = gut; $\kappa > .75$ = sehr gut (vgl. Wirtz & Caspar, 2002, S. 59). Dieses Maß ist als Quotient der Anzahl überzufälliger Übereinstimmungen und maximal erreichbarer Übereinstimmungen definiert. Zu jeder Frage werden 100 nach dem Zufallsprinzip ausgewählte Äußerungen simultan von zwei Ratern ausgewertet, die nicht an der Entwicklung des Kategoriensystems beteiligt waren. Fällt die Übereinstimmung nicht für alle Kategorien zufrieden stellend aus, so wird das Kategoriensystem entsprechend überarbeitet.

Die *qualitative Inhaltsanalyse* bildet die Grundlage für quantitative Analysen. Erfasst wird, wie oft sich die Kinder in ihren Äußerungen auf die jeweiligen Kategorien beziehen.

5.1.6 Zusammenfassung

Im Mittelpunkt des Kapitels 5.1 stand die Beschreibung des methodischen Vorgehens in der Hauptstudie. Die eingesetzten Instrumente wurden vorgestellt und Ergebnisse der Pilotierung berichtet. Außerdem wurde die Stichprobe charakterisiert, das Vorgehen bei der Datenerhebung skizziert und die eingesetzten Verfahren zur Datenanalyse und -auswertung beschrieben. Es ist festzuhalten:

- In dieser Studie werden *Merkmale des Schülers* und der *Lernsituation* erhoben. Da Langeweile immer durch die subjektive Interpretation einer Situation entsteht, werden alle Merkmale aus der Sicht des Schülers erfasst.

- Die *langeweilespezifischen Instrumente* wurden im Rahmen dieser Studie neu entwickelt. Die Grundlage dafür bildeten die Literaturrecherche und die Ergebnisse aus den explorativen Interviews der Vorstudie. *Quantitative Verfahren* werden eingesetzt, um das situations- und fachspezifische Langeweileerleben sowie mögliche Copingstrategien zu erfassen. *Qualitative Verfahren* erscheinen geeignet, um Langeweile zu explizieren, Gründe für das Langeweileerleben in Freizeit und Schule zu erfassen und zu untersuchen, warum Langeweile von der Lehrkraft (nicht) bemerkt werden soll.

- Im Zuge der *Pilotierung* ($N = 95$ Schüler) wurden einige Items sprachlich überarbeitet. Bei den Skalenmittelwerten zeigen sich weder Decken- noch Bodeneffekte.

- Die *Stichprobe der Hauptstudie* umfasst $N = 423$ Drittklässler aus 21 Klassen von 15 Schulen. Die Kinder sind durchschnittlich neun Jahre alt. Die Geschlechterverteilung ist bei den Schülern und Lehrkräften ausgewogen.

- Die *Datenerhebung* fand zwischen April und Juli 2005 statt. Insgesamt zehn externe Testleiter führten die Erhebungen an fünf Vormittagen durch. Die Objektivität der Durchführung wurde durch Testleiterschulungen und schriftliche Instruktionen gesichert.

- Im Rahmen der *quantitativen Datenanalyse* werden konfirmatorische Faktorenanalysen durchgeführt und Intraklassenkorrelationen, Produkt-Moment-Korrelationen sowie Mittelwertsvergleiche berechnet. Dafür werden die Programme LISREL, HLM und SPSS eingesetzt. Bei den Ergebnissen wird nicht die Signifikanz, sondern die Effektstärke interpretiert.

- Die Schülerantworten zu den Fragen mit offenem Antwortformat werden mit der *qualitativen Inhaltsanalyse* nach Mayring (2003) analysiert. Die Interraterreliabilität wird anhand von Cohen's Kappa berechnet. Abschließend werden die kategorisierten Äußerungen quantifiziert.

5.2 Ergebnisse

5.2.1 Skalenanalyse: statistische Kennwerte

Im Mittelpunkt dieses Kapitels steht die Datenanalyse der in der Hauptstudie eingesetzten Erhebungsinstrumente.

Neben der Werteverteilung und der Reliabilität werden bei den neu entwickelten, langeweilespezifischen Instrumenten die Separierbarkeit der Skalen und der Anteil der Interklassenvarianz an der Gesamtvarianz überprüft.

5.2.1.1 Nicht-langeweilespezifische Schülermerkmale

Tabelle 12 gibt zunächst einen Überblick über Werteverteilung und Reliabilität der Skalen zu allgemeinen und schulbezogenen Schülermerkmalen.

Tab. 12: Nicht-langeweilespezifische Schülermerkmale (Werteverteilung, Reliabilität)

Skala	Itemanzahl	Fach	M	t-Wert	SD	Sch [a]	α
Allgemeine Schülermerkmale							
Emotionale Erregbarkeit [b]	12		49.39		9.34	0.14	.73
Fehlende Willenskontrolle [b]	12		48.14		9.25	0.15	.70
Extravertierte Aktivität [b]	12		46.07		8.64	0.17	.55
Schulbezogene Schülermerkmale							
Selbstbezogene und schul- bzw. fachbezogene Kognitionen und Emotionen							
Schullust [b]	4		0.61		0.34	-0.34	.67
Lernfreude [c]	5	Deu	1.72		0.86	-0.28	.91
		Ma	2.22		0.91	-1.04	.93
Fähigkeitsselbstkonzept und Selbstwirksamkeitserwartung [c]	9	Deu	1.91		0.55	-0.40	.83
		Ma	2.22		0.66	-0.78	.89
Interesse [c]	5	Deu	1.68		0.79	-0.21	.94
		Ma	2.12		0.82	-0.89	.87
Intrinsische Valenz [c]	3	Deu	1.36		0.88	0.03	.78
		Ma	1.95		0.97	-0.57	.81
Leistungsbezogene Valenz [c]	2	Deu	1.97		0.88	-0.50	.59
		Ma	1.90		0.96	-0.44	.59
Intrinsische Motivation [c]	4	Deu	1.70		0.79	-0.21	.86
		Ma	2.22		0.83	-0.97	.89
Kompetenzmotivation [c]	3	Deu	2.10		0.68	-0.63	.70
		Ma	2.37		0.74	-1.34	.81

Skala	Itemanzahl	Fach	M	t-Wert	SD	Sch [a]	α
Soziale Motivation [c]	5	Deu	1.73		0.65	-0.13	.66
		Ma	1.93		0.76	-0.42	.76
Wettbewerbsmotivation [c]	2	Deu	1.77		0.92	-0.34	.75
		Ma	2.01		1.02	-0.69	.86
Leistungsmotivation durch Noten [c]	3	Deu	2.24		0.63	-0.98	.60
		Ma	2.46		0.69	-1.52	.77
Anstrengungsbereitschaft [c]	4	Deu	2.19		0.60	-0.79	.60
		Ma	2.38		0.63	-1.09	.67
Leistungsbezogene Schülermerkmale							
Kognitive Grundfähigkeiten: verbal	20			44.69	7.99	-0.01	–
Kognitive Grundfähigkeiten: quantitativ	20			48.95	8.30	-0.11	–
Vorwissen: Note der letzten Schulaufgabe [d]	1	Deu	4.00		1.36	-0.40	–
		Ma	4.25		1.19	-0.52	–
Vorwissen: Note im Halbjahreszeugnis [d]	1	Deu	4.16		0.95	-0.31	–
		Ma	4.38		1.03	-0.48	–

Anmerkungen:

[a] Eine Schiefe im Bereich [-0.5; 0.5] kann aufgrund der Stichprobengröße als normalverteilt angesehen werden (Lienert & Raatz, 1994, S. 148).

[b] Die Antwortkategorien lauten: *stimmt* (Wert 1) und *stimmt nicht* (Wert 0).

[c] Die Antwortkategorien lauten: *stimmt genau* (Wert 3), *stimmt eher* (Wert 2), *stimmt eher nicht* (Wert 1), *stimmt gar nicht* (Wert 0).

[d] Angegeben sind umgepolte Notenwerte: *Note 1* (Wert 6), *Note 2* (Wert 5), *Note 3* (Wert 4), *Note 4* (Wert 3), *Note 5* (Wert 2), *Note 6* (Wert 1).
Stichprobengröße: $418 \leq N \leq 423$, da missing data.

Zunächst seien einige Anmerkungen zum *Vorwissen* gemacht: Bei den Zensuren handelt es sich um umgepolte Noten der letzten Schulaufgabe und des letzten Halbjahreszeugnisses in den Fächern Deutsch und Mathematik. Hohe Mittelwerte bedeuten demnach gute Leistungen, niedrige Mittelwerte entsprechend schlechte Leistungen.

Die Zeugnisnoten fallen sowohl in Deutsch als auch in Mathematik besser aus als die Noten der letzten Schulaufgabe. Das Leistungsgefälle kann damit erklärt werden, dass in Zeugnisnoten neben schriftlichen Zensuren auch mündliche Leistungen und motivationale Merkmale, wie z. B. Anstrengungsbereitschaft, eingehen. Die Streuungen bei den Zeugnisnoten sind geringer als bei den Noten der letzten Schulaufgabe. Dieses Ergebnis ist plausibel: Zeugnisnoten sind durch die Mittelung von Einzelnoten stabiler, so dass Ausreißer weniger gewichtet werden. Bei den Analysen werden deshalb die Zeugnisnoten als Schulleistungsdaten verwendet.

Sowohl die Testleistungen als auch die Beurteilung der Schulleistungen durch die Lehrkräfte (Schulaufgabe, Zeugnis) sind in Mathematik besser als in Deutsch.

Im folgenden Abschnitt werden Werteverteilung und Reliabilität einzelner Skalen diskutiert.

Werteverteilung

Skalenmittelwerte und Standardabweichungen bewegen sich insgesamt in einem als gut zu bezeichnenden Rahmen. Einige Werte fallen dennoch ins Auge:

Hohe Skalenmittelwerte zeigen sich bei selbst- und fachbezogenen sowie motivationalen Kognitionen in Mathematik. Das Fach ist beliebt (*Lernfreude, Interesse, intrinsische Valenz*), die Schüler schätzen ihre *Fähigkeiten* hoch ein, sind sowohl *intrinsisch* als auch *extrinsisch motiviert* und bereit, sich *anzustrengen*. Den höchsten Mittelwert hat die Skala *Leistungsmotivation durch Noten*; hier wird deutlich, welchen Stellenwert Zensuren im Zuge des Übertritts bereits am Ende der dritten Klasse in der Wahrnehmung der Kinder haben.

Mit Ausnahme der Skala *leistungsbezogene Valenz* sind die Skalenmittelwerte im Fach Mathematik stets höher als in Deutsch.

Angesichts dieser Verteilungen stellt sich die Frage ihrer Bewertung.

Lienert und Raatz (1994) weisen darauf hin, dass der „χ^2-Test für die Güte der Anpassung an eine Normalverteilung [...] nur bei kleinen Stichprobenumfängen (N unter 200) sinnvoll [ist]. Bei großem N (über 400) sind meist auch schon praktisch unerhebliche Irregularitäten statistisch signifikant." (S. 151) Deshalb wird auf den χ^2-Test zugunsten des Verteilungsmaßes Schiefe (*Sch*) verzichtet, das ein Maß für die Asymmetrie der Verteilung ist (Bortz, 1999, S. 46 f.).

Bei einer großen Stichprobe ($N > 400$) wie der vorliegenden kann eine Schiefe im Bereich $-0.5 \leq Sch \leq 0.5$ als praktisch insignifikante Abweichung interpretiert und „die Rohwerteverteilung als normal angesehen werden" (Lienert & Raatz, 1994, S. 148). Dennoch liegen einige Werte außerhalb dieses Wertebereichs, sie sind rechtsgipflig verteilt. Die Autoren nennen drei Ursachen für anormale Verteilungen (S. 151 ff.): Stichprobenheterogenität, mangelhafte Testkonstruktion und nicht-normalverteilte Persönlichkeitsmerkmale.

Da von einer homogenen Stichprobe auszugehen ist und die verwendeten Instrumente den Gütekriterien entsprechen, ist die letztgenannte Ursache, nicht-normalverteilte Persönlichkeitsmerkmale, näher zu beleuchten. Dies ist Gegenstand des folgenden Abschnitts.

Die rechtsgipflige Verteilung der selbst- und fachbezogenen sowie motivationalen Kognitionen und Emotionen zeigt, dass ein Großteil der Schüler den Aussagen zustimmt. Aus anderen Studien ist bekannt, dass lern- und leistungsbezogene Motive und Einstellungen in den ersten Schuljahren stark positiv ausgeprägt sind und sich erst im Laufe der Schulzeit ausdifferenzieren (LOGIK und SCHOLASTIK: Helmke, 1993, 1997, 1998; KILIA: Kammermeyer & Martschinke, 2006; IGLU: Valtin et al., 2005). So wird beispielsweise in IGLU berichtet, dass 94 % aller Kinder angeben, im Unterricht mitzuarbeiten, weil sie eine gute Note haben möchten (Valtin et al., 2005, S. 199). Dieses Ergebnis deckt sich mit den vorliegenden Daten.

Die Rechtsgipfligkeit der untersuchten Variablen ist somit auf die „Eigenart des untersuchten Persönlichkeitsmerkmals" zurückzuführen (Lienert & Raatz, 1994, S. 158).

Reliabilität

Die Reliabilitäten der Skalen sind als gut bzw. sehr gut zu bewerten. Vergleichsweise niedrig ist Cronbach's Alpha bei *extravertierter Aktivität* ($\alpha = .55$) sowie bei *leistungsbezogener Valenz* ($\alpha = .59$), wenngleich auch diese Skalen das von Rost (2007a, S. 157) geforderte Mindestniveau von $\alpha = .55$ erreichen.

Die Reliabilitäten der fachspezifisch eingesetzten Skalen sind – mit Ausnahme des *Interesses* – im Fach Mathematik höher als in Deutsch. Wie ist dies zu erklären? Eine mögliche Interpretation dieses Befunds liegt in der Komplexität des jeweiligen Fachs. Wenngleich in beiden Fächern ganz unterschiedliche Inhalte Gegenstand des Unterrichts sind, dürften die Inhaltsbereiche im Fach Mathematik homogener sein als die Lernbereiche in Deutsch (im Lehrplan für die bayerische Grundschule, 2000: Geometrie, Zahlen, Rechnen, sachbezogene Mathematik bzw. Sprechen, Schreiben, Sprache untersuchen, Lesen und mit Literatur umgehen). Deshalb könnten selbstbezogene Kognitionen und Emotionen zwischen den verschiedenen Lernbereichen in Deutsch stärker divergieren als zwischen den Inhaltsbereichen in Mathematik.

5.2.1.2 Langeweilespezifische Schülermerkmale

In diesem Abschnitt werden statistische Kennwerte der Skalen zu langeweilespezifischen Schülermerkmalen im Überblick dargestellt. Im Einzelnen geht es um die Einschätzung des situations- und fachspezifischen Langeweileerlebens und um verschiedene Copingstrategien (vgl. Anhang B).

- **Langeweile in Unterrichtssituationen und -fächern**

Unabhängig von deren Auftreten im Unterrichtsalltag beurteilen die Schüler 24 Unterrichtssituationen im Hinblick auf ihr Langeweileerleben in Deutsch und Mathematik. Die Unterrichtssituationen werden sechs Skalen zugeordnet: *Unterforderung, Wiederholung, fehlende Lehrer-Schüler-Interaktion, ungenutzte Lernzeit, Überforderung* und *fehlende Klassendisziplin* (vgl. Kap. 5.1.1.2).

Untersucht wird nun die Separierbarkeit der Skalen, die Werteverteilung und Reliabilität der Skalen sowie der Anteil der Interklassenvarianz an der Gesamtvarianz.

Separierbarkeit der Skalen

Die Unabhängigkeit der Skalen wird mit Hilfe einer konfirmatorischen Faktorenanalyse untersucht. Zunächst werden die Voraussetzungen für eine solche Analyse überprüft.

Verteilung. Von den insgesamt 48 Items (jeweils 24 Items für Deutsch und Mathematik) können 43 als normalverteilt betrachtet werden (Lienert & Raatz, 1994, S. 148). Fünf Items haben einen positiven Schiefekennwert [$Sch_{max} = 0.8$). Da sie sich ausschließlich auf das Erleben von Langeweile in *Überforderungssituationen* beziehen, ist anzunehmen, dass es sich hierbei um ein nicht-normalverteiltes Merkmal handelt. Da „die ML-Methode [Maximum-Likelihood] ausgesprochen robust gegenüber Verletzungen der Normalverteilung ist" (Bühner, 2006, S. 251), sollte dieses Verfahren bei einer Schiefe < 2 zur Parameterschätzung angewendet werden. Dieser Empfehlung wird gefolgt.

Kollinearität. Hoch korrelierende Items ($r > .85$) können zu Schätzproblemen führen (Bühner, 2006, S. 262). Die maximale Korrelation zwischen den manifesten Variablen (Deutsch) beträgt $r = .61$ und $r = .66$ bei den Mathematik-Items. Kollinearität ist also nicht gegeben.

Stichprobengröße. Das Verhältnis von Variablenzahl zu Stichprobengröße sollte 1:5, besser 1:10 betragen (Kline, 1998, S. 112). Mit 24 Variablen und $N = 423$ trifft dies hier zu.

Verhältnis von manifesten zu latenten Variablen. Pro latenter Variable sollten mindestens drei Items spezifiziert werden, weil sich dadurch die Identifizierbarkeit des Modells erhöht (Bühner, 2006, S. 243, S. 262). Auf die sechs latenten Variablen laden hier drei bis fünf Items.

Die Voraussetzungen für die Durchführung einer konfirmatorischen Faktorenanalyse sind somit gegeben. Das Modell wird, jeweils für Deutsch und Mathematik, folgendermaßen spezifiziert: Die 24 Langeweile-Items (manifeste Variablen) laden auf die fünf Unterrichtssituationen (latente Variablen). Um die Metrik der latenten Variablen festzulegen, wird die Varianz der latenten Variablen auf den Wert 1 fixiert.

Die Analyse zeigt, dass die beiden Skalen *Unterforderung* (fünf Items) und *Wiederholung* (drei Items) in beiden Fächern nicht trennscharf sind: Die disattenuierten Korrelationen in Deutsch bzw. Mathematik betragen $r \geq .98$. Schüler, die sich in Unterforderungssituationen langweilen, erleben also auch die Wiederholung von Unterrichtsinhalten als langweilig. Die fünf Items der Skala *Unterforderung* sowie die drei Items der Skala *Wiederholung* werden deshalb zusammengefasst und bilden nun die acht Items umfassende Skala *Unterforderung*.

Die fünf Langeweile-Skalen werden daraufhin erneut auf ihre Separierbarkeit hin untersucht. Tabelle 13 zeigt die Korrelationen zwischen den latenten Variablen in Deutsch und in Mathematik. Tabelle 14 stellt die Fit-Indizes der beiden Modelle dar.

Tab. 13: Situations- und fachspezifische Langeweile (Interne Beziehungen in Deutsch/ in Mathematik)

Situations- und fachspezifische Langeweile		Situations- und fachspezifische Langeweile				
		UN	IN	LZ	ÜF	DZ
Unterforderung	UN	–				
Fehlende Lehrer-Schüler-Interaktion	IN	.81/.80	–			
Ungenutzte Lernzeit	LZ	.84/.87	.84/.83	–		
Überforderung	ÜF	.42/.42	.34/.36	.55/.54	–	
Fehlende Klassendisziplin	DZ	.34/.51	.44/.53	.47/.52	.36/.34	–

Anmerkungen:
Alle Korrelationen sind auf dem Niveau von $p < .05$ signifikant; zweiseitig getestet.
Stichprobengröße: $418 \leq N \leq 422$, da missing data.

Tab. 14: Situations- und fachspezifische Langeweile (Fit-Indizes der beiden Modelle)

Modell	χ^2	df	χ^2/df	p	RMSEA	CFI	NNFI	GFI
Langeweile (Deutsch)	379	242	1.56	< .01	.037	.99	.99	.93
Langeweile (Mathematik)	432	242	1.78	< .01	.043	.99	.99	.92

Es wird deutlich, dass die jeweiligen Situationen in Deutsch und Mathematik in ähnlicher Höhe korrelieren, d. h. es besteht eine strukturelle Ähnlichkeit zwischen beiden Fächern. Alle Skalen erweisen sich als trennscharf, so dass keine weiteren Veränderungen vorgenommen werden.

Die Fit-Indizes zeigen, dass die beiden Modelle die jeweilige Datenstruktur sehr gut widerspiegeln (zur Interpretation der Fit-Indizes vgl. Kap. 5.2.2).

Werteverteilung und Reliabilität

Tabelle 15 gibt einen Überblick über Werteverteilung und Reliabilität der fünf überarbeiteten Skalen in Deutsch und Mathematik.

Tab. 15: Situations- und fachspezifische Langeweile (Werteverteilung, Reliabilität)

Skala	Itemanzahl	Fach	M	SD	Sch	α
Unterforderung	8	Deu	1.77	0.85	-0.40	.90
		Ma	1.56	0.90	-0.12	.91
Fehlende Lehrer-Schüler-Interaktion	5	Deu	1.56	0.81	-0.08	.76
		Ma	1.41	0.85	0.02	.80
Ungenutzte Lernzeit	4	Deu	1.40	0.89	0.10	.76
		Ma	1.30	0.95	0.25	.84
Überforderung	4	Deu	1.06	0.82	0.44	.80
		Ma	0.94	0.80	0.55	.78
Fehlende Klassendisziplin	3	Deu	1.41	0.89	0.14	.70
		Ma	1.34	0.95	0.15	.77

Anmerkungen:
Die Antwortkategorien lauten: *stimmt genau* (Wert 3), *stimmt eher* (Wert 2), *stimmt eher nicht* (Wert 1), *stimmt gar nicht* (Wert 0).
Stichprobengröße: $420 \leq N \leq 423$, da missing data.

Bei den Skalenmittelwerten fällt auf, dass das Ausmaß des Langeweileerlebens zwar je nach Situation differiert, innerhalb der jeweiligen Situationen zwischen den Fächern aber nur vergleichsweise geringe Unterschiede bestehen. Alle Standardabweichungen sind ausreichend groß, um Varianz aufzuklären. Alle Skalen können als normalverteilt betrachtet werden (Lienert & Raatz, 1994, S. 148).

Die Reliabilitäten der Skalen sind als gut bzw. sehr gut zu bezeichnen.

Anteil der Interklassenvarianz an der Gesamtvarianz

Die vorliegenden Daten haben eine Mehrebenenstruktur: Die 423 Schüler besuchen 21 Schulklassen. Bei der Einschätzung langweiliger Unterrichtssituationen stellt sich deshalb die Frage, ob das Antwortverhalten der Schüler durch die Klassenzugehörigkeit beeinflusst wird (vgl. Kap. 5.1.5).

Zeigt sich bei den zehn Langeweile-Skalen unter Berücksichtigung der Intraklassenvarianz eine bedeutsame und daher zu berücksichtigende Interklassenvarianz?

Diese Frage wird mit Hilfe des Nullmodells (*intercept-only-model, baseline-model*) untersucht, das außer der abhängigen Variablen keine weiteren Variablen beinhaltet. Mit diesem Modell wird geprüft, wie stark die abhängige Variable (Langeweile) zwischen den Aggregateinheiten (Klassen) unter Berücksichtigung der Varianz innerhalb der Aggregateinheiten (Schüler) variiert. Die Intraklassenkorrelation *rho* (ρ) beschreibt also den Anteil der Interklassenvarianz an der Gesamtvarianz. Ein signifikantes Ergebnis zeigt an, dass in Bezug auf das untersuchte Merkmal homogene Klumpen vorliegen, dass also die Varianz innerhalb der Klassen eingeschränkt ist. Die Analysen wurden mit dem Programm HLM 6.03 durchgeführt (Raudenbush et al., 2006).

Tab. 16: Situations- und fachspezifische Langeweile (Intraklassenkorrelation)

Skala	Fach	Signifikanz (p) der Interklassenvarianz	rho (ρ)
Unterforderung	Deu	< .05	.036
	Ma	< .05	.054
Fehlende Lehrer-Schüler-Interaktion	Deu	< .05	.056
	Ma	< .05	.090
Ungenutzte Lernzeit	Deu	n.s.	.001
	Ma	< .05	.034
Überforderung	Deu	n.s.	.006
	Ma	< .05	.030
Fehlende Klassendisziplin	Deu	< .05	.053
	Ma	< .05	.051

Anmerkungen:
Stichprobengröße: $420 \leq N \leq 423$, da missing data.

Tabelle 16 zeigt das Ergebnis der Analyse im Überblick. Die Intraklassenkorrelationen bewegen sich zwischen $\rho = .001$ und $\rho = .090$. Bei acht der zehn Skalen liegt ein signifikantes Ergebnis vor ($p < .05$); hier beeinflusst also die Klassenzugehörigkeit das Antwortverhalten der Schüler.

Inwieweit sind diese Ergebnisse praktisch bedeutsam? Um dies zu beantworten, wird die Höhe der Intraklassenkorrelationen beleuchtet und interpretiert. Bis auf eine Ausnahme liegt *rho* um oder unter .05; folglich variiert die Einschätzung der Kinder nicht oder nur geringfügig in Abhängigkeit von der Klassenzugehörigkeit.

Allerdings zeigen sich hierbei Unterschiede im Hinblick auf die untersuchten Situationen. Langeweile in Situationen *ungenutzter Lernzeit* und *Überforderung* beantworten die Kinder weitgehend unabhängig von der Klassenzugehörigkeit. Verglichen damit spielt die Klassenzugehörigkeit eine größere Rolle, wenn es um die Einschätzung von Langeweile bei *fehlender Lehrer-Schüler-Interaktion* geht. Weiterhin fällt auf, dass *rho* in Deutsch geringer ist als in Mathematik; eine Ausnahme bildet Langeweile bei *fehlender Klassendisziplin*.

Zusammenfassend ist festzuhalten: Eine mehrebenenanalytische Auswertung ist weder notwendig noch sinnvoll, weil die Varianz in erster Linie zwischen den Schülern über die Klassen hinweg besteht.

- **Coping von Langeweile**

Im Fragebogen werden sechs problemorientierte Copingstrategien erfasst: *Mitmachen, vorgetäuschtes Zuhören, Warten, Träumen, Nebentätigkeiten* und *Mitteilen*.

Erneut werden die Separierbarkeit der Skalen, die Werteverteilung, die Reliabilität und die Intraklassenkorrelationen überprüft.

Separierbarkeit der Skalen

Mit konfirmatorischen Faktorenanalysen wird überprüft, ob die sechs Skalen empirisch separierbar sind. Zuvor werden Verteilung, Kollinearität, Stichprobengröße sowie das Verhältnis von manifesten zu latenten Variablen überprüft (vgl. Kap. 5.2.1.2). Die Voraussetzungen für eine solche Analyse sind gegeben.

Das Modell wird, jeweils für Deutsch und Mathematik, folgendermaßen spezifiziert: Die 21 Items (manifeste Variablen) laden auf die sechs Skalen zu Copingstrategien (latente Variablen). Um die Metrik der latenten Variablen festzulegen, wird die Varianz der latenten Variablen auf den Wert 1 fixiert.

Das Ergebnis der Analyse zeigt: Die Skalen *Warten* (drei Items) und *Träumen* (zwei Items) korrelieren in Deutsch und Mathematik zu $r \geq .97$. Sie sind folglich empirisch nicht separierbar und werden aggregiert: *Warten und Träumen*. Alle anderen Skalen erweisen sich als trennscharf. Die Eigenständigkeit der verbleibenden fünf Skalen wird erneut überprüft (vgl. Tab. 17).

Tab. 17: Coping (Interne Beziehungen in Deutsch/in Mathematik)

Coping		MM	VZ	MT	WT	NT
				Coping		
Mitmachen	MM	–				
Vorgetäuschtes Zuhören	VZ	-.24* / -.06	–			
Mitteilen	MT	.01 / .04	.16* / .22*	–		
Warten und Träumen	WT	-.29* / -.21*	.83* / .59*	.35* / .41*	–	
Nebentätigkeiten	NT	-.35* / -.32*	.67* / .50*	.48* / .72*	.90* / .87*	–

Anmerkungen:
* $p < .05$; zweiseitig getestet.
Stichprobengröße: $418 \leq N \leq 423$, da missing data.

Nebentätigkeiten sowie *Warten und Träumen* korrelieren in beiden Fächern hoch ($.87 \leq r \leq .90$), was inhaltlich plausibel ist. Schüler, die abwarten und träumen, sind geneigt, sich unterrichtsfremden Tätigkeiten zuzuwenden. Trotzdem fokussieren die Skalen inhaltlich etwas anderes. *Warten und Träumen* sind durch Passivität gekennzeichnet, während die Zuwendung zu *Nebentätigkeiten* mit einer auch äußerlich wahrnehmbaren Aktivierung einhergeht. Aufgrund dieser inhaltlichen Überlegung bleiben die beiden Skalen eigenständig.

Vergleicht man Höhe und Richtung der Korrelationen in Deutsch und Mathematik, dann fällt auf, dass diese einander in vielen Fällen ähnlich sind: So korrelieren z. B. die Skalen *Mitmachen* und *Nebentätigkeiten* zu *r* = -.35 in Deutsch bzw. *r* = -.32 in Mathematik, d. h. die grundlegenden Strukturen gleichen einander. Bei drei Korrelationen zeigen sich hingegen fachspezifische Ausprägungen (*Mitmachen/vorgetäuschtes Zuhören*; *vorgetäuschtes Zuhören/Warten und Träumen*; *Mitteilen/Nebentätigkeiten*).

Die Fit-Indizes zeigen, dass die beiden Modelle die Datenstruktur sehr gut widerspiegeln (vgl. Tab. 18).

Tab. 18: Coping (Fit-Indizes der beiden Modelle)

Modell	χ^2	df	χ^2/df	p	RMSEA	CFI	NNFI	GFI
Coping (Deutsch)	331	160	2.06	< .01	.05	.96	.96	.93
Coping (Mathematik)	369	160	2.30	< .01	.05	.95	.95	.92

Werteverteilung und Reliabilität

Tabelle 19 gibt einen Überblick über Werteverteilung und Reliabilität der fünf Coping-Skalen in Deutsch und Mathematik.

Tab. 19: Coping (Werteverteilung, Reliabilität)

Skala	Itemanzahl	Fach	M	SD	Sch	α
Mitmachen	3	Deu	2.04	0.73	-0.41	.73
		Ma	1.98	0.75	-0.33	.73
Vorgetäuschtes Zuhören	3	Deu	1.33	0.88	0.12	.76
		Ma	1.25	0.90	0.23	.78
Mitteilen	4	Deu	0.81	0.69	0.68	.66
		Ma	0.78	0.69	0.80	.66
Warten und Träumen	5	Deu	1.24	0.68	0.15	.72
		Ma	1.13	0.66	0.34	.71
Nebentätigkeiten	5	Deu	0.81	0.63	0.74	.71
		Ma	0.79	0.66	0.83	.75

Anmerkungen:
Die Antwortkategorien lauten: *immer* (Wert 3), *oft* (Wert 2), *manchmal* (Wert 1), *nie* (Wert 0).
Stichprobengröße: 420 ≤ *N* ≤ 423, da missing data.

Die Skalenmittelwerte variieren zwar zwischen den jeweiligen Strategien, innerhalb einer Strategie sind sie jedoch in beiden Fächern ähnlich hoch. Leicht linksgipflig verteilt sind die Skalen *Mitteilen* und *Nebentätigkeiten*; alle anderen können als normalverteilt angesehen werden (Lienert & Raatz, 1994, S. 148). Die Reliabilitäten der Skalen sind ausreichend hoch.

Anteil der Interklassenvarianz an der Gesamtvarianz

Unterscheidet sich die gewählte Copingstrategie in Abhängigkeit von der Klassenzugehörigkeit? Gibt es z. B. Klassen, in denen sich viele Schüler bei Langeweile Nebentätigkeiten zuwenden und andere Klassen, in denen diese Strategie kaum ein Kind anwendet?

Angesichts der Mehrebenenstruktur der Daten wird auch bei den zehn Coping-Skalen der Anteil der Interklassenvarianz an der Gesamtvarianz überprüft. Tabelle 20 gibt einen Überblick über die entsprechenden Werte.

Tab. 20: Coping (Intraklassenkorrelation)

Skala	Fach	Signifikanz (p) der Interklassenvarianz	rho (ρ)
Mitmachen	Deu	n.s.	.000
	Ma	< .05	.044
Vorgetäuschtes Zuhören	Deu	n.s.	.000
	Ma	< .05	.083
Mitteilen	Deu	< .05	.050
	Ma	< .05	.042
Warten und Träumen	Deu	n.s.	.017
	Ma	n.s.	.013
Nebentätigkeiten	Deu	< .05	.058
	Ma	< .05	.096

Anmerkungen:
Stichprobengröße: 420 ≤ N ≤ 423, da missing data.

Bei sechs der zehn Skalen gibt es signifikante Klassenunterschiede ($p < .05$).

Für die Beurteilung der praktischen Bedeutsamkeit werden die Intraklassenkorrelationen interpretiert. Bis auf zwei Ausnahmen liegen alle Werte um oder unter $\rho = .05$; beim *vorgetäuschten Zuhören* sowie bei *Nebentätigkeiten* im Fach Mathematik ist die Intraklassenkorrelation größer ($.08 \leq \rho \leq .09$). Was die praktische Bedeutsamkeit angeht, so sind auch diese Werte als gering einzuschätzen.

Die Analyse zeigt, dass die Klassenzugehörigkeit keine zusätzliche Information über das Antwortverhalten der Schüler liefert. Nicht nur die Einschätzung von Langeweile in verschiedenen Unterrichtssituationen, auch die angewandten Copingstrategien variieren demnach in erster Linie zwischen den einzelnen Schülern über die Klassen hinweg.

5.2.1.3 Merkmale der Lernsituation

In diesem Kapitel werden die Kennwerte zum professionellen Lehrerengagement und zur Häufigkeit des Auftretens von Unterrichtssituationen dargestellt. Tabelle 21 fasst die Daten zunächst zusammen.

Tab. 21: Merkmale der Lernsituation (Werteverteilung, Reliabilität)

Skala	Itemanzahl	Fach	M	SD	Sch	α
Professionelles Lehrerengagement [a]	10	–	2.45	0.49	-1.49	.83
Häufigkeit des Auftretens von Unterrichtssituationen						
Unterforderung [b]	8	Deu	1.26	0.42	0.56	.68
		Ma	1.39	0.49	0.66	.76
Fehlende Lehrer-Schüler-Interaktion [b]	5	Deu	1.71	0.49	0.02	.40
		Ma	1.61	0.49	-0.05	.45
Ungenutzte Lernzeit [b]	4	Deu	1.16	0.57	0.44	.69
		Ma	1.29	0.68	0.58	.80
Überforderung [b]	4	Deu	0.78	0.53	0.62	.74
		Ma	0.78	0.57	0.52	.78
Fehlende Klassendisziplin [b]	3	Deu	1.41	0.70	0.39	.72
		Ma	1.40	0.70	0.34	.77

Anmerkungen:
[a] Die Antwortkategorien lauten: *stimmt genau* (Wert 3), *stimmt eher* (Wert 2), *stimmt eher nicht* (Wert 1), *stimmt gar nicht* (Wert 0).
[b] Die Antwortkategorien lauten: *immer* (Wert 3), *oft* (Wert 2), *manchmal* (Wert 1), *nie* (Wert 0).
Stichprobengröße: $420 \leq N \leq 423$, da missing data.

Professionelles Lehrerengagement

Der rechtsgipflige Mittelwert der Skala *professionelles Lehrerengagement* zeigt, dass die Schüler ihre Lehrkraft sehr positiv bewerten. Dieses Ergebnis ist hervorzuheben, da die 15-jährigen deutschen Schüler im internationalen Vergleich eine mangelnde Unterstützung durch die Lehrkräfte bekundeten (PISA-Konsortium, 2004, S. 299 f.).

Häufigkeit des Auftretens von Unterrichtssituationen

Im folgenden Abschnitt werden Struktur, Werteverteilung und Reliabilität der Skalen überprüft.

Struktur. Um den Zusammenhang zwischen dem *Langeweileerleben* in den fünf Unterrichtssituationen und der *Auftretenshäufigkeit* dieser Unterrichtssituationen untersuchen zu können, müssen die jeweiligen Skalen die gleichen Items berücksichtigen. Die Struktur der Skalen zur *Auftretenshäufigkeit* wurde deshalb nicht überprüft, sondern analog zum Langeweileerleben angenommen. Die Skalen *Unterforderung* und *Wiederholung* werden folglich aggregiert (vgl. Kapitel 5.2.1.2).

Werteverteilung. Bei den Skalenmittelwerten fällt auf, dass die eingeschätzte Auftretenshäufigkeit situationsspezifisch ist; allerdings weichen die Mittelwerte bei gleichen Situationen zwischen den Fächern kaum voneinander ab.

Die Streuungen sind, insbesondere bei den Skalen *Unterforderung* und *fehlende Lehrer-Schüler-Interaktion*, gering (Schmalgipfligkeit), während jene zur *fehlenden Klassendisziplin* stärker ausgeprägt sind. Fünf Skalen sind leicht linksgipflig (*Sch* > 0.5) verteilt: *Unterforderung* (Deu/Ma), *ungenutzte Lernzeit* (Ma) und *Überforderung* (Deu/Ma). Dass Überforderungssituationen selten erlebt werden, deckt sich mit bisherigen Forschungsergebnissen (Valtin et al., 2005, S. 211).

Reliabilität. Wie schon bei der Pilotierung fallen die unzureichenden Reliabilitäten der Skalen *fehlende Lehrer-Schüler-Interaktion* ins Auge (vgl. Kap. 5.1.2). Während die fünf erfassten Items im Hinblick auf das Langeweileerleben zu einer Skala aggregiert werden können (vgl. Tab. 15), eignet sich die Skala in beiden Fächern nicht, um die *Auftretenshäufigkeit* zu erfassen. Sie wird deshalb in den weiteren Analysen nicht verwendet.

Die Reliabilitäten der anderen Skalen sind gut.

In Kapitel 5.2.1 wurde anhand von statistischen Kennwerten die Qualität der vorliegenden Daten untersucht. Zusammenfassend ist festzuhalten:

Bei den neu entwickelten, langeweilespezifischen Skalen (Langeweileerleben, Coping) wurde zunächst die *Struktur* überprüft. Dabei zeigte sich, dass zwei Langeweile-Skalen (*Langeweile in Unterforderungssituationen*, *Langeweile in Wiederholungssituationen*) und zwei Skalen zum Coping (*Warten*, *Träumen*) empirisch nicht separierbar sind. Diese wurden deshalb aggregiert.

Außerdem wurde bei den langeweilespezifischen Skalen untersucht, ob die *Klassenzugehörigkeit* das Antwortverhalten der Schüler beeinflusst. Die Analysen zeigten, dass dies nicht der Fall ist. Die Anwendung mehrebenenanalytischer Verfahren ist also weder notwendig noch sinnvoll.

Bei allen Skalen wurden *Verteilung* und *Reliabilität* überprüft.

Die Analysen zeigen, dass die Skalen die Voraussetzungen für die nun durchzuführenden Berechnungen erfüllen.

5.2.2 Die interne Struktur von Langeweile

Variiert das Ausmaß an Langeweileerleben primär bezüglich schulischer und außerschulischer Situationen? Oder variiert es im Hinblick auf bestimmte Fächer oder Unterrichtssituationen? Anders formuliert: Langweilen sich Schüler in der Schule, ganz gleich in welchem Fach und in welcher Unterrichtssituation? Oder ist Langeweile ein fach- und/oder situationsspezifisches Konstrukt?

Die Frage nach der internen Struktur von Langeweile ist von theoretischer und praktischer Bedeutung:

Das Wissen um die interne Struktur von Langeweile ist Voraussetzung für eine inhaltlich zutreffende und zugleich ökonomische Erfassung und Analyse schulischer Langeweile. So wäre es wenig sinnvoll, Langeweile fachspezifisch zu untersuchen, wenn sich zeigte, dass das Konstrukt situationsspezifisch strukturiert ist.

Auch für Lehrkräfte, die Langeweile im Unterricht vermeiden und positive Emotionen fördern wollen, ist dies von Bedeutung: Es macht einen Unterschied, ob Schüler bestimmte Fächer oder einzelne Unterrichtssituationen langweilig finden, denn das Wissen um die jeweiligen Ursachen bietet Ansatzpunkte für eine adäquate Intervention. Angenommen, schulische Langeweile würde vor allem in spezifischen Unterrichtssituationen entstehen, dann könnte die Emotion schon durch eine veränderte Unterrichtsgestaltung reduziert werden.

Forschungsstand und Forschungslücke. Die interne Struktur von Langeweile wurde bisher in nur einer Studie systematisch untersucht. Dabei zeigte sich, dass Langeweile eher fachspezifisch als fächerübergreifend strukturiert ist (Götz et al., 2006b). Wie passt dieses Ergebnis zum bisherigen Wissen über Vorkommen und Ursachen schulischer Langeweile?

Einerseits werden Forschungsergebnisse bestätigt, wonach sich Schüler in manchen Fächern mehr langweilen als in anderen (Farrell et al., 1988; Larson & Richards, 1991; Morton-Williams & Finch, 1968; Shaw et al., 1996).

Andererseits widerspricht das Ergebnis Forschungsergebnissen, wonach Unterrichtsfächer nicht per se als langweilig erlebt werden, sondern bestimmte Unterrichtssituationen ausschlaggebend für das Erleben von Langeweile sind (Fichten, 1993; Götz et al., 2006a).

Zu betonen ist, dass in der genannten Studie untersucht wurde, ob Langeweile fachspezifisch oder fächerübergreifend strukturiert ist. Die Situationsspezifität von Langeweile wurde hingegen nicht überprüft (Götz et al., 2006b).

Kann ein situationsspezifisches Modell die interne Struktur von Langeweile besser abbilden als ein fachspezifisches? Die Untersuchung dieses Sachverhalts ist Gegenstand des folgenden Abschnitts.

Methode. In dieser Studie wird Langeweile auf der Ebene von Fächern und Unterrichtssituationen erfasst. Damit haben die vorliegenden Daten eine Zwei-Facetten-Struktur:

– Die eine Facette bildet das *Fach* mit zwei Ebenen (Deutsch, Mathematik).

– Die andere Facette bildet die *Unterrichtssituation* mit fünf Ebenen (Unterforderung, fehlende Lehrer-Schüler-Interaktion, ungenutzte Lernzeit, Überforderung, fehlende Klassendisziplin).

Diese Datenstruktur ermöglicht es, bei der Analyse der internen Struktur die Fach- und Situationsspezifität zu berücksichtigen. Auf der Ebene der manifesten Variablen befinden sich bei allen Modellen die zehn fach- und situationsspezifischen Langeweile-Skalen, die latenten Variablen werden durch das jeweilige Modell spezifiziert.

Erneut werden die Voraussetzungen für die Durchführung einer konfirmatorischen Faktorenanalyse vorab geprüft (vgl. Kap. 5.2.1.2).

Verteilung. Die zehn fach- und situationsspezifischen Langeweile-Skalen, die in den Modellen als manifeste Variablen spezifiziert werden, sind normalverteilt (vgl. Tab. 15).

Kollinearität. Die Korrelationen zwischen den manifesten Variablen betragen $.19 \leq r \leq .74$; Kollinearität ist folglich nicht gegeben. Eine Korrelationsmatrix der in die Analyse eingehenden Variablen findet sich im Anhang C.

Stichprobengröße. Das Verhältnis von manifesten Variablen zu Stichprobengröße sollte 1:10 betragen (Kline, 1998, S. 112). Mit 10 Variablen und $N = 423$ ist diese Voraussetzung erfüllt.

Verhältnis von manifesten zu latenten Variablen. Pro latenter Variable sollten mindestens drei manifeste Variablen spezifiziert werden (Bühner, 2006, S. 243, 262). Dies ist in den Analysen nicht immer gegeben. Wenn pro latenter Variable nur zwei manifeste Variablen spezifiziert werden können, dann werden die Ladungen jeweils gleichgesetzt (vgl. die Modelle 3, 4, 5). Damit wird die Anzahl der zu schätzenden Parameter verringert und die Identifikation des Modells erhöht.

Die Voraussetzungen für die Durchführung einer konfirmatorischen Faktorenanalyse sind somit erfüllt. Um die Metrik der latenten Variable festzulegen, wird die Varianz der latenten Variable auf den Wert 1 fixiert. Damit kann die Signifikanz der Ladungen für jede manifeste Variable ermittelt werden (vgl. Bühner, 2006, S. 244). Die Modelle werden mit LISREL 8.54 kompetitiv getestet.

Die sechs Modelle werden nun beschrieben und graphisch veranschaulicht. Die einleitende Aussage dient der Illustration des jeweiligen Modells.[9]

1) *Unterricht ist langweilig.*

Dieses Modell (vgl. Abb. 6) bildet eine *fach- und situationsübergreifende Struktur* von Langeweile ab. Langeweile wird demnach weder fach- noch situationsspezifisch modelliert. Angesichts des Forschungsstands wird erwartet, dass dieses Modell die interne Struktur nur schlecht abbildet (Götz et al., 2006b).

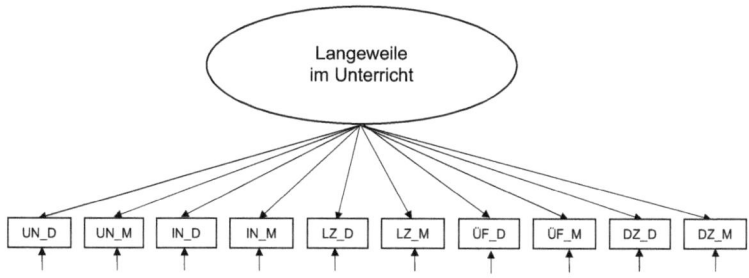

Abb. 6: Situations- und fachübergreifende Struktur von Langeweile (Modell 1)

---

9   Dass sich diese Aussagen bei den Modellen 2 bis 6 auf das Fach *Deutsch* und die Situation *Unterforderung* beziehen, ist rein willkürlich; ebenso gut hätte das Fach Mathematik sowie eine andere Situation herangezogen werden können.

2)   *Deutschunterricht ist langweilig.*

In diesem Modell (vgl. Abb. 7) wird eine *fachspezifische Struktur* von Langeweile angenommen; die Situationsspezifität bleibt unberücksichtigt. Dieses Modell dürfte die interne Struktur von Langeweile besser abbilden als das fach- und situationsübergreifende Modell 1 (Götz et al., 2006b).

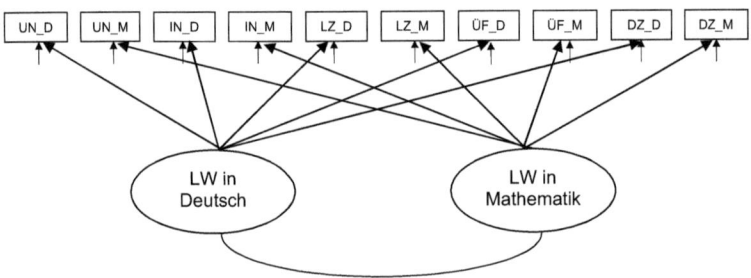

Abb. 7: Fachspezifische, aber situationsübergreifende Struktur von Langeweile (Modell 2)

3)   *Unterricht ist in Unterforderungssituationen langweilig.*

Im dritten Modell steht die *Situationsspezifität* im Vordergrund, wohingegen die Fachspezifität ausgeklammert bleibt (vgl. Abb. 8). Dem Modell liegt die Annahme zugrunde, dass sich Schüler in bestimmten Unterrichtssituationen langweilen, unabhängig davon, in welchem Fach die Situation auftritt.

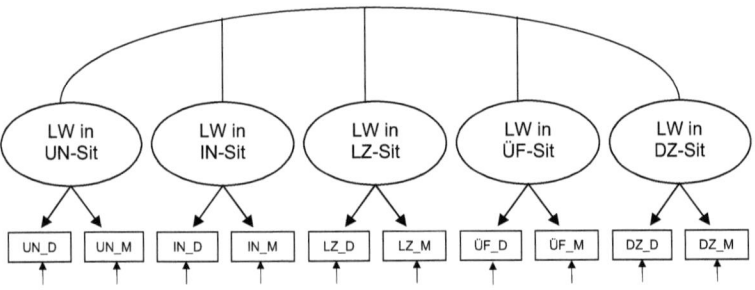

Abb. 8: Situationsspezifische, aber fachübergreifende Struktur von Langeweile (Modell 3)

Es wird *a priori* angenommen, dass die manifesten Variablen jeweils gleich hohe Ladungen auf den fünf latenten Variablen aufweisen. In der Modellspezifikation werden die Ladungen deshalb gleichgesetzt. Für die zehn restringierten Parameter sind zur Schätzung des Modells nur fünf Parameter notwendig, da mit der Schätzung eines Parameters auch automatisch der andere Parameter mitbestimmt ist (Backhaus, Erichson, Plinke & Weiber, 2006, S. 365). Die Zahl der zu schätzenden Parameter wird verringert, die Identifikation des Modells erhöht.

Es wird erwartet, dass dieses Modell die interne Struktur von Langeweile besser abbildet als die beiden vorangegangenen (Fichten, 1993; Götz et al., 2006a; Shaw et al., 1996).

4)   *Deutschunterricht ist in Unterforderungssituationen langweilig.*

Im Modell 1 wird keine der beiden Facetten, in den Modellen 2 und 3 jeweils nur eine Facette berücksichtigt, das Unterrichtsfach (2) oder die Unterrichtssituation (3). Es ist anzunehmen, dass die Modelle den vorliegenden Daten mit ihrer Zwei-Facetten-Struktur nicht gerecht werden. Deshalb werden in diesem, wie auch in den beiden folgenden Modellen, jeweils *Unterrichtsfach und Unterrichtssituation* berücksichtigt.

Dazu werden die Daten mithilfe eines *Multi-Trait-Multi-Method*-Designs (MTMM) modelliert (vgl. Abb. 9): Die Ausprägungen der einen Facette (hier: Situationen) werden als *Traits*, die Ausprägungen der anderen Facette (hier: Fächer) als *Methoden* definiert. Es wird vermutet, dass die Struktur von Langeweile besser abgebildet wird, wenn in einem *Correlated-Trait-Correlated-Method*-Modell (CTCM) beide Facetten gleichzeitig berücksichtigt werden (zu CTCM-Modellen vgl. Bühner, 2006, S. 266 f.; Byrne, 1998, S. 193 ff.). Die Korrelationen zwischen den latenten Situationsvariablen und den latenten Fachvariablen werden im Modell nicht geschätzt.

Wie bereits in Modell 3 wird auf Traitseite eine Parameterrestriktion vorgenommen: Den zehn restringierten Parametern liegt die Annahme zugrunde, dass die Ladungen der manifesten auf die latenten Situationsvariablen jeweils gleich hoch sind.

Die Freiheitsgrade berechnen sich wie folgt: 36 Parameter sollen geschätzt werden – zehn Korrelationen und fünf restringierte Parameter auf Traitseite, zehn Ladungen und eine Korrelation auf Methodenseite. Hinzu kommen zehn Fehlervarianzen. Die Anzahl der Korrelationskoeffizienten ($10 \times 11 / 2 = 55$) abzüglich der zu schätzenden Parameter ergibt also $df = 19$.

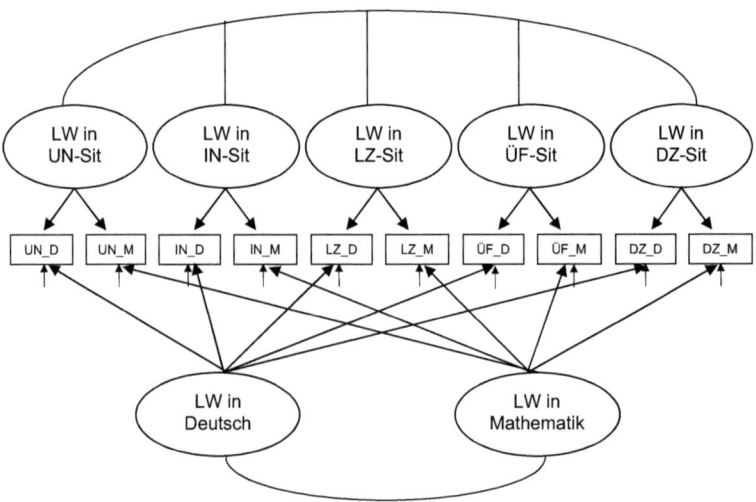

Abb. 9: Situations- und fachspezifische Struktur von Langeweile (Modell 4)

Correlated-Trait-Correlated-Method-Modelle bereiten oft Probleme, weil sie aufgrund vieler zu schätzender Parameter nicht konvergieren oder zu instabilen Lösungen führen. Deshalb schlagen Marsh und Yeung (1996, S. 673; vgl. auch Byrne, 1998, S. 218 ff.) vor, *Correlated-Uniqueness*-Modelle (CU) auf *MTMM*-Daten zu adaptieren. Dieses Vorgehen wird in den Modellen 5 und 6 angewandt.

5)   *Deutschunterricht ist in Unterforderungssituationen langweilig.*

Auf den ersten Blick scheint sich dieses Modell (vgl. Abb. 10) nicht von dem vorher beschriebenen zu unterscheiden – wiederum werden Unterrichtsfach und Unterrichtssituation berücksichtigt. Der Unterschied zu Modell 4 besteht darin, dass hier *Fehlervarianzen korreliert* werden. Die beiden Fach-Faktoren (Deutsch, Mathematik) werden also durch Bündel korrelierender Fehlervarianzen ersetzt, um beide Facetten gleichzeitig berücksichtigen zu können.

Sowohl das Fach als auch die Situation könnten als Trait modelliert werden – bei der jeweils anderen Facette werden dann korrelierende Fehlervarianzen spezifiziert. Deshalb ist zu fragen: Welche der beiden Facetten soll als Trait modelliert werden?

Nach Marsh und Yeung (1996, S. 669) ist als Trait jene Facette zu modellieren, auf der der primäre Fokus liegt. Angesichts der erwarteten Überlegenheit der Situationsspezifität (Modell 3) gegenüber der Fachspezifität (Modell 2) wird in Modell 5 die Situationsspezifität herausgestellt. Die Situationen werden folglich als Traits modelliert. Zugleich werden die Fächer Deutsch und Mathematik berücksichtigt und als Methodeneffekte spezifiziert. Auf Traitseite werden die Ladungen auf die latenten Situationsvariablen gleichgesetzt (vgl. die Ausführungen zu den Modellen 3 und 4). Ohne diese Parameterrestriktion wäre Modell 5 unteridentifiziert.

Ein Nachteil von Modell 5 gegenüber Modell 4 ist die Reduktion der Freiheitsgrade, die sich durch die Spezifikation der 20 Correlated Uniquenesses ergibt. In Modell 4 müssen auf Methodenseite nur elf Parameter geschätzt werden – die zehn Ladungen sowie die Korrelation zwischen den latenten Fachvariablen. Diese Modellmodifikation erklärt die Differenz von neun Freiheitsgraden zwischen beiden Modellen.

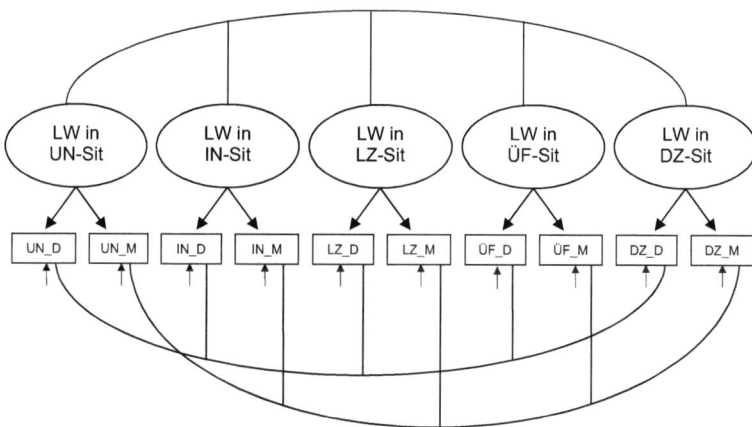

Abb. 10: Situationsspezifische Struktur, bei der die fachspezifische Struktur durch Correlated Uniquenesses berücksichtigt wird (Modell 5)

6) *Deutschunterricht ist in Unterforderungssituationen langweilig.*

Dieses Modell greift den Grundgedanken von Modell 5 auf. Allerdings liegt der primäre Fokus hier auf den Fächern; sie werden als Traits und die Situationen als Methodeneffekte interpretiert (vgl. Abb. 11). Mit Hilfe dieses Modells kann der Zusammenhang zwischen den latenten Fachvariablen berechnet werden.

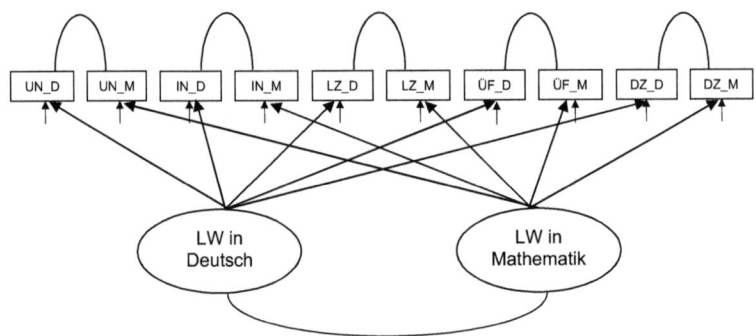

Abb. 11: Fachspezifische Struktur, bei der die situationsspezifische Struktur durch Correlated Uniquenesses berücksichtigt wird (Modell 6)

Modell 6 ergibt sich aus Modell 2 durch wenige Zusatzannahmen. Zusätzlich spezifiziert werden in Modell 6 fünf *korrelierende Fehlervarianzen* auf Situationsseite, die die Anzahl der Freiheitsgrade entsprechend reduzieren.

Die Modelle 4 und 6 unterscheiden sich in der Spezifikation auf Situationsseite: Modell 6 liegen stärkere Annahmen zur Situationsspezifität zugrunde als Modell 4. Während die latenten Situationsvariablen in Modell 4 untereinander korreliert waren, werden hier nur situationsspezifische Fehlervarianzen korreliert. Die gewonnenen Freiheitsgrade bei Modell 6 ($df = 29$) gegenüber Modell 4 ($df = 19$) lassen sich durch diese sparsamere Modellspezifikation erklären. Bei Modell 4 müssen auf Situationsseite 15 Parameter geschätzt werden; dabei handelt es sich um zehn restringierte Parameter (entspricht fünf geschätzten Parametern) sowie zehn Korrelationen zwischen den latenten Variablen. Bei Modell 6 müssen hingegen nur fünf Correlated Uniquenesses geschätzt werden.

Es wird erwartet, dass die interne Struktur von Langeweile am besten abgebildet wird, wenn Langeweile situations- und fachspezifisch modelliert wird, wobei die Situationsspezifität im Vordergrund steht und folglich als Trait modelliert wird (Modell 5).

Ergebnisse. Um Aussagen darüber treffen zu können, wie gut die Modelle die vorhandenen Daten widerspiegeln, werden verschiedene *Goodness-of-Fit*-Indizes herangezogen:

Anhand des *Chi-Quadrat-Tests* wird die Signifikanz der Abweichung der Stichproben-Kovarianzmatrix von der geschätzten Populations-Kovarianzmatrix festgestellt. Ist *Chi-Quadrat (χ^2)* nicht signifikant, dann gibt es keinen signifikanten Unterschied zwischen den beiden Matrizen. Für eine Interpretation von χ^2 sind normalverteilte Variablen Voraussetzung, zudem ist die Stichprobengröße zu berücksichtigen. Je größer diese ist, umso eher wird ein postuliertes Modell angenommen; umgekehrt führen kleine Stichproben zu einer Ablehnung des Modells.

Um dem Problem der Stichprobengröße zu begegnen, schlägt Jöreskog (1969) den *NC* (*Normed Chi-Square*) vor; dieser ist definiert als Chi-Quadrat dividiert durch die Anzahl der Freiheitsgrade *(χ^2/df)*. Die Anzahl der Freiheitsgrade berechnet sich aus der Anzahl der Informationen der Stichproben-Kovarianzmatrix abzüglich der im Modell spezifizierten und geschätzten Parameter. Ist $\chi^2/df \leq 2.5$, so liegt ein guter Fit vor (Backhaus et al., 2006).

Der χ^2-Wert wird durch weitere Kriterien ergänzt, die unabhängig vom Stichprobenumfang und relativ robust gegenüber Verletzungen der Normalverteilung sind.

RMSEA (Root Mean Square Error of Approximation; Steiger & Lind, 1980) schätzt den Mangel an Fit im vorhandenen Modell im Vergleich zu einem perfekten, d. h. gesättigten Modell. *RMSEA* ist sehr sensitiv gegenüber fehlspezifizierten Ladungen und berücksichtigt zudem die Zahl der Freiheitsgrade. Bei einem guten Fit ist *RMSEA* $\leq .05$ (Backhaus et al., 2006).

CFI (Comparative Fit Index; Bentler, 1990) und *NNFI (Normed Fit Index*; Tucker & Lewis, 1973) zeigen die proportionale Verbesserung der Anpassung gegenüber einem restriktiveren Modell (Nullmodell) an. *CFI* und *NNFI* sind moderat sensitiv gegenüber einfacher Modellfehlspezifikation und sehr sensitiv gegenüber komplexer Modellfehlspezifikation. Während *CFI* zusätzlich die Zahl der Freiheitsgrade berücksichtigt, bestraft *NNFI* fehlende Einfachheit im Modell durch einen schlechteren Anpassungswert. Beide Indizes bewegen sich zwischen 0 und 1; bei einem guten Modellfit sind *CFI* und *NNFI* $\geq .90$ (Backhaus et al., 2006).

GFI (Goodness of Fit Index) erfasst den Anteil an erklärter Varianz durch das postulierte Modell. *GFI* nimmt Werte zwischen 0 und 1 an; bei GFI $\geq .90$ liegt ein guter Modellfit vor (Backhaus et al., 2006).

In dem vorliegenden Modellvergleich werden unterschiedlich komplexe Modelle gegeneinander getestet. Deshalb darf der χ^2-*Differenztest* – bei dem die Differenz des χ^2-Werts zwischen zwei Modellen auf Signifikanz getestet wird – hier nicht angewandt werden. Schließlich setzt der χ^2-*Differenztest* voraus, dass die konkurrierenden Modelle hierarchisch geordnet („genestet') sind (Bentler & Chou, 1987, S. 94 f.; Bühner, 2006, S. 349; Byrne, 2001, S. 114). Da diese Voraussetzung verletzt ist, wird stattdessen *Akaikes Information Criterion (AIC)* herangezogen (Akaike, 1987; Hu & Bentler, 1995). Das *AIC*-Maß berücksichtigt neben der Passung des Modells mit den Daten auch die Modellkomplexität. Mit Hilfe dieses Informationskriteriums wird deutlich, „welches Modell unter konkurrierenden und unterschiedlich komplexen Modellen das beste darstellt. Dabei wird kein absolutes Kriterium vorgegeben, ab wann ein Modell passt. Es sind nur relative Vergleiche der konkurrierenden Modelle möglich." (Bühner, 2006, S. 352) Ein kleinerer Wert beim AIC steht für eine bessere Modellanpassung.

Die jeweiligen Indizes berücksichtigen verschiedene Aspekte; deshalb müssen in die Beurteilung eines Modells alle Werte einbezogen werden. Tabelle 22 gibt die Fit-Indizes für jedes Modell an.

Tab. 22: Fit-Indizes der sechs Modelle

	Modell	χ^2	df	NC	p	RMSEA	CFI	NNFI	GFI	AIC
1	Situations- und fächerübergreifende Struktur	525	35	15.00	.000	.18	.86	.83	.80	566
2	Fachspezifische Struktur	443	34	13.02	.000	.17	.89	.85	.83	486
3	Situationsspezifische Struktur	411	30	13.70	.000	.17	.93	.89	.84	461
4	Situations- und fachspezifische Struktur		19	Das Modell konvergiert wie erwartet nicht.						
5	Situationsspezifische Struktur, bei der die fachspezifische Struktur durch CU berücksichtigt wird	20	10	0.50	.030	.05	1.00	.99	.99	110
6	Fachspezifische Struktur, bei der die situationsspezifische Struktur durch CU berücksichtigt wird	72	29	2.48	.000	.06	.99	.98	.97	124

Aus Tabelle 22 geht hervor:

- Das situations- und fächerübergreifende Modell 1 bildet die interne Struktur von Langeweile wie erwartet schlecht ab. Verglichen mit Modell 1 zeigen die Modelle 2 und 3 eine bessere Anpassung.
- Das situationsspezifische Modell 3 bildet die interne Struktur von Langeweile besser ab als das fachspezifische Modell 2. Allerdings ist auch die Anpassung von Modell 3 nicht zufriedenstellend.
- Modell 4 konvergiert wie erwartet nicht.
- Modell 5 hat eine sehr gute Modellanpassung. Verglichen mit Modell 3, in dem nur die Situationen, nicht aber die jeweiligen Fächer berücksichtigt werden, erweist sich diese Modellmodifikation als weiterführend.
- Die wenigen Zusatzannahmen, die bei Modell 6 gegenüber Modell 2 gemacht wurden, verbessern die Modellanpassung erheblich. Bei hoher Sparsamkeit zeigt sich hier ein guter Modellfit.
- Modell 5 bildet die Datenstruktur besser ab als Modell 6.

Die interne Struktur von Langeweile wird also am schlechtesten durch ein situations- und fächerübergreifendes Modell (1) abgebildet. Eine exzellente Anpassung wird erreicht, wenn Langeweile sowohl situations- als auch fachspezifisch modelliert wird (5).

Das vorliegende Ergebnis bestätigt bisherige Forschungsergebnisse zur internen Struktur von Langeweile, stellt aber zugleich eine Weiterentwicklung dar:

Langeweile ist – das zeigten bereits die Analysen von Götz et al. (2006b) – eher fachspezifisch als fächerübergreifend strukturiert. Die vorliegenden Analysen weisen jedoch auf die Vorläufigkeit dieses Ergebnisses hin. Weil Langeweile dort nicht auf der Ebene von Unterrichtssituationen erhoben wurde, konnte die Situationsspezifität nicht modelliert werden. Die interne Struktur von Langeweile wird jedoch nur angemessen beschrieben, wenn Fach- und Situationsspezifität berücksichtigt werden.

Für die beiden Modelle mit der besten Anpassung (Modelle 5 und 6) werden nun die Faktorenladungen, die Standardfehler, die Fehlervarianzen sowie die Korrelationen zwischen den latenten Variablen dargestellt.

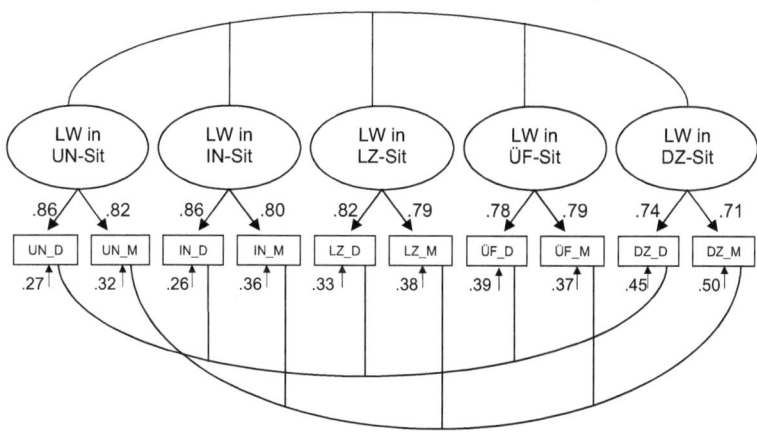

Abb. 12: Faktorenladungen und Fehlervarianzen (Modell 5: Situationsspezifische Struktur, bei der die fachspezifische Struktur durch Correlated Uniquenesses berücksichtigt wird)

Abbildung 12 zeigt, dass in Modell 5 die Faktorenladungen ≥ .71 sind; alle Ladungen sind auf dem Niveau von $p < .05$ signifikant. Der erklärte Varianzanteil der manifesten Variablen (entspricht der quadrierten Faktorenladung) bewegt sich zwischen 50 % (DZ_M) und 73 % (UN_D, IN_D). Die nicht erklärten Varianzanteile, die durch die Fehlervarianzen quantifiziert werden, betragen entsprechend bis zu 50 %. Ob diese auf Messfehler oder Drittvariableneffekte zurückzuführen sind, muss an dieser Stelle offen bleiben (Backhaus et al., 2006, S. 375).

Die Standardfehler der Schätzung zeigen an, mit welchen Abweichungen in den Schätzwerten gerechnet werden muss. Da alle Standardfehler ≤ .05 sind, kann von validen Schätzungen ausgegangen werden (Backhaus et al., 2006, S. 411 f.).

Aus Gründen der Übersichtlichkeit werden die internen Beziehungen zwischen den latenten Situationsvariablen in Form einer Tabelle dargestellt (vgl. Tab. 23).

Tab. 23: Interne Beziehungen zwischen den Unterrichtssituationen (Modell 5)

		Unterrichtssituationen				
Unterrichtssituationen		UN	IN	LZ	ÜF	DZ
Unterforderung	UN	–				
Fehlende Lehrer-Schüler-Interaktion	IN	.87	–			
Ungenutzte Lernzeit	LZ	.82	.82	–		
Überforderung	ÜF	.43	.55	.39	–	
Fehlende Klassendisziplin	DZ	.37	.49	.43	.34	–

Anmerkung:
Alle Korrelationen sind auf dem Niveau von $p < .05$ signifikant; zweiseitig getestet.
Bei den dargestellten Korrelationen handelt es sich um disattenuierte Werte zwischen den latenten Variablen. Durch die Disattenuation wird die eingeschränkte Reliabilität der Skalen bei der Korrelationsberechnung berücksichtigt.

Aus Tabelle 23 geht hervor, dass sich die situationsspezifischen Langeweileformen erheblich hinsichtlich der Enge des Zusammenhangs unterscheiden:

1) Die drei Unterrichtssituationen, die durch *Unterforderung, fehlende Lehrer-Schüler-Interaktion* und *ungenutzte Lernzeit* gekennzeichnet sind, korrelieren zu $r ≥ .82$.

2) Demgegenüber sind die Zusammenhänge bei den beiden Unterrichtssituationen *Überforderung* und *fehlende Klassendisziplin* geringer; mit den drei zuvor genannten Unterrichtssituationen korrelieren sie zu maximal $r = .55$.

Bei der Interpretation dieser Zusammenhänge muss beachtet werden, dass geringe Korrelationen nicht zu erwarten sind, da die jeweiligen Variablen Ähnliches erfassen; schließlich geht es um die Einschätzung verschiedener Unterrichtssituationen im Hinblick auf nur eine Emotion. Gleichwohl stellt sich angesichts der hohen (minderungskorrigierten) Korrelationen zwischen den unter 1) genannten Skalen die Frage, ob die drei Skalen aggregiert oder separiert werden sollen.

Die empirischen Befunde lassen beides zu. Aufgrund inhaltlicher Überlegungen bleiben die drei Skalen getrennt, weil sie das emotionale Erleben in Bezug auf unterschiedliche Aspekte von Unterrichtssituationen erfassen (vgl. Kap. 5.1.1.2). Während die Skala *Unterforderung* das wahrgenommene Lernangebot vor dem Hintergrund eigener Fähigkeitsniveaus erfasst, fokussieren die Items der Skala *fehlende Lehrer-Schüler-Interaktion* auf die Redegelegenheiten und -zeiten im Unterrichtsgespräch. *Ungenutzte Lernzeit* wiederum erfasst unerwünschten Leerlauf, der Schüler hat nichts zu tun.

Ob es auch im Hinblick auf differenzielle Validitäten sinnvoll ist, die Skalen zu trennen, wird in Kapitel 5.2.5.2 untersucht. Notwendig ist, die Aggregation bzw. Separation der Skalen auf der Grundlage einer breiteren empirischen Basis (z. B. Ergebnisse aus Replikationsstudien) erneut zu analysieren und zu diskutieren.

Nicht aus Tabelle 23 ersichtlich, aber ergänzend angemerkt sei, dass die entsprechenden Korrelationen in Modell 2 höher sind. Der Zusammenhang wird also überschätzt, wenn Methodeneffekte (= korrelierte Fehlervarianzen der beiden Fächer) unberücksichtigt bleiben.

In *Correlated-Uniqueness*-Modellen wird die Gesamtvarianz einer manifesten Variable in drei Teile aufgespalten: in die systematische Varianz, die durch die latente Variable erklärt werden kann, in die Methodenvarianz, die durch die korrelierten Fehlervarianzen erklärt werden kann und in die (verbleibende) Fehlervarianz. Tabelle 24 fasst zusammen, wie hoch die Fehlervarianzen in Modell 5 korrelieren.

Tab. 24: Fachspezifische Korrelationen der Fehlervarianzen (Modell 5)

		UN _D	_M	IN _D	_M	LZ _D	_M	ÜF _D	_M
Unterforderung	UN_D	–							
	UN_M		–						
Fehlende Lehrer-Schüler-Interaktion	IN_D	.06							
	IN_M		.17*						
Ungenutzte Lernzeit	LZ_D	.12*		.08*					
	LZ_M		.17*		.17*				
Überforderung	ÜF_D	.07*		.05		.04			
	ÜF_M		.09*		.09*		.05		
Fehlende Klassendisziplin	DZ_D	.07*		.06		.10*		.09*	
	DZ_M		.18*		.10*		.16*		.06

Anmerkung:
* Die Korrelation ist auf dem Niveau von $p < .05$ signifikant; zweiseitig getestet.

141

Abbildung 13 zeigt die Faktorenladungen, die Höhe der Correlated-Uniquenesses sowie die Fehlervarianzen[10] für Modell 6.

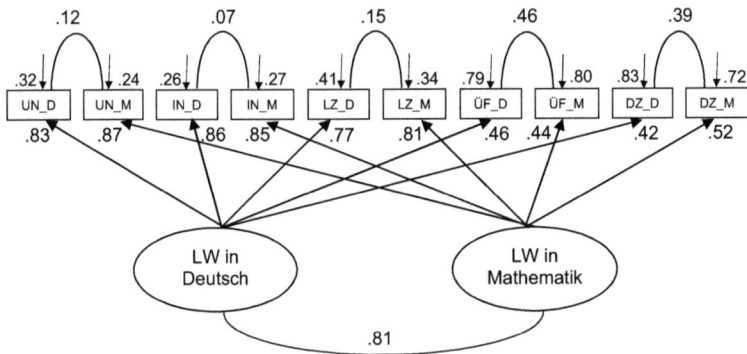

Abb. 13: Faktorenladungen, Correlated Uniquenesses und Fehlervarianzen (Modell 6: Fachspezifische Struktur, bei der die situationsspezifische Struktur durch CU berücksichtigt wird)

Alle Faktorenladungen, alle Correlated Uniquenesses sowie die Korrelation zwischen den latenten Variablen sind auf dem Niveau von $p < .05$ signifikant.

In Modell 6 variiert die Höhe der Faktorenladungen in erster Linie zwischen den Situationen. Kaum Unterschiede bestehen hingegen zwischen den Fächern, aber innerhalb einer Situation. Über alle zehn Indikatoren hinweg schwankt der erklärte Varianzanteil, der sich aus der quadrierten Faktorenladung ergibt, zwischen 20 und 76 Prozent.

Hohe korrelierende Fehlervarianzen auf Methodenseite von $r = .46$ und $r = .39$ finden sich bei vier manifesten Variablen. Es handelt sich hierbei um die Variablen *Langeweile bei Überforderung* (ÜF_D, ÜF_M) und *Langeweile bei fehlender Klassendisziplin* (DZ_D, DZ_M), bei denen nur ein geringer Anteil der Varianz durch die latenten Faktoren erklärt werden kann. Auch die (verbleibende) Fehlervarianz dieser Variablen ist mit $.72 \leq \varepsilon \leq .83$ vergleichsweise hoch.

Alle Standardfehler der Schätzung sind $\leq .04$, so dass die Schätzungen als valide betrachtet werden können (Backhaus et al., 2006, S. 411 f.).

---

10 Zur besseren Übersichtlichkeit stehen die Fehlervarianzen hier oberhalb der manifesten Variable.

Modell 5 ist Modell 3 überlegen, weil in Modell 5 neben den fünf Unterrichtssituationen die beiden Fächer berücksichtigt werden. Offenbar hängt es auch vom Fach ab, ob die jeweilige Unterrichtssituation Langeweile auslöst. Wie hoch der Zusammenhang zwischen den beiden Fächern ist, zeigt Modell 6. Die Korrelation der beiden latenten Variablen beträgt $r = .81$. Schüler, die sich in Mathematik langweilen, tun dies also mit hoher Wahrscheinlichkeit auch in Deutsch.

Bei Götz et al. (2006b) bewegt sich die Korrelation zwischen Langeweile in verschiedenen Fächern um $r = .30$. Eine mögliche Erklärung für die unterschiedlich hohen Zusammenhänge ist, dass die Schüler der Stichprobe von Götz et al. (2006b) nach dem Fachlehrerprinzip unterrichtet werden. Die ausgeprägtere Fachspezifität könnte also auch darauf zurückzuführen sein, dass jeweils unterschiedliche Lehrkräfte das Fach unterrichten. Fachliche Merkmale und Lehrermerkmale könnten folglich konfundiert sein.

In der vorliegenden Stichprobe werden hingegen beide Fächer von derselben Lehrkraft unterrichtet. Hier könnte man wiederum einwenden, dass durch das Klassenlehrerprinzip die Fächergrenzen verschwimmen und die Unterrichtssituationen deshalb mehr im Vordergrund stehen. Allerdings zeigen sich bei den schulbezogenen Schülermerkmalen sehr wohl fachspezifische Ausprägungen (vgl. Tab. 12), so dass dieses Argument nicht zutreffend sein dürfte. Die Kinder können die jeweiligen Merkmale durchaus fachbezogen einschätzen.

Zusammenfassung. Bisher ging man von einer fachspezifischen Struktur von Langeweile aus. Die kompetitive Testung der verschiedenen Modelle liefert nun empirische Evidenz dafür, dass Langeweile eine situations- und fachspezifische Struktur hat. Dieses Ergebnis ist hypothesenkonform.

Dies bedeutet, dass Schüler nicht Mathematik oder Deutsch an sich langweilig finden, sondern dass sie sich in bestimmten Unterrichtssituationen in bestimmten Fächern langweilen. Nimmt eine Lehrkraft wahr, dass sich ein Schüler im Unterricht langweilt, dann sollte zunächst analysiert werden, in welchen Situationen dies der Fall ist.

Die Erfassung der internen Struktur von Langeweile bildet die Voraussetzung für weitere Analysen im Rahmen dieser Studie. Die kompetitive Testung der Modelle zeigt, dass keine der beiden Facetten unberücksichtigt bleiben darf. Eine fach- oder situationsspezifische Erfassung des Konstrukts unter Ausblendung der jeweils anderen Facette wäre zwar ökonomischer, aber der internen Struktur des Konstrukts nicht angemessen. Deshalb wird im Folgenden an den situations- und fachspezifischen Langeweile-Skalen festgehalten.

5.2.3 Explikation von Langeweile

Was verstehen Kinder unter Langeweile? Können sie wesentliche Merkmale dieser Emotion benennen und Langeweile damit von anderen negativen Emotionen unterscheiden? Im Rahmen der explorativen Interviews (vgl. Kap. 4) wurde dies bereits untersucht; die Ergebnisse konnten die in der Literatur geäußerten Zweifel nicht bestätigen (Hill & Perkins, 1985, S. 235; Robinson, 1975, S. 142).

Im Rahmen der Hauptstudie soll dieser Befund an einer größeren Stichprobe repliziert werden. Die schriftliche Beantwortung der Frage – *Was ist Langeweile? Stell dir vor, jemand weiß nicht, was Langeweile ist, und du sollst es erklären* – hat zudem die Funktion, die Kinder anzuregen, sich vor der Bearbeitung der langeweilespezifischen Items mit der Explikation von Langeweile zu befassen.

Die Schülerantworten werden mit der *qualitativen Inhaltsanalyse* nach Mayring (2003) kategorisiert. Viele Kinder sprechen in ihren Antworten mehrere Aspekte von Langeweile an; die jeweiligen Bestandteile der Äußerung werden dann für sich kategorisiert. Ein Kind antwortet auf die oben genannte Frage beispielsweise:

– Langweile ist, wenn man nicht weiß, was man spielen oder tun soll, oder wenn kein Freund da ist, mit dem man was unternehmen kann. (J 9_355_14)

Der erste Aspekt dieser Äußerung („Langweile ist, wenn man nicht weiß, was man spielen oder tun soll") wird folgender Kategorie zugeordnet: *A. Keine Tätigkeit, III. Wunsch nach einer Tätigkeit, 2.1 Vergebliche Suche nach einer Tätigkeit: Ideenlosigkeit.*

Der zweite geäußerte Sachverhalt („wenn kein Freund da ist, mit dem man was unternehmen kann") wird kategorisiert nach: *A. Keine Tätigkeit, III. Wunsch nach einer Tätigkeit, 2.2 Vergebliche Suche nach einer Tätigkeit: Idee, die nicht umgesetzt werden kann.*

Mehrfachkategorisierungen gibt es bei diesem Vorgehen folglich nicht.

Zwei an der Entwicklung des Kategoriensystems nicht beteiligte Rater überprüften dieses, indem sie dem Kategoriensystem 100 zufällig ausgewählte Äußerungen bzw. Bestandteile von Aussagen zuordneten. Sprachen die Kinder in einer Aussage verschiedene Aspekte an, wurde der jeweils zu kategorisierende Satzteil markiert. Folglich wurde bei 100 (Teil-) Aussagen die Beurteilerübereinstimmung geprüft. Cohen's Kappa beträgt $\kappa = .87$, was auf eine sehr hohe Interraterreliabilität hindeutet. Aufgrund dieses Wertes kann davon ausgegangen werden, dass das Kategoriensystem eine weitgehend eindeutige Zuordnung der Schüleraussagen ermöglicht.

Was ist Langeweile? Stell dir vor, jemand weiß nicht, was Langeweile ist, und du sollst es erklären.

A. Keine Tätigkeit

I. Benennen von Passivität (26.9)

II. Bezug auf physiologische Zustände (1.8)

III. Wunsch nach einer Tätigkeit
1 Erwartung, eine Aufgabe zu bekommen
  1.1 Allgemein/unspezifisch (0.9)
  1.2 Schule/Unterricht (2.8)
2 Vergebliche Suche nach einer Tätigkeit
  2.1 Ideenlosigkeit (46.3)
  2.2 Idee, die nicht umgesetzt werden kann (17.9)

B. Tätigkeit,
die den eigenen Fähigkeiten oder Vorstellungen nicht entspricht

I. Kognitiv
1 Unterforderung in der Schule (4.5)
2 Überforderung in der Schule (0.4)

II. Affektiv
1 Allgemein/unspezifisch (16.0)
2 Schule/Unterricht (6.6)

C. Zeitliche Ausdehnung (1.4)

D. Rest (2.6)

Anmerkung:
Die Prozentangaben (in Klammern) beziehen sich auf die Gesamtstichprobe von $N = 423$.

Abb. 14: Kategoriensystem zur Explikation von Langeweile

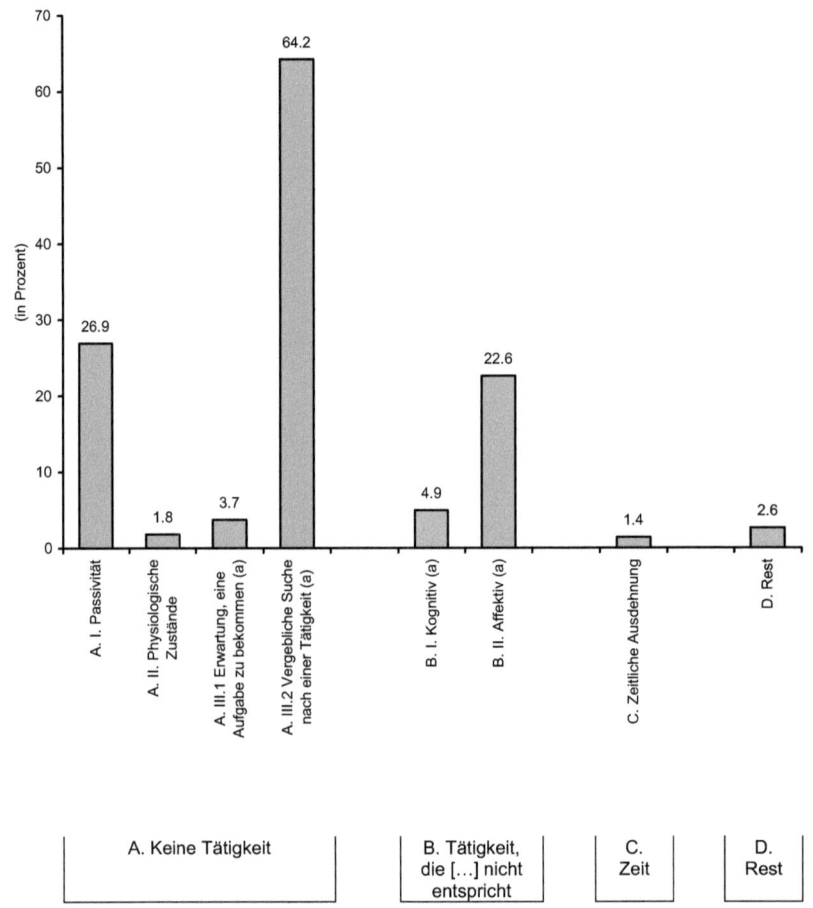

Abb. 15: Quantifizierung der Antworten zur Explikation von Langeweile

In Abbildung 14 wird das Kategoriensystem im Überblick dargestellt. Die Äußerungen der Kinder können drei inhaltlichen Bereichen zugeordnet werden:

A. Die Schüler umschreiben Langeweile mit Nichtstun.

B. Langeweile entsteht aus Sicht der Schüler, wenn die ausgeführte Tätigkeit den eigenen Fähigkeiten oder Vorstellungen nicht entspricht.

C. Die Kinder verweisen auf die zeitliche Ausdehnung der Emotion.

Abbildung 15 veranschaulicht, wie viele Schüler in ihren Antworten die jeweiligen Aspekte benennen. Zwei von drei Kindern beziehen sich in ihren Erläuterungen auf die *vergebliche Suche nach einer Tätigkeit* (*A. III.2*). Immerhin jedes dritte Kind benennt eine *Passivität* (*A. I*) oder denkt bei Langeweile an eine Tätigkeit, die den eigenen Wünschen nicht entspricht (*B. II. Affektiv*). Der Anteil an Kindern, die sich auf *physiologische Zustände* (*A. II.*) oder die *zeitliche Ausdehnung* (*C.*) der Emotion beziehen, ist hingegen gering.

Was die Kategorien im Einzelnen kennzeichnet, wird nun erläutert. Dabei werden die Kategorien auch auf das in Kapitel 1.2 vorgestellte Fünf-Komponenten-Modell von Langeweile bezogen.

A. Keine Tätigkeit

Die Antworten zum Nichtstun lassen sich in drei Kategorien unterteilen:

A. I. Benennen von Passivität. Die Kinder verbinden Langeweile mit Situationen des Nichtstuns, ohne Gründe dafür zu nennen. Häufig verwendete Formulierungen sind „nichts zu tun haben", „(überhaupt) nichts machen" oder „herumsitzen", in denen nicht ausgedrückt wird, dass der beschriebenen Passivität der Wunsch nach Aktivität entgegensteht.

- Langeweile ist wenn man nichts zu tun hat. (J 8_240_8)
- Langeweile ist wenn man nichts macht. (J 9_230_8)
- Langeweile ist wenn man rum sitzt und nichts tut das nennt man Langeweile. (J 10_294_17)

Einige Kinder beschreiben ihr *Verhalten* in diesen Situationen genauer und beziehen sich damit auf die expressive Komponente von Langeweile. Das angesprochene „lustlose Umschauen" drückt den mit Langeweile einhergehenden leeren, ziellosen Blick aus.

- Langeweile ist, wenn [...] du immer nur aus dem Fenster hinausguckst oder lustlos dich im Zimmer umschaust [...]. (M 9_367_14)
- Langeweile ist wenn mann [...] nur doof rumhockt. (J 9_352_14)

Entsprechende Antworten geben auch Studierende, so dass es sich bei diesen wenig differenzierten Äußerungen nicht um ein altersspezifisches Phänomen handelt (Conrad, 1997, S. 470; Fisher, 1993, S. 397; Götz & Frenzel, 2006).

A. II. Bezug auf physiologische Zustände. Hier wird Langeweile differenzierter beschrieben. Die Antworten unterscheiden sich von den zuvor genannten dadurch, dass mit der Langeweile einhergehende körperliche Reaktionen (wie z. B. Müdigkeit) benannt werden (vgl. physiologische Komponente). Die Hälfte der Kinder bezieht sich auf schulische Situationen.

- Langeweile ist [...] als ob mann fast einschlafen würde. (J 9_243_8)
- Langeweile beteudet: wenn du ganz Schlap bist. (M 9_318_15)
- Also Langeweile ist wenn man in der Schule ist und ständig mit der Hand auf dem Tisch ist und den Kopf drauf legt. (M 8_214_7)

A. III. Wunsch nach einer Tätigkeit. Diese Kategorie ist die größte innerhalb des Bereichs *keine Tätigkeit.* Hier wird deutlich gemacht, dass das Bedürfnis nach Aktivität nicht befriedigt wird. Diese unerwünscht erlebte Passivität wird in Komponenten-Modellen durch die kognitive bzw. motivationale Komponente beschrieben.

Zum *Wunsch nach einer Tätigkeit* werden zwei weitere Unterkategorien gebildet, die ihrerseits unterteilt werden: die Erwartung, eine Aufgabe zu bekommen sowie die vergebliche Suche nach einer Tätigkeit.

A. III.1 Erwartung, eine Aufgabe zu bekommen. Sich langweilende Menschen erwarten zuweilen, dass man ihnen sagt, was sie tun können (Kast, 2001, S. 148; Kreuzer-Haustein, 2001, S. 101). Auch die Schüler äußern, dass Langeweile auftritt, wenn sie nicht ausreichend beschäftigt werden. Dies kommt in Äußerungen wie „nichts zu tun bekommen" oder „nicht wissen, was man tun muss" zum Ausdruck. Dabei kann unterschieden werden, ob die Kinder ihre Antworten allgemein halten oder ob sie sich auf Schule und Unterricht beziehen.

A. III.1.1 Allgemein/unspezifisch

- Wenn mann nicht weiß was mann tun muss. (J 9_216_7)
- Wenn man nichts tut und endlich was tun will. (J 8_277_16)

A. III.1.2 Schule/Unterricht

- Langeweile ist wenn zum beischbil wenn die Lehrerin Kopiern geht ist es in der Klasse manchmal langweilig. (M 8_70_11)
- Halt wenn man im Unterricht nichts mehr zu tuhen hat und nicht weißt was man noch machen kann. (M 9_23_2)
- Langweile ist wen man zum Beispiel mit einer Probe schon fertig ist und weis nicht was man machen kann. (J 9_260_9)

A. III.2 Vergebliche Suche nach einer Tätigkeit. Während bei der letzten Kategorie (*A. III.1*) implizit die Erwartung mitschwingt, dass jemand anders eine Aufgabe bereithalten soll, definieren diese Kinder Langeweile damit, dass man selbst keine

Idee für eine Tätigkeit hat oder eine erwünschte Tätigkeit nicht umsetzen kann. Die Situation ermöglicht zu viele oder zu wenige Handlungsmöglichkeiten (Csikszentmihalyi, 1987, S. 210).

Mit ihren Äußerungen beziehen sich die Kinder vermutlich auf den Freizeitbereich. Dabei verwenden sie die Modalverben sollen, können und wollen: „ich weiß nicht, was ich tun soll/kann/will". Da nicht anzunehmen ist, dass die Kinder die Bedeutungen dieser Modalverben unterscheiden (Weinrich, 2003, S. 297 ff.), werden die Äußerungen zusammengefasst.

A. III.2.1 Ideenlosigkeit. „Ein sich langweilender Mensch weiß nicht, was er will und begehrt." (Kreuzer-Haustein, 2001, S. 101) Die Kinder äußern, dass sie keine Idee haben, wie sie sich beschäftigen könnten, dass sie zu nichts Lust haben. Allerdings bringen die Schüler damit nicht zum Ausdruck, dass es nichts gibt, was sie tun könnten, sondern dass es nichts gibt, was sie tun wollen oder wofür sie sich interessieren (vgl. Formen von Langeweile bei Heidegger, 2004, S. 155).

Auch ein Überangebot an Spielsachen kann dafür die Ursache sein; die Kinder wissen nicht, worauf sie sich einlassen sollen. „Jede Entscheidung für ein Spielzeug ist eine Entscheidung gegen viele andere Spielsachen, und gerade unter denen, die man nicht gewählt hat, könnte das Allertollste sein." (Kast, 2001, S. 145)

- Man weis einfach nicht wie man sich bescheftigen kann. (M 9_369_20)
- Langeweile ist wenn man nicht weiß was man tun könnte. (M 9_208_7)
- [...] Wenn du zu nichts Lust hast und doch was machen möchtest. Das ist Langeweile. (M 9_62_11)
- Langeweile ist wen dir nichts einfält was du dun willst. (M 9_215_7)
- Wenn mann soo viel zu spielen hat weis man es nicht. [...] (M 9_323_15)

A. III.2.2 Idee, die nicht umgesetzt werden kann. Andere Schüler erklären Langeweile damit, dass eine erwünschte Tätigkeit nicht umgesetzt werden kann und nennen dafür verschiedene Gründe. Am häufigsten wird angeführt, dass Eltern, Geschwister oder Freunde keine Zeit haben und deshalb Spielkameraden fehlen. Andere Kinder sagen, dass sie sich gerne mit einer bestimmten Sache beschäftigen würden, was ihnen die Eltern allerdings verbieten. Auch die Ausgrenzung durch Spielkameraden wird genannt. Die Idee kann aber auch scheitern, weil die Umstände die Ausführung der Tätigkeit nicht zulassen, z. B. kann das Kind aufgrund des Wetters nicht draußen spielen oder Spielzeug fehlt.

- Wen niemand zeit für mich hat. (M 9_287_16)
- Wenn man einsel Kind ist dann hat da öfter Langeweile. Es hat nimmernden mit dem es spielen kann [...]. (M 9_432_19)
- Wenn man Gameboy spielen will und man darf nicht wird es einen Langweilig. (J 9_415_18)

- Langeweile ist: Deine Freunde spielen ein Spiel und du darfst nicht mit spielen. [...] Dann setzt du dich einfach hin und schaust zu. Das ist langeweile. (M 9_200_6)
- Wenn mann Zimmerest [Zimmerarrest] hat draußen ist es schön und mann darf nichts machen. (J 9_93_12)
- Wenn schlechtes Wetter ist und man nicht rauß kann. (M 8_44_3)
- [...] Wenn man im Zug sitzt und man nichts dabei hat (z. B. zum Spielen oder lesen). (J 9_25_2)

B. Tätigkeit, die den eigenen Fähigkeiten oder Vorstellungen nicht entspricht

Im Gegensatz zu den bisherigen Äußerungen, in denen eine unerwünschte Passivität Langeweile kennzeichnet, wird die Emotion hier durch die Ausführung einer unerwünschten Tätigkeit charakterisiert. Die Kinder sehen die Ursache von Langeweile in einer Tätigkeit, die den eigenen Fähigkeiten oder Vorstellungen nicht entspricht. Dieser Bereich gliedert sich in zwei Kategorien: Während die erste vorrangig *kognitive* Aspekte der Tätigkeit erfasst, beziehen sich die Äußerungen der zweiten Kategorie eher auf *affektive* Aspekte.

B. I. Kognitiv. Die Kinder erläutern Langeweile unter Verweis auf schulische Bedingungen, in denen die kognitive Passung nicht gelingt.

B. I.1 Unterforderung in der Schule

- Wenn man was schon weiß. Und der Lehrer erzählt es immer wieder, dann wird es einen langeweilig. (J 9_457_19)

B. I.2 Überforderung in der Schule

- [...] Langweilig ist wenn du es nicht verstest [...]. (M 9_362_14)

B. II. Affektiv. Diese Kinder bringen die Diskrepanz zwischen der Tätigkeit und den eigenen Vorstellungen bzw. Wünschen zum Ausdruck. Sie machen etwas, was keinen Spaß macht oder sie nicht interessiert (affektive Komponente). Weil die Freude an einer Tätigkeit und das Interesse an der Beschäftigung von den Kindern vermutlich nicht unterschieden werden, werden die entsprechenden Äußerungen in einer Kategorie zusammengefasst (Pekrun & Jerusalem, 1996, S. 12).

B. II.1 Allgemein/unspezifisch. Ohne sich auf einen bestimmten Lebensbereich zu beziehen, äußern diese Kinder, etwas tun zu müssen, was sie nicht tun wollen. Langeweile entsteht auch, wenn man einer Sache überdrüssig wird. Was das Kind zuvor ausgefüllt hat, was ihm Freude gemacht hat, erscheint nicht mehr reizvoll (Decher, 2000, S. 11; Doehlemann, 1991, S. 22 f.; Kast, 2001, S. 145):

- Langweile ist [...] wen du etwas tust und es dir gar keinen Spaß macht. (M 9_46_3)
- Wenn mann was nich machen will was mann aber machen muss auch wenn es keinen Spaß macht. (J 9_450_19)
- Langeweile ist wenn du was machst das dir nicht gefällt. (J 9_283_16)
- Langeweile ist wenn jemand Spielsachen hat die er aber alle schon so gut kennt das er sie fast auswendig weiss dann langweilt sich jemand! (M 9_43_3)
- Langeweile ist wenn man immer das gleiche Spiel spielt und örgendwan wird's Langweilig. (J 9_105_12)
- Wenn du dich langweilst bedeutet dass du weist nicht was du machen sollst. In dem Moment wo du denkst das willst du machen hast du plotzlich keine Lust dazu. (M 9_9_1)
- Langeweile ist, wenn [...] du [...] denkst: Das habe ich alles schon gemacht. [...] (M 9_367_14)

In den letzten beiden Äußerungen werden mit dem Verb „denken" langeweilespezi-fische Kognitionen angesprochen – diese Kinder beziehen sich also explizit auf die kognitive Komponente von Langeweile.

B. II.2 Schule/Unterricht. Hier beziehen sich die Schüler auf den schulischen Be-reich; einige beschreiben langweilige Unterrichtssituationen.

- Langeweile ist wenn etwas nicht entrisiert ist in ünterricht. (M 9_167_5)
- Wen in der Schule was erklärt wird dan ist das sehr langweilig aber nicht weil ich alles kann. (M 9_335_10)
- Langeweile ist wen der lerer dir Stunden lang was sagt [...]. (M 10_296_17)
- Wenn du in der Schule bist, du meldest dich und du kommst nicht dran. (J 9_459_19)

C. Zeitliche Ausdehnung

Sechs Schüler beziehen sich in ihren Erläuterungen auf das langsame Verstreichen der Zeit (1.4 %) und damit auf die affektive Komponente von Langeweile. Diese subjektive Zeitwahrnehmung wird bei einer unerwünschten Passivität oder der Ausführung einer unerwünschten Tätigkeit erlebt. Die Zeit erscheint lang, weil es nichts zu tun gibt oder weil etwas getan werden muss, was den eigenen Bedürfnis-sen nicht entspricht.

- Wenn die Zeit lang vorkommt, ist das Langeweile. (J 9_248_9)
- Die Zeit Geht langsam. (M 9_182_5)
- Langweile ist wenn man [...] nichts zu tuen hat. Dann kommt einem die Zeit viel länger vor als wenn mann etwas zu tuen hat. (M 9_433_19)
- Langeweile ist wenn man lang auf etwas wartet. (J 9_397_21)

D. Rest

Hier sind neben drei fehlenden Antworten jene Äußerungen zusammengefasst, die dem Kategoriensystem nicht zugeordnet werden können.

– Langeweile ist wennst du dich langeweile. (J 9_382_20)

Zusammenfassend ist festzuhalten, dass die Schüler in ihren Äußerungen zentrale Merkmale von Langeweile ansprechen. Die meisten Kinder nehmen in ihren Erläuterungen Bezug auf eine (nicht) ausgeführte Tätigkeit.

Keine Tätigkeit. Dem aktuellen Wunsch nach einer befriedigenden Beschäftigung steht eine unerwünschte Passivität entgegen; fast jeder zweite Schüler äußert das Problem fehlender Ideen und benennt die „Unfähigkeit, sich anregen zu lassen" (Fenichel, 1934, S. 270). Die Antworten der Kinder beziehen sich überwiegend auf den außerschulischen Kontext. Dies erscheint nachvollziehbar, da insbesondere in der Freizeit die Möglichkeit einer selbstbestimmten Gestaltung von Zeit besteht.

Unerwünschte Tätigkeit. Langeweile geht aber nicht zwingend mit einer fehlenden Aktivität einher, sondern tritt auch dann ein, „wenn man nicht tun darf, was man will, oder wenn man etwas tun muss, was man nicht will" (Fenichel, 1934, S. 279; vgl. Kreuzer-Haustein, 2001, S. 103). Hier beziehen sich die Kinder häufig auf den schulischen Kontext, also auf Zwangssituationen, in denen hinsichtlich der auszuführenden Tätigkeiten Vorgaben bestehen.

Damit bestätigen die Ergebnisse den in der Vorstudie gewonnenen Eindruck (vgl. Kap. 4): Grundschüler können Langeweile beschreiben; sie definieren die Emotion als *gegenwarts-* und *aufgabenbezogen, negativ* und *deaktivierend.* In ihren Aussagen beziehen sie sich auf *affektive, kognitive, physiologische, expressive* und *motivationale* Komponenten von Langeweile (vgl. Kap. 1.1, 1.2).

Aufgrund dieses Ergebnisses kann davon ausgegangen werden, dass die befragten Schüler unter Langeweile jenes Konstrukt verstehen, das mit den Items im Fragebogen erfasst werden soll. Das kindliche Alltagsverständnis von Langeweile deckt sich mit der wissenschaftlichen Definition (Russell, 1989).

5.2.4 Langeweile in Freizeit und Schule

Langweilen sich Schüler öfter in der Freizeit oder in der Schule/im Unterricht? Die bisherigen Ergebnisse sind für die vorliegende Fragestellung wenig aussagekräftig. Bei Grundschulkindern wurde dies noch nicht untersucht und die bei älteren Schülern gewonnenen Forschungsergebnisse sind uneinheitlich (Larson & Richards, 1991; Shaw et al., 1996; Vandewiele, 1980).

Vor dem Hintergrund der Überlegungen zur Entstehung von Langeweile und zum Copingprozess wäre zu erwarten, dass sich Kinder in der Freizeit weniger langweilen als in der Schule. Schließlich unterliegt die Zeit außerhalb der Schule in höherem Maße der Selbstbestimmung; hier können je nach Bedürfnislage Tätigkeiten aufgenommen oder beendet werden (Fisher, 1993, S. 397 f.).

Dabei ist allerdings zu beachten, „dass man selbst der Tätigkeiten und Beschäftigungen, denen man aufgrund freier Selbstbestimmung und Zielsetzung nachgeht und die einem für eine gewisse Zeit durchaus das Erlebnis einer erfüllten Zeit vermitteln, nach einer Weile überdrüssig werden kann. Mithin gewährt auch das autonome Verfolgen selbstgesetzter Ziele auf Dauer keinen wirklichen Schutz vor Langeweile." (Decher, 2000, S. 11) Denn die Möglichkeit zur selbstbestimmten Gestaltung der Zeit beinhaltet auch die Notwendigkeit, dies zu tun. Fehlt es der Person an Ideen, kann Langeweile entstehen.

Die Untersuchung der eingangs genannten Fragestellung ist angesichts der Forschungslage explorativer Art. Methodisch werden hier quantitative und qualitative Erhebungsverfahren verknüpft. Die Kinder geben zunächst an, in welchem Lebensbereich sie sich öfter langweilen und begründen anschließend ihre Entscheidung.

Bei der Interpretation der Ergebnisse ist der *forced-choice*-Charakter des Items zu berücksichtigen. Weil sich die Kinder zwischen den beiden Antwortmöglichkeiten Freizeit bzw. Schule/Unterricht entscheiden müssen, können nur Aussagen über die relative Ausprägung im Vergleich zur Alternative getroffen werden. So können z. B. vier Schüler angeben, sich öfter in der Schule zu langweilen, ohne dass deutlich wird, auf welchen Prämissen die jeweilige Antwort beruht. Denkbar ist: Schüler A langweilt sich auch sehr oft in der Freizeit (aber ein bisschen öfter in der Schule), Schüler B langweilt sich sehr oft in der Schule (aber nur selten in der Freizeit), Schüler C langweilt sich in Freizeit und Schule nur selten (aber ein wenig öfter in der Schule) und Schüler D langweilt sich in seiner Wahrnehmung eigentlich gleich häufig in Freizeit und Schule – wird aber gezwungen, sich für eine Alternative zu entscheiden.

Unterschiede in Bezug auf die Lebensbereiche

Gut ein Drittel der befragten Kinder ($N = 158$; 37.4 %) langweilt sich öfter in der Freizeit, knapp zwei Drittel ($N = 265$; 62.6 %) geben an, sich öfter in der Schule/im Unterricht zu langweilen. Jungen und Mädchen unterscheiden sich nicht signifikant ($p > .05$).

Wo langweilst du dich öfter?

A. In der Freizeit (37.4)

weil...

I. Keine Tätigkeit
1 Benennen von Passivität (4.0)
2 Vergebliche Suche nach einer Tätigkeit
  2.1 Ideenlosigkeit (8.5)
  2.2 Idee, die nicht umgesetzt werden kann (19.1)

II. Tätigkeit, die den eigenen Vorstellungen nicht entspricht (4.4)

III. Mangelnde kognitive Herausforderung (2.6)

IV. Rest (2.1)

B. In der Schule/im Unterricht (62.6)

weil...

I. Negative Empfindung von Schule und Unterricht
1 Unzufriedenheit mit schulischen Bedingungen (12.7)
2 Zeitliche Ausdehnung (2.8)
3 Schulunlust (6.3)

II. Didaktische Unzulänglichkeiten
1 Unpassendes kognitives Anregungsniveau
  1.1 Unterforderung (8.7)
  1.2 Überforderung (1.6)
2 Schlechte Nutzung der Lernzeit (7.8)
3 Monotonie
  3.1 Inhaltlich (4.0)
  3.2 Methodisch
    3.2.1 Didaktische Eintönigkeit (3.7)
    3.2.2 Hohe Redeanteile der Lehrkraft (3.5)
4 Unattraktive Unterrichtsinhalte (9.4)

III. Rest (9.2)

Anmerkung:
Die Prozentangaben (in Klammern) beziehen sich auf die Gesamtstichprobe von $N = 423$.

Abb. 16: Kategoriensystem zur Begründung des Langeweileerlebens in Freizeit und Schule

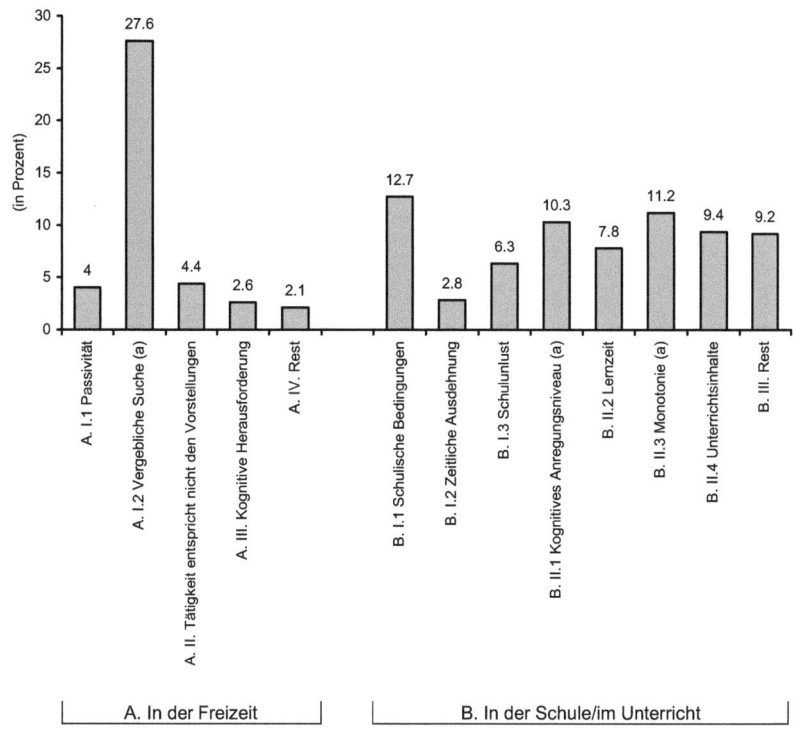

Anmerkung:
Die Nummerierung der Kategorien wurde aus Abbildung 16 übernommen.
(a) Zur besseren Übersicht wurden hier Unterkategorien aggregiert.
Die Prozentangaben beziehen sich auf die Gesamtstichprobe von *N* = 423.

Abb. 17: Quantifizierung der Begründungen des Langeweileerlebens in Freizeit und Schule

Wie begründen die Schüler ihre Einschätzung?

Von den 423 Kindern begründen 418 ihre Einschätzung. Auf der Grundlage dieser Antworten wird ein Kategoriensystem entwickelt (Mayring, 2003). Wenn sich die Schüler in ihren Äußerungen auf mehrere Aspekte beziehen, werden die jeweiligen Bestandteile der Äußerungen auch verschiedenen Kategorien zugeordnet (vgl. Kap. 5.2.3).

Zwei Rater ordnen dem Kategoriensystem 100 zufällig ausgewählte Äußerungen bzw. Bestandteile von Äußerungen zu. Der ungleichen Verteilung der Antworten in der Gesamtstichprobe wird dadurch Rechnung getragen, dass 33 Antworten zum außerschulischen und 67 Äußerungen zum schulischen Bereich kategorisiert werden. Die Interraterreliabiltät wird für Freizeit bzw. Schule/Unterricht separat berechnet: Cohen's Kappa von $\kappa = .88$ (Freizeit) bzw. $\kappa = .94$ (Schule/Unterricht) verweist auf eine sehr hohe Interraterreliabilität.

Abbildung 16 zeigt die Systematisierung zunächst im Überblick.

In einem Balkendiagramm werden die jeweiligen Häufigkeiten zudem veranschaulicht (vgl. Abb. 17). Hier wird deutlich: Die *vergebliche Suche nach einer Tätigkeit* (*A. I.*2) ist die am häufigsten genannte Ursache für außerschulische Langeweile; die Angaben zu den Ursachen schulischer Langeweile sind demgegenüber weniger eindeutig.

Die in den Abbildungen 16 und 17 genannten Kategorien werden nun der Reihe nach erläutert und durch exemplarische Schüleräußerungen illustriert.

A. In der Freizeit

Anders als im schulischen Kontext geht es in der Freizeit um selbst zu gestaltende und zu verantwortende Tätigkeiten. Was hindert die Kinder daran, ihre Freizeit ohne Langeweile zu erleben? Die Systematik dieser Äußerungen erinnert an jene zur Explikation von Langeweile. Bezüglich der Erläuterungen zu den Kategorien *A I.* und *A II.* sei deshalb ergänzend auf Kapitel 5.2.3 verwiesen.

A. I. Keine Tätigkeit. Diese Kategorie wird in zwei Unterkategorien unterteilt.

A. I.1 Benennen von Passivität

– Weil in der Freizeit am Nachmittag, oder am Wochenende gibt es nichts zu tun wenn man die Hausaufgaben gemacht hatt. (M 9_208_7)
– Weil wir im Unterricht immer etwas machen, ich in meiner Freizeit nichts zu tun habe. (M 9_62_11)

A. I.2 Vergebliche Suche nach einer Tätigkeit

A. I.2.1 Ideenlosigkeit. Den Kindern fehlt eine Idee, was sie tun könnten.

– Weil ich in der Freizeit öfter nicht weis was ich tun soll. (M 9_46_3)
– Weil ich nicht weis wie ich mich bescheftigen soll. (M 9_369_20)
– Weil meine Eltern arbeiten und ich alleine zu Hause bin. Ich weis nicht was ich machen kann. (M 10_289_17)

A. I.2.2 Eine *Idee* kann *nicht umgesetzt* werden, weil z. B. Spielkameraden fehlen oder Verbote ausgesprochen werden (zur Vereinzelung von Kindheit vgl. zsf. Fölling-Albers, 1990, S. 138 ff., 2001, S. 24 ff.):

- Weil bei mir wo ich wohne habe ich keine richtigen Freunde nur in der Schule habe ich Freunde! Und es kommen auch nicht oft Freunde zu mir! (M 9_331_10)
- Weil ich hab im Wochenende, in den Ferien und zu hause Langeweile weil ich eine Freundin hab die mit mir nicht spielen will sie will lieber mit der blöden Franziska spielen, und nicht mit mir. (M 9_329_15)
- Weil ich ein Einzelkind bin und in der Schule sind wir mehr Kinder. (M 9_164_5)
- Weil manchmal ich nichts mit meinen Freunden spielen darf, die Mama sagt nämlich das zummbeispiel ruhetag ist. (M 8_57_3)

A. II. Tätigkeit, die den eigenen Vorstellungen nicht entspricht.

- Weil wenn man 4000 km fähr wie ins Rusland dann wird es Langweilich. (J 10_13_1)
- Weil am Sonntag in der Kirche, weil man da so Still sein muss. Singen dan Reden das ist Langweilig. (J 9_65_11)
- Zum Beispiel, wenn dich deine Mutter mitnimmt, weil du alleine zu Hause bist und dann redet deine Mutter so ungefähr 2 Stunden und du musst die ganze Zeit stehen. (M 9_192_6)

A. III. Mangelnde kognitive Herausforderung. Diese Kinder führen ihre außerschulische Langeweile auf die fehlenden kognitiven Angebote zurück. Sie gehen offenbar gerne zur Schule und freuen sich über die vielfältigen schulischen Aktivitäten. Verglichen damit erscheint ihnen die Freizeit anregungsarm.

- Weil im Unterricht lernst du was! (M 8_12_1)
- Weil es nichts neues gibt. In der Schule gibt es immer was neues. (J 9_339_10)
- Weil in der Schule kann mann Aufpassen und in der Freizeit wo soll man denn da Aufpassen. (M 8_29_2)
- Weil z. B. in denn Ferien wird mir immer langweilig weil ich die Schule sooooo doll mag! Ich hasse Sommerferien! Das ist WAR! (M 10_300_17)

A. IV. Rest. Neun Antworten können den Kategorien nicht zugeordnet werden.

- Weil meine Schwester Fotos mit ihrem Handy macht. (J 9_390_21)

B. In der Schule/im Unterricht

Jene Kinder, die angeben, sich öfter im schulischen Kontext zu langweilen, beziehen sich in ihren Antworten entweder auf schulische Rahmenbedingungen (*B. I.*) oder auf Aspekte der Unterrichtsgestaltung (*B. II.*):

B. I. Negative Empfindung von Schule und Unterricht

B. I.1 Unzufriedenheit mit schulischen Bedingungen. Diese Kinder langweilen sich in der Schule, weil sie dort nicht das machen dürfen, was sie gerne tun würden und stattdessen unangenehme Tätigkeiten ausführen müssen. Die Kinder benennen also einen Konflikt zwischen den eigenen Wünschen, dem eigenen Wollen und den Pflichten oder Zwängen von außen (Kast, 2001, S. 145).

Viele von den Schülern benannte Aspekte liegen jedoch nicht in der Verantwortung der jeweiligen Lehrkraft, sondern sind konstitutiv für schulisches Lernen.

- Weil im Unterricht kann man nicht das machen was man will. (M 9_60_3)
- Weil ich im Unterricht nicht raus zum Fußball spielen kann. (J 9_56_3)
- Dort muss man leise sein und lernen. (M 9_182_5)
- Weil mann ruhig da sitzen muss und Aufpassen muss. (M 9_418_18)

B. I.2 Zeitliche Ausdehnung. Gemeinsam ist diesen Antworten, dass das Erleben von Langeweile mit dem langsamen Verstreichen der Zeit begründet wird.

- Weil der Unterricht immer so lang dauert. (M 9_201_6)
- Weil wen es lamsam vorrangeht. (J 9_325_15)

B. I.3 Schulunlust. Die negative affektive Einstellung gegenüber der Schule bzw. einzelnen Fächern geht bei diesen Kindern mit Langeweile einher.

- Weil ich Schule nicht mag. (J 9_341_10)
- Weil ich nich gerne in die Schule geh. (J 10_100_12)
- Weil die Schule mir keinen spaß macht. (J 9_171_5)
- Weil im Unterricht es öfters nicht Spaß macht. (J 9_250_9)
- Weil ich Mahteunterricht hasse. (J 9_459_19)

B. II. Didaktische Unzulänglichkeiten. Die Kinder führen ihre schulische Langeweile auf Defizite in der Unterrichtsgestaltung zurück.

B. II.1 Unpassendes kognitives Anregungsniveau. Die Schüler langweilen sich in der Schule, weil die Passung zwischen den Anforderungen und den eigenen Fähigkeiten misslingt. Unterforderungssituationen werden fünfmal so oft genannt wie Überforderungssituationen.

B. II.1.1 Unterforderung

- Weil die Aufgaben meistens zu leicht sind. (J 9_18_1)
- Weil ich oft den Lernstoff schon kann und verstehe. (M 9_58_3)

B. II.1.2 Überforderung

- Weil wenn wir Mathe haben dann versthe ich oft nichts und langweile mich. (J 9_54_3)
- Weil ich manches nicht kapiere. Und weil wir im Matheunterricht manchmal Rechenkönig machen. Da langweile ich mich weil ich noch nicht so schnell rechnen kann. (M 9_367_14)

B. II.2 Schlechte Nutzung der Lernzeit. Diese Schüler begründen ihre schulische Langeweile damit, dass es im Unterrichtsprozess Phasen des Leerlaufs gibt.

- Weil der Lehrer so lange dauerd wenn er was sucht. (J 10_125_13)
- Weil wen ich mit was fertig bin weis ich manchmal nicht was ich machen soll. (J 9_260_9)
- Weil ich langweile mich oft in der Schule weil […] ich mich melde aber sie ruft mich nicht auf […]. (M 9_356_14)

B. II.3 Monotonie. Aus Sicht der Schüler ist der Unterricht wenig abwechslungsreich. Inhaltliche und methodische Monotonie können unterschieden werden.

B. II.3.1 Inhaltlich. Die Schüler beklagen die Wiederholung von Inhalten.

- Weil wir die sachen so oft wiederholen. (J 9_115_13)
- Weil wir da immer etwas besprechen was wir schon gelert haben. (M 9_133_13)
- Weil wenn man das schon durchgenohmen haben und das wiederholen und nochmal machen. (J 10_294_17)

B. II.3.2 Methodisch. Doppelt so oft wie die inhaltliche Monotonie wird die fehlende Methodenvielfalt kritisiert.

B. II.3.2.1 Didaktische Eintönigkeit. In diesen Äußerungen wird der Wunsch nach didaktischer Abwechslung laut.

- Weil in Englisch nie etwas auser Vokabeln passiert. (M 8_27_2)
- Weil manchmal schreiben wir bloß. (J 9_52_3)
- Weil es wird nur geredet!! (M 10_241_8)

B. II.3.2.2 Hohe Redeanteile der Lehrkraft. Hier begründen die Schüler ihre Langeweile damit, dass die Lehrkraft im Unterricht zu viel redet.

- Weil die Lehrer immer so viel reden. (J 9_403_21)

B. II.4 Unattraktive Unterrichtsinhalte. Ursache des Langeweilerlebens sind die jeweiligen Unterrichtsinhalte, die als wenig spannend und uninteressant beschrieben werden (Fisher, 1993, S. 404).

- Weil wir nie was spanentes mache auser in HSU. (J 10_175_5)
- Weil da manchmal kein interesantes Thema kommt. [...] (M 9_440_19)

B. III. Rest. Die vielen Äußerungen ergeben sich dadurch, dass 24 Schüler Langeweile mit einem Zirkelschluss begründen. Manche Kinder beziehen sich hier auf Schule und Unterricht allgemein, andere nennen ein bestimmtes Fach. Den eigentlichen Grund für ihr Langeweileerleben äußern diese Kinder nicht; deshalb werden sie dem Rest zugeordnet.

- Weil im Unterricht ist es immer sehr langweilig. (M 9_106_12)

Von den verbleibenden 15 Antworten sind zehn unverständlich, fünf fehlen.

- Weil die Lehrerin den Unterricht zu langweilig ist. (J 9_207_7)

Die Analyse macht deutlich: Ein Drittel der Kinder langweilt sich eher in der Freizeit, zwei Drittel langweilen sich öfter im schulischen Bereich. Welche Gründe führen die Kinder dafür an?

In der *Freizeit* langweilen sich die meisten Schüler, weil sie dort nichts zu tun haben. Viele Schüler hätten zwar eine Idee, was sie machen könnten, doch die Umsetzung scheitert meistens daran, dass eine Person fehlt, die mitspielen könnte. Elf Kinder geben an, dass sie sich öfter in der Freizeit langweilen, weil sie dort nicht ausreichend kognitiv gefordert sind.

Grund für die ausgeprägte Langeweile in der *Schule* ist die negative Wahrnehmung der schulischen und unterrichtlichen Bedingungen. Bei ihrer Kritik beziehen sich die Kinder auf Aspekte, die aus der bisherigen Forschung zu den Ursachen schulischer Langeweile bekannt sind: Unter- und Überforderung, die Nutzung der Lernzeit, inhaltliche und methodische Monotonie sowie die Ablehnung von Unterrichtsinhalten. Die Bedeutung dieser Aspekte wird auch in Forschungsarbeiten zur Unterrichtsqualität herausgestellt. Die Antworten verfassen die Kinder, bevor sie ihr Langeweileerleben in verschiedenen Unterrichtssituationen einschätzen. Diese Ergebnisse sind Gegenstand des folgenden Kapitels.

5.2.5 Langeweile in Unterrichtssituationen und -fächern

5.2.5.1 Vorkommen

Als wie langweilig erleben die Schüler die erhobenen Unterrichtssituationen? Abbildung 18 zeigt die Mittelwerte der zehn Skalen im Überblick.

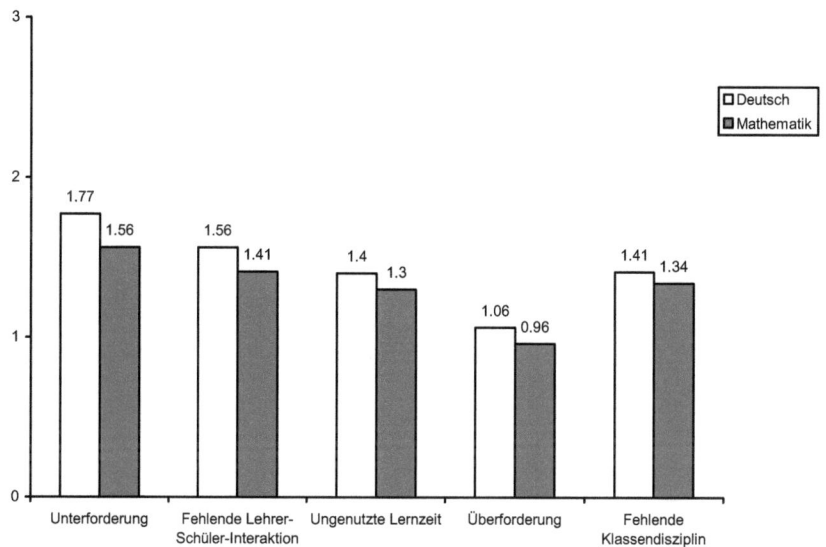

Anmerkungen:
Angegeben sind Skalenmittelwerte.
Die Antwortkategorien lauten: *stimmt genau* (Wert 3), *stimmt eher* (Wert 2), *stimmt eher nicht* (Wert 1), *stimmt gar nicht* (Wert 0).
Stichprobengröße: $420 \leq N \leq 423$, da missing data.

Abb. 18: Situations- und fachspezifische Langeweile in Deutsch und Mathematik

Situationsspezifische Unterschiede. Die Graphik legt nahe, nicht nur fachspezifische Ausprägungen innerhalb der jeweiligen Situationen zu untersuchen (s. u.), sondern auch situationsspezifische Unterschiede zu betrachten. Eine solche Analyse ist jedoch nicht sinnvoll. Schließlich setzt eine Varianzanalyse mit Messwiederholung identisch formulierte (oder zumindest parallelisierte) Items voraus. Diese Voraussetzung ist im Hinblick auf das Antwortformat durchweg gegeben, nicht aber bezüglich der Itemformulierungen. Somit werden die Item- und Skalenmittelwerte durch die Formulierung der Items beeinflusst. Es ist daher davon auszugehen, dass die Zustimmungshäufigkeit bei anderen Itemformulierungen anders ausgefallen wäre. Aus diesem Grund unterbleibt ein Mittelwertsvergleich zwischen den Unterrichtssituationen.

Fachspezifische Unterschiede. Alle Situationen werden im Fach Deutsch langweiliger eingeschätzt als in Mathematik. Sind die Unterschiede signifikant?

Bei dieser Fragestellung können Mittelwertsvergleiche durchgeführt werden, weil die Items – bis auf den Bezug auf das jeweilige Unterrichtsfach – identisch formuliert sind, z. B.: *Ich langweile mich im Deutschunterricht [im Mathematikunterricht], wenn wir wiederholen, was wir durchgenommen haben.* Es liegen also parallelisierte Items vor. Angesichts der Tatsache, dass die beiden Fächer von der gleichen Lehrkraft unterrichtet werden, können Konfundierungen mit Merkmalen der Lehrerpersönlichkeit ausgeschlossen werden. Daher ist anzunehmen, dass die Unterschiede in der Zustimmungshäufigkeit auf das jeweils genannte Fach zurückzuführen sind.

Die Analyse erfordert fünf t-Tests, so dass zuvor eine Alpha-Adjustierung durchzuführen ist. Dafür wird das auf 5 % festgesetzte α-Niveau ($p = .05$) durch die Anzahl der Signifikanztests geteilt. Bei einem Signifikanzniveau von $p \leq .01$ ist der Unterschied bei drei von fünf Unterrichtssituationen signifikant:

- *Unterforderung* [$t = 6.42$; $p < .01$; $d = .24$]
- *Fehlende Lehrer-Schüler-Interaktion* [$t = 4.72$; $p < .01$; $d = .18$]
- *Überforderung* [$t = 3.55$; $p < .01$; $d = .14$]

Trotz der Signifikanzen liegt nur bei Langeweile in Unterforderungssituationen ein kleiner Effekt zwischen den beiden Fächern vor.

Lediglich *Unterforderungssituationen* werden also im Fach Deutsch etwas langweiliger eingeschätzt als in Mathematik.

Geschlechtsspezifische Unterschiede. Ob sich Jungen und Mädchen in ihren Einschätzungen zum Langeweileerleben unterscheiden, wird mit Hilfe von t-Tests bei unabhängigen Stichproben berechnet. In dem jeweiligen Fach werden fünf Tests gerechnet. Das Signifikanzniveau wird nach der Alpha-Adjustierung auf $p < .005$ festgelegt. Die Analysen zeigen, dass sich Jungen und Mädchen in ihrer Langeweileeinschätzung weder in Deutsch noch in Mathematik signifikant unterscheiden.

5.2.5.2 Zusammenhänge zwischen Langeweile und nicht-langeweilespezifischen Schülermerkmalen bzw. Merkmalen der Lernsituation

Welche Zusammenhänge gibt es zwischen dem eingeschätzten Langeweileerleben

– und nicht-langeweilespezifischen Schülermerkmalen: Steht z. B. die Einschätzung der *Schullust* oder des fachspezifischen *Interesses* in Zusammenhang mit dem Erleben von Langeweile? (vgl. Tab. 25)

– und Merkmalen der Lernsituation: Hängt Langeweile mit dem eingeschätzten *Lehrerengagement* oder der *Auftretenshäufigkeit von Situationen* zusammen? (vgl. Tab. 26)

Die Ergebnisse werden zunächst im Überblick dargestellt.

Tab. 25: Korrelationen zwischen Langeweile und nicht-langeweilespezifischen Schülermerkmalen

Nicht-langeweilespezifische Schülermerkmale	Fach	Situations- und fachspezifische Langeweile				
		UN	IN	LZ	ÜF	DZ
Allgemeine Schülermerkmale						
Emotionale Erregbarkeit	Deu	.20*	.27*	.15*	.27*	.15*
	Ma	.22*	.29*	.18*	.33*	.09*
Fehlende Willenskontrolle	Deu	.22*	.27*	.19*	.33*	.12*
	Ma	.23*	.28*	.25*	.25*	.10*
Extravertierte Aktivität	Deu	.05	.00	-.01	-.04	.00
	Ma	.01	-.04	.00	.04	.05
Schulbezogene Schülermerkmale						
Selbstbezogene und schul- bzw. fachbezogene Kognitionen und Emotionen						
Schullust	Deu	-.19*	-.28*	-.13*	-.27*	-.08
	Ma	-.18*	-.28*	-.18*	-.20*	-.03
Lernfreude	Deu	-.23*	-.27*	-.12*	-.29*	-.01
	Ma	-.08	-.16*	-.11*	-.31*	.01
Fähigkeitsselbstkonzept und Selbstwirksamkeitserwartung	Deu	.07	-.07	.00	-.35*	-.04
	Ma	.02	-.06	-.02	-.39*	.00
Interesse	Deu	-.25*	-.23*	-.11*	-.24*	.01
	Ma	-.08	-.14*	-.08	-.29*	.02
Intrinsische Valenz	Deu	-.26*	-.25*	-.12*	-.22*	.00
	Ma	-.13*	-.19*	-.11*	-.28*	.02
Leistungsbezogene Valenz	Deu	.12*	.16*	.09*	.10*	.10*
	Ma	.14*	.09*	.07	.12*	.06
Intrinsische Motivation	Deu	-.20*	-.24*	-.09	-.26*	.02
	Ma	-.09	-.17*	-.10*	-.34*	.02

Nicht-langeweilespezifische Schülermerkmale	Fach	Situations- und fachspezifische Langeweile				
		UN	IN	LZ	ÜF	DZ
Kompetenzmotivation	Deu	-.20*	-.24*	-.09	-.26*	.02
	Ma	-.03	-.13*	-.08	-.27*	.03
Soziale Motivation	Deu	.12*	.16*	.07	.06	.19*
	Ma	.16*	.09	.12*	.01	.19*
Wettbewerbsmotivation	Deu	.16*	.16*	.11*	.07	.10*
	Ma	.17*	.07	.12*	-.09	.09
Leistungsmotivation durch Noten	Deu	.02	.00	-.03	-.11*	.08
	Ma	.07	-.05	-.02	-.22*	.10*
Anstrengungsbereitschaft	Deu	-.05	-.09	-.07	-.16*	.07
	Ma	-.01	-.13*	-.04	-.33*	.08
Leistungsbezogene Schülermerkmale						
Kognitive Grundfähigkeiten: verbal		.02	-.06	-.06	-.22*	-.13*
Kognitive Grundfähigkeiten: quantitativ		.00	-.04	-.06	-.19*	-.08
Vorwissen: Note im Halbjahreszeugnis	Deu	.03	-.05	-.01	-.25*	-.07
	Ma	.04	-.03	.00	-.28*	-.05

Anmerkungen:
* *p* < .05; zweiseitig getestet.
Stichprobengröße: 418 ≤ *N* ≤ 422, da missing data.

Tab. 26: Korrelationen zwischen Langeweile und Merkmalen der Lernsituation

Merkmale der Lernsituation	Fach	Situations- und fachspezifische Langeweile				
		UN	IN	LZ	ÜF	DZ
Professionelles Lehrerengagement	Deu	-.21*	-.23*	-.20*	-.14*	-.11*
	Ma	-.19*	-.24*	-.19*	-.09*	-.07
Häufigkeit des Auftretens der jeweiligen Unterrichtssituation [a]	Deu	.22*	– [b]	.16*	.43*	.19*
	Ma	.22*	– [b]	.16*	.42*	.10*

Anmerkungen:
[a] Hier wird die jeweilige situationsspezifische Skala herangezogen: Beispielsweise wird Langeweile in Unterforderungssituationen mit der Auftretenshäufigkeit von Unterforderungssituationen korreliert, während Langeweile in Überforderungssituationen mit der Häufigkeit von Überforderungssituationen korreliert wird.
[b] Die Reliabilität dieser Skala ist nicht zufriedenstellend (vgl. Kap. 5.2.1.3).
* *p* < .05; zweiseitig getestet.
Stichprobengröße: 418 ≤ *N* ≤ 422, da missing data.

Situationsspezifische Unterschiede. Betrachtet man die Zusammenhänge aus den Tabellen 25 und 26 situationsspezifisch, dann zeigen sich drei Korrelationsmuster: Die Langeweile-Skalen *Unterforderung* (UN), *fehlende Lehrer-Schüler-Interaktion* (IN), *ungenutzte Lernzeit* (LZ) korrelieren mit den nicht-langeweilespezifischen Merkmalen in ähnlicher Weise und werden deshalb bei der Darstellung zusammengefasst. Die beiden anderen Skalen – *Überforderung* (ÜF), *fehlende Klassendisziplin* (DZ) – zeigen hingegen eigene Profile.

Langeweile bei Unterforderung (UN), *fehlender Lehrer-Schüler-Interaktion* (IN), *ungenutzter Lernzeit* (LZ)

Sieht man von situationsspezifischen Besonderheiten bezüglich der Höhe der Korrelationen ab, so ist festzuhalten, dass sich Schüler umso stärker langweilen,

- je stärker die Merkmale *emotionale Erregbarkeit* und *fehlende Willenskontrolle* ausgeprägt sind,
- je geringer *Schullust, Lernfreude, Interesse, intrinsische Valenz, intrinsische Motivation* und *Kompetenzmotivation* sind,
- je höher *leistungsbezogene Valenz, soziale Motivation* und *Wettbewerbsmotivation* ausgeprägt sind,
- je geringer die Schüler das *professionelle Engagement der Lehrkraft* einschätzen,
- je öfter die Schüler die jeweilige *Situation* erleben.

Unabhängig ist Langeweile in diesen Unterrichtssituationen von *extravertierter Aktivität*, von den Merkmalen *Fähigkeitsselbstkonzept und Selbstwirksamkeitserwartung, Leistungsmotivation, Anstrengungsbereitschaft* und von *Leistungsmaßen* (KFT-Subtests, Noten).

Aufgrund der Interkorrelationen der drei Langeweile-Skalen wurde im Rahmen der Skalenanalyse deren Aggregation diskutiert (vgl. Kap. 5.2.2). Betrachtet man die Zusammenhänge (vgl. Tab. 25, 26), dann stellt sich erneut die Frage nach der Eigenständigkeit der Skalen. Trotz des gemeinsamen ‚Musters' zeigen sich – in Bezug auf die Höhe der Korrelationen – situationsspezifische Zusammenhänge zu einigen Außenkriterien. Dies betrifft z. B. die Variablen *Lernfreude, Interesse, Kompetenzmotivation, soziale Motivation*. Die Skalenstruktur sollte deshalb in künftigen Studien erneut untersucht werden.

Langeweile bei Überforderung (ÜF)

Zu Langeweile bei Überforderung bestehen zu fast allen Schülermerkmalen kleine oder mittlere Effekte. Die in Bezug auf die drei Langeweileformen UN, IN und LZ genannten Korrelationen treffen auch auf Langeweile bei Überforderung zu, die Zusammenhänge sind jedoch insgesamt stärker. Deshalb werden hier nur jene Zusammenhänge dargestellt, die von den oben genannten abweichen.

Negative Korrelationen mittlerer Effektstärke bestehen zwischen *Langeweile in Überforderungssituationen* und *Lernfreude* sowie *intrinsischer Motivation.* Das Ergebnis verwundert nicht: Je geringer diese Variablen ausgeprägt sind, umso weniger wird der Schüler Überforderungssituationen als Herausforderung wahrnehmen; möglicherweise wird er sich gar nicht bemühen, den Unterrichtsgegenstand zu verstehen. Der Schüler verliert den Anschluss – Langeweile kann entstehen.

Fünf Schülermerkmale korrelieren negativ mit Langeweile in *Überforderungssituationen* (kleine bis mittlere Effektstärken), aber mit keiner der anderen Skalen:

- *Fähigkeitsselbstkonzept und Selbstwirksamkeitserwartung,*
- *Leistungsmotivation durch Noten,*
- *Anstrengungsbereitschaft,*
- die beiden Leistungsmaße: *KFT-Subtests* und *Zeugnisnote.*

Bei vier der fünf Variablen sind die Korrelationen im Fach Deutsch höher ausgeprägt als in Mathematik. Diese Konstrukte bestimmen den Umgang mit Überforderungssituationen offenbar maßgeblich. Sind die Variablen niedrig ausgeprägt, geben die Schüler eher auf, sind am weiteren Unterrichtsgeschehen unbeteiligt und erleben Überforderungssituationen folglich eher als langweilig. Dass diese Zusammenhänge nur bei dieser Langeweileform vorliegen, zeigt erneut die Notwendigkeit auf, Langeweile situationsspezifisch zu untersuchen. Da dies in bisherigen Studien ausblieb, wurden negative bzw. – in Bezug auf Leistungsmaße – uneinheitliche Zusammenhänge berichtet.

Langeweile bei fehlender Klassendisziplin (DZ)

Viele der erhobenen Schülermerkmale korrelieren nicht oder nur gering mit dieser Langeweileform. Nennenswerte Zusammenhänge bestehen zu sechs der erhobenen Merkmale: Langeweile bei fehlender Klassendisziplin ist umso größer,

- je stärker die Merkmale *emotionale Erregbarkeit* und *fehlende Willenskontrolle* ausgeprägt sind,
- je höher *soziale Motivation* und *Wettbewerbsmotivation* sind,
- je geringer die Schüler das *professionelle Engagement der Lehrkraft* einschätzen,
- je öfter sie die *Situation* erleben.

Zusammenfassend ist festzuhalten: *Emotionale Erregbarkeit, fehlende Willenskontrolle, professionelles Lehrerengagement* und die *Auftretenshäufigkeit der jeweiligen Unterrichtssituation* korrelieren mit allen Langeweileformen (kleine bzw.

mittlere Effektstärken); hier zeigen sich also situationsunabhängige Zusammenhänge. Die Zusammenhänge mit allen anderen Merkmalen variieren hingegen in Abhängigkeit von der jeweiligen Unterrichtssituation, in der Langeweile auftritt.

Die Daten lassen keine Aussage über Ursache-Wirkungs-Beziehungen zu. Aufgrund theoretischer Überlegungen ist jedoch davon auszugehen, dass Langeweile umso eher entsteht, je stärker die oben genannten Merkmale ausgeprägt sind (vgl. Kap. 1.3). Die Schülermerkmale *emotionale Erregbarkeit* und *fehlende Willenskontrolle* sowie die situativen Merkmale *professionelles Lehrerengagement* und *Auftretenshäufigkeit der jeweiligen Unterrichtssituation* sollten Ursache, nicht aber Folge des Erlebens von Langeweile im Unterricht sein. Diese Fragestellung kann mit Hilfe von Strukturgleichungsanalysen untersucht werden (vgl. Lohrmann, in Druck).

Fachspezifische Unterschiede. Die jeweiligen Zusammenhänge sind in Deutsch und Mathematik ähnlich, d. h. trotz im Detail unterschiedlicher Werte gleichen die meisten Korrelationen einander in Höhe und Richtung.

Fachspezifische Unterschiede finden sich jedoch bei *Lernfreude, Interesse, intrinsischer Motivation* und *Kompetenzmotivation* einerseits sowie Langeweile in *Unterforderungssituationen* (UN) andererseits. Die genannten Variablen korrelieren in Deutsch negativ ($r \geq .20$; kleiner Effekt), während die Variablen in Mathematik in keinem Zusammenhang stehen.

Bezug auf bisherige Forschungsergebnisse. Einzelne Korrelationen weichen von den in der Literatur berichteten ab. Es handelt sich dabei um sechs Merkmale: *extravertierte Aktivität, Interesse, leistungsbezogene Valenz, fünf Motivationsarten, Anstrengungsbereitschaft* und *Leistungen*.

1) Während die beiden PFK-Subskalen *emotionale Erregbarkeit* und *fehlende Willenskontrolle* mit den fünf Langeweile-Skalen erwartungsgemäß positiv korrelieren, steht *extravertierte Aktivität* in keinem Zusammenhang mit dem Erleben von Langeweile. Dies widerspricht Forschungsergebnissen, wonach Extraversion und Langeweile positiv korrelieren (Hill & Perkins, 1985; Kanevsky & Keighley, 2003; Smith, 1981).

2) *Interesse* und Langeweile korrelieren zwar meist negativ, insgesamt fallen die Korrelationen jedoch geringer aus als in der Literatur berichtet (Pekrun, 1998, S. 236: $r = -.64$; Titz, 2001, S. 207: $r = -.46$). In der vorliegenden Untersuchung beträgt die maximale Korrelation $r = -.29$. Während in den beiden genannten Stu-

dien jedoch Merkmale von Studierenden untersucht wurden, beziehen sich die hier vorgelegten Ergebnisse auf Angaben von Grundschülern.

3) *Leistungsbezogene Valenz* korreliert in beiden Fächern positiv mit Langeweile in Unter- bzw. Überforderungssituationen. Je ausgeprägter die Bedeutung von Noten ist, umso langweiliger werden diese Situationen erlebt. Dieses Ergebnis steht im Gegensatz zu der von Götz (2004, S. 141) berichteten Korrelation von $r = -.29$ zwischen leistungsbezogener Valenz und situationsübergreifender Langeweile.

4) Bei den fünf *Motivationsskalen* stellen sich die Zusammenhänge differenzierter dar als von Götz (2004) berichtet; in seiner Untersuchung ergaben sich bei situationsübergreifend erfasster Langeweile stets negative Korrelationen. In der vorliegenden Studie

– hängt die Richtung der Korrelation von dem jeweiligen motivationalen Konstrukt ab,
– die Höhe der Korrelation unterscheidet sich situationsspezifisch.

Das heißt: *Intrinsische Motivation* und *Kompetenzmotivation* korrelieren negativ mit Langeweile, *soziale Motivation* und *Wettbewerbsmotivation* hingegen positiv. Dieses Ergebnis stimmt mit Forschungsergebnissen überein, wonach intrinsische Motivation mit positiven Emotionen, extrinsische Motivation hingegen vor allem mit negativen Emotionen einhergeht (Linnenbrink & Pintrich, 2002; Pekrun, 1998, S. 236).

5) In verschiedenen Studien werden negative Korrelationen zwischen *Anstrengungsbereitschaft* und Langeweile berichtet (Götz, 2004; Pekrun, 1998; Robinson, 1975). In der vorliegenden Stichprobe zeigen sich jedoch überwiegend Nullkorrelationen, nur mit Langeweile in Überforderungssituationen korreliert *Anstrengungsbereitschaft* negativ.

6) Über den Zusammenhang zwischen Langeweile und Fähigkeiten bzw. *Leistungsergebnissen* gibt es in der Forschung keinen Konsens (vgl. Kap. 2). Berichtet werden

– signifikant negative Korrelationen (Fogelmann, 1976; Gjesme, 1977; Larson, 1990; Laukenmann & v. Rhöneck, 2003; Pekrun & Hofmann, 1999; Robinson, 1975; Valtin et al., 2005),
– signifikant positive Zusammenhänge (Larson & Richards, 1991),
– keine signifikanten Zusammenhänge (Farmer & Sundberg, 1986; Feldhusen & Kroll, 1991; Freeman, 1991; Gläser-Zikuda, 2001).

Götz und Frenzel (2005) unterscheiden in ihrer Studie Langeweile aufgrund von Unter- bzw. Überforderung und berichten über Korrelationen von $r = .58$ bzw. $r = -.71$. Die negative Korrelation zu Langeweile in *Überforderungssituationen* kann in der vorliegenden Studie repliziert werden, auch wenn sie mit $r \leq -.28$ geringer ausfällt; zu Langeweile in *Unterforderungssituationen* besteht hier jedoch kein Zusammenhang.

Die Abweichungen zu den in der Literatur berichteten Ergebnissen werden in Kapitel 6 diskutiert.

Es ist festzuhalten, dass die hier untersuchten Zusammenhänge eher situations- als fachspezifisch sind. Dies zeigt, dass Langeweile kein einheitliches Konstrukt und eine situationsspezifische Betrachtung sinnvoll ist.

5.2.6 Wunsch nach Wahrnehmung von Langeweile durch die Lehrkraft

Willst du, dass dein Lehrer [deine Lehrerin] bemerkt, wenn du dich im Deutschunterricht [im Mathematikunterricht] langweilst?

Die Schüler beantworten die Frage fachspezifisch. Nur ein Mädchen nimmt zu dieser Frage kein zweites Mal Stellung; im Mathematikfragebogen verweist sie darauf, die Frage bereits beantwortet zu haben: „Weil – das wissen sie doch schon." (M 9_59_3)

Der Anteil jener Kinder, die diese Frage bejahen bzw. ablehnen, ist in Deutsch und Mathematik fast identisch: *Ja* sagen jeweils etwa 17 Prozent, *nein* kreuzen jeweils circa 83 Prozent der Kinder an (vgl. Tab. 27).[11]

Nur 10.7 % der Schüler ($N = 45$) bejahen die Frage in beiden Fächern. Schätzen diese Kinder die Lernsituation anders ein als die anderen knapp 90 Prozent? Es wird untersucht, ob sich zwischen den beiden Gruppen Mittelwertsunterschiede in Bezug auf das eingeschätzte *professionelle Lehrerengagement* zeigen – hierbei handelt es sich um das einzige fächerübergreifend erhobene situative Merkmal. Da die Voraussetzungen für die Anwendung eines parametrischen Tests verletzt sind (die Stichproben der beiden Gruppen sind unterschiedlich groß, Varianzhomogenität ist nicht gegeben), wird der Mittelwertvergleich mit einem nonparametrischen Test durchgeführt (Rasch et al., 2004, S. 59 f.). Die Analyse zeigt, dass die 45 Schüler das Lehrerengagement tatsächlich signifikant höher einschätzen als die anderen 377 Schüler [$Z = 2.19$; $p < .05$]. Die ‚Ja-Sager' sind also eher der Meinung, von einer guten Lehrerin bzw. von einem guten Lehrer unterrichtet zu werden als jene Kinder, die die Frage verneinen.

---

11 In ihren Angaben unterscheiden sich Mädchen und Jungen in beiden Fächern nicht signifikant ($p > .05$).

Knapp zwölf Prozent der Kinder beantworten die Frage fachspezifisch, d. h. sie bejahen die Frage im einen und verneinen sie im anderen Fach. Da es sich um die jeweils gleiche Lehrkraft handelt, kann die Lehrerpersönlichkeit dafür nicht den Ausschlag geben. Welche fachspezifischen Merkmale dieses Antwortverhalten erklären können, ist noch offen.

Tab. 27: Anteil jener Kinder, die im Deutsch- bzw. im Mathematikunterricht (nicht) wollen, dass die Lehrkraft die Langeweile bemerkt

		Langeweile bemerken in Mathematik		
		nein	ja	gesamt
Langeweile bemerken in Deutsch	nein	77.7	5.9	83.6
	ja	5.7	10.7	16.4
	gesamt	83.4	16.6	100.0

Anmerkung:
Die Prozentangaben beziehen sich auf die Gesamtstichprobe von N = 423.

Die Kinder begründen ihre Einschätzung schriftlich. Das Kategoriensystem wird auf der Grundlage der Antworten zum Fach Deutsch entwickelt; die Zuordnung der mathematikbezogenen Begründungen erweist sich als problemlos, da die Kinder im Wesentlichen die gleichen Aspekte nennen. Nur eine Kategorie wurde aufgrund der Auswertungen der mathematikbezogenen Aussagen zusätzlich gebildet (*A. II. Mitteilung der fachlichen Kompetenz*).

Viele Schüler nennen in ihren Äußerungen mehrere Aspekte; die Bestandteile der Antworten werden dann den jeweiligen Kategorien zugeordnet (vgl. Kap. 5.2.3).

In beiden Fächern werden jeweils 100 Äußerungen bzw. Bestandteile von Äußerungen von zwei Ratern kategorisiert. Der ungleichen Verteilung der Antworten in der Gesamtstichprobe wird dadurch Rechnung getragen, dass 25 Ja-Antworten und 75 Nein-Antworten kategorisiert werden. Cohen's Kappa wird jeweils getrennt berechnet, es beträgt κ = .85 (Ja) bzw. κ = .90 (Nein) in Deutsch und κ = .94 (Ja) bzw. κ = .79 (Nein) in Mathematik. Insgesamt liegt damit eine sehr gute Interraterreliabilität vor.

Willst du, dass dein Lehrer [deine Lehrerin] bemerkt, wenn du dich im Deutschunterricht [im Mathematikunterricht] langweilst?

A. Ja (16.5/16.4)

weil...

I. Wunsch nach situativer Veränderung
1 Auf Klassenebene (7.0/6.3)
2 Auf individueller Ebene (4.4/3.7)

II. Mitteilung der fachlichen Kompetenz (0.2/0.9)

III. Provokatives Verhalten gegenüber der Lehrkraft (0.9/0.4)

IV. Rest (3.7/4.9)

B. Nein (83.5/83.6)

weil...

I. Keine Motivation zur Emotionsmodifikation (2.1/4.7)

II. Festhalten an gegenstandsfremder Selbstbeschäftigung (2.1/1.8)

III. Vermeiden unangenehmer Konsequenzen
1 Sanktionen
1.1 Verbale Sanktionen (17.7/16.3)
1.2 Strafarbeiten (9.4/8.7)
1.3 Negativer Einfluss auf die Leistungsbewertung (3.0/3.7)
1.4 Mitteilung an die Eltern (1.8/2.1)
1.5 Weitere Sanktionen (16.5/20.5)
2 Zusätzliche Aufgaben (5.4/4.7)
3 Unangenehm empfundene Aufmerksamkeit der Lehrkraft (4.2/3.0)
4 Unangenehm empfundene Aufmerksamkeit der Mitschüler (1.1/0.4)

IV. Vermeiden einer Beeinträchtigung der Lehrer-Schüler-Beziehung
1 Schülerbezogen (13.2/13.2)
2 Lehrerbezogen (4.4/3.3)

V. Rest (11.3/11.5)

Anmerkung:
Die Prozentangaben (in Klammern für Deutsch/Mathematik) beziehen sich auf die Gesamtstichprobe von $N = 423$.

Abb. 19: Kategoriensystem zur Begründung, warum die Lehrkraft das Langeweileerleben in Deutsch bzw. Mathematik bemerken soll oder nicht

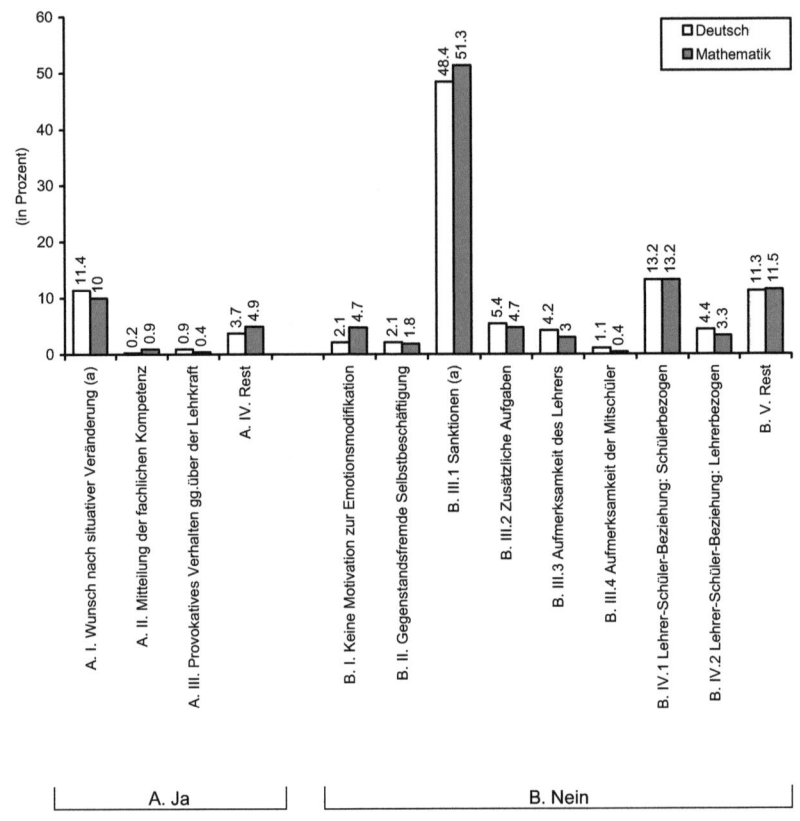

Anmerkung:
Die Nummerierung der Kategorien wurde aus Abbildung 19 übernommen.
(a) Zur besseren Übersicht wurden hier Unterkategorien aggregiert.
Die Prozentangaben beziehen sich auf die Gesamtstichprobe von *N* = 423.

**Abb. 20: Quantifizierung der Antworten zur Begründung, warum die Lehrkraft das Langeweile-
erleben in Deutsch bzw. Mathematik bemerken soll oder nicht**

Abbildung 19 zeigt die Systematisierung im Überblick. Die Häufigkeiten werden in
Abbildung 20 veranschaulicht. Unmittelbar ins Auge fällt der große Anteil jener
Kinder, die ihr *Nein* mit der Angst vor *Sanktionen* (*B. III.1*) begründen. An zweiter
Stelle, aber sehr viel seltener genannt wird die Sorge, dass die Langeweile einen
schlechten Eindruck bei der Lehrkraft hinterlassen könnte (*B. IV.1 Beeinträch-
tigung der Lehrer-Schüler-Beziehung: Schülerbezogen*).

Jene Kinder, die die Frage *bejahen*, erhoffen sich davon eine Veränderung der Unterrichtssituation (*A. I. Wunsch nach situativer Veränderung*) oder sie möchten der Lehrkraft zeigen, dass sie einen Sachverhalt verstanden haben (*A. II. Mitteilung der fachlichen Kompetenz*).

Die Kategorien werden nun vorgestellt und durch Schüleräußerungen illustriert.

A. Ja

Nur etwa jeder sechste Schüler gibt an, dass die Lehrkraft die Langeweile bemerken soll. Welche Gründe stehen hinter diesem Anliegen?

A. I. Wunsch nach situativer Veränderung. Die Schüler hoffen, dass sich die Lehrkraft um eine Veränderung der aktuellen Situation bemüht, wenn sie die Langeweile bemerkt (problemorientiertes Coping; vgl. Kap. 1.4). Die Antworten lassen sich danach unterteilen, ob dieser Wunsch auf die gesamte Klasse oder auf die eigene Person bezogen wird.

A. I.1 Auf Klassenebene

- Weil sie dann vielleicht bemerkt das sie doch ein anders Thema mit uns durchnehmen könnte. Ich spreche da aus eigener Erfahrung. ENDE. (J 8_8_1)
- Weil er undernimt dagege etwas. Er macht den Underricht interrisant. Wir gehen raus. Machen manchmal Witze. (J 9_308_15)
- Weil wenn unser Lehrer das bemerkt macht er dann vieleicht schneller weiter. Und dann langweilig ich mich nicht mehr. (M 9_432_19)
- Weil Er dan fileicht besseren Unterricht macht! (M 9_331_10)
- Weil er dann oft etwas Interesanteres macht. (J 9_267_16)
- Weil Dann kann er versuchen den Unterricht besser zu machen. (J 9_388_21)

A. I.2 Auf individueller Ebene

- Weil dann kann sie mir was zum Arbeiten geben wenn ich fertig bin. (M 9_26_2)
- Weil sie mir noch eine Aufgabe gibt die ich selbstständig machen kann. (M 9_227_8)
- Weil vieleicht kann sie mir dan helfen das mir der Matheunterricht spaß macht. (M 10_293_17)

A. II. Mitteilung der fachlichen Kompetenz. Das Erleben von Langeweile betrachten diese Kinder als Ausdruck ihrer fachspezifischen Kompetenz – offenbar denken sie ausschließlich an Langeweile in Unterforderungssituationen.

- Weil sie dan weiß ich kann das schon und das ist gut. (M 10_301_17)
- Weil das sie sieht das mir die Fragen leichfallen. (J 9_18_1)
- Weil Er dann weiß dass ich es verstanden hab. (M 8_435_19)

A. III. Provokatives Verhalten gegenüber der Lehrkraft. Diese Schüler wollen ebenfalls, dass die Lehrkraft erfährt, dass sie sich im Unterricht langweilen. Anders als die zuvor genannten versprechen sich diese Kinder davon jedoch keine Veränderung der Unterrichtssituation. Sie wissen, dass diese Mitteilung auf den Lehrer wie ein Vorwurf wirkt und wollen den Lehrer durch ihr Verhalten bewusst provozieren. Vier Jungen aus unterschiedlichen Klassen geben entsprechende Antworten.

- Weil dass sich der Lehrer ergert. (J 8_145_4)
- Weil ich ihn so nerfen kann. Weil er immer so streng ist. (J 9_172_5)

A. IV. Rest. Im Fach Deutsch beinhalten zwölf der insgesamt 16 Antworten einen Zirkelschluss. Es ist zu vermuten, dass die Aussagen implizit auch den Wunsch nach einer Veränderung der Situation beinhalten, aber geäußert wird dies nicht – weshalb die Antworten nicht den Äußerungen zum konstruktiven Umgang mit langweiligen Situationen (*A. I.*) zugeordnet werden.

- Weil sie soll merken das das Tehma langweilig wird. (M 9_4_1)
- Weil sonst ervert [erfährt] sie ja nie das ich mich langweile. (J 9_72_11)
- Weil unsere Lehrerin gar keine Lehrehrin ist sie ist wie ein ganz normaler Mensch. dem wo man alles sagen kann. (M 9_28_2)

Neben den Antworten mit einem Zirkelschluss finden sich in dieser Kategorie fehlende sowie unverständliche Äußerungen.

- Weil Manchmal langweile ich mich. (J 10_264_16)
- Weil Weis ich nicht. (J 9_413_18)

B. Nein

Die Äußerungen aus diesem Bereich können vier Kategorien zugewiesen werden: keine Motivation zur Emotionsmodifikation, Festhalten an gegenstandsfremder Selbstbeschäftigung, Vermeiden unangenehmer Konsequenzen, Vermeiden einer Beeinträchtigung der Lehrer-Schüler-Beziehung.

B. I. Keine Motivation zur Emotionsmodifikation (vgl. Abb. 4). Bei diesen Kindern besteht keine Notwendigkeit zur Mitteilung. Entweder wird Langeweile nicht negativ erlebt oder die Emotion tritt nicht auf. In beiden Fällen ist die Anwendung einer Copingstrategie, deren Ziel es ist, auf die aktuelle Emotion einzuwirken und diese positiv zu verändern, nicht erforderlich.

- Weil es mir egal ist. (J 9_260_9)
- Weil ich mich nie langweil. (J 9_282_16)

B. II. Festhalten an gegenstandsfremder Selbstbeschäftigung. Diese Schüler wollen nicht, dass der Lehrer ihre Langeweile bemerkt, weil sie bereits einen Weg gefunden haben, mit der Situation umzugehen. Ihre Copingstrategie hat Erfolg, die Schüler beeinflussen ihr emotionales Erleben positiv. Sie wenden sich einer Nebentätigkeit zu oder denken an etwas anderes – ihre Beschäftigung hat also nichts mit dem aktuellen Unterrichtsgeschehen zu tun. Deshalb fürchten sie, dass die Lehrkraft, sobald diese die Langeweile wahrnimmt, das Kind aufmerksamer beobachtet. Dies wiederum hätte zur Folge, dass sie die aktuelle Tätigkeit nicht weiter ausführen könnten.

- Weil ich vielleicht was mache was sie nicht sehen soll. (M 8_57_3)
- Weil ich Malen [kann] und mit menen Nachbar blautern [plaudern]. (J 8_307_15)
- Weil wenn meine Lehrerin das bemerkt dann muss ich etwas anderes machen und wenn nicht kann ich an Fußball denken. (J 8_69_11)
- Weil ich dan nie zurhören wen mir langweilig ist dan habe ich etwas anderes im Kopf. (M 10_298_17)
- Weil ich im gedanken versunken bin. (J 9_446_19)

B. III. Vermeiden unangenehmer Konsequenzen. Sollte die Langeweile bemerkt werden, erwarten die Kinder unangenehme Folgen unterschiedlicher Art. Sie fürchten Sanktionen, zusätzliche Aufgaben, wollen nicht im Fokus des Lehrers oder der Mitschüler stehen. Fast jedes zweite Kind äußert diese Sorge.

B. III.1 Sanktionen. Die Kinder fürchten verschiedene Formen von Strafen.

B. III.1.1 Verbale Sanktionen

- Weil meine Lehrerin schreit mich sonst an. (J 9_3_1)
- Weil ich habe angst das ich geschimpft werde. (J 9_153_4)
- Weil sonst ein donnerwetter geben kann! (M 9_225_8)
- Weil sonst sagt er vileicht mit brumender genervter Stimme das man sich nicht langweiln soll und wenn er genervt ist dann schimpft er vileicht. (M 8_327_15)

B. III.1.2 Strafarbeiten

- Weil ich sonst eine Strafarbeit bekomme. (M 9_190_6)
- Weil ich sonst eine Zusatzhausaufgabe bekomme. (M 8_214_7)
- Weil dann grich ich eigei und muss 2 Seiten Schreiben. (J 10_125_13)

B. III.1.3 Negativer Einfluss auf die Leistungsbewertung. Diese Kinder fürchten, dass die Lehrkraft die Leistungsbewertung missbraucht, um das Langeweileerleben zu sanktionieren. Diesen Aussagen stehen jene gegenüber, die sich von der Mitteilung positive Effekte erwarten (*A. II. Mitteilung der fachlichen Kompetenz*).

- Weil sie ins Zeugnis reinschreibt er langweilt sich in jeder Stunde. (J 8_213_7)
- Weil ich sonst im Zeugnis eine schlechtere bemerkung bekomme. (J 9_314_15)

B. III.1.4 Mitteilung an die Eltern. Diese Aussagen machen zweierlei deutlich. Erstens halten die Kinder das Erleben von Langeweile im Unterricht für einen mitteilenswerten Sachverhalt; zweitens steht hinter den Antworten die Sorge, dass die Eltern sie nach dieser Mitteilung bestrafen könnten.

- Weil sonst sagt Sie es meinen Eltern. (M 9_42_3)
- Weil sonst schreibt sie das ins Hausaufgabenheft [...]. (M 10_301_17)
- Weil sie dan vieleicht sich ärgern würde und dann meine Eltern anrufen würde! (M 9_189_6)

B. III.1.5 Weitere Sanktionen. Alle anderen Strafen finden sich hier, genannt werden z. B. Nachsitzen, vor die Tür stellen oder Verweise. Den größten Anteil machen jene Aussagen aus, in denen die Kinder schreiben, dass sie dann „Ärger bekommen". Da diese Formulierung unspezifisch ist, werden die Äußerungen ebenfalls zu den weiteren Sanktionen gezählt.

- Weil sie sonnst mich in die ecke stellt. (M 9_60_3)
- Weil sonst bekomme ich Ärger. (J 9_457_19)
- Weil ich sonst mit „saftigen" Strafen rechnen müsste! (M 9_190_6)

B. III.2 Zusätzliche Aufgaben. Wodurch unterscheiden sich diese Antworten von den Äußerungen zu Strafarbeiten (*B. III.1.2*)? Bei Strafarbeiten handelt es sich um Zusatzaufgaben, die der Schüler zu Hause anzufertigen hat; sie dienen der Bestrafung. Zusätzliche Aufgaben hingegen bekommt der Schüler vom Lehrer im Unterricht, um ihn zu beschäftigen; ihr Ziel ist die Behebung von Langeweile in der aktuellen Situation.

- Weil sonst muss ich immer was schreiben. (J 9_81_11)
- Weil sie mir sondst was zum Schreiben geben würde. (M 9_106_12)
- Weil ich glaube das ich da was anderes tun musst und die anderen nich. (M 10_126_13)
- Weil ich mir sonst eine blöde bescheftigung suchen muss. (M 9_133_13)
- Weil er [...] mir dann eine Übungs Aufgabe gibt. (M 9_179_5)

Das gleiche Verhalten der Lehrkraft – die Vergabe von Übungsaufgaben im Unterricht – wird also von den Kindern unterschiedlich bewertet: Während es diese Kinder als Grund für die Verneinung der Frage angeben, gibt es andere Kinder, die sich bei der Lehrkraft zu Wort melden, weil sie beschäftigt werden wollen (*A. I.2 Wunsch nach situativer Veränderung: Auf individueller Ebene*).

B. III.3 Unangenehm empfundene Aufmerksamkeit der Lehrkraft. Diese Schüler fürchten eine verstärkte Beobachtung, wenn der Lehrer die Langeweile bemerkt.

- Weil sie sonst so viele Fragen stehlt das mich nert [nervt]. (M 8_75_11)
- Weil sie mich sonst vieleicht öfters dran nimmt. (M 9_110_12)
- Weil sonst mus ich ir alles erklären. (M 9_361_14)

Aus den Äußerungen geht hervor, dass die Lehrkraft versucht, der Langeweile auf den Grund zu gehen. Aber offenbar wird dies von den Kindern nicht als unterstützend erlebt. Sie nehmen wahr, dass die Aufmerksamkeit unterschwellig mit Vorwürfen verknüpft ist.

B. III.4 Unangenehm empfundene Aufmerksamkeit der Mitschüler. Diese Schüler fürchten nicht die negative Aufmerksamkeit der Lehrkraft, sondern der Mitschüler.

- Weil dann bemerken es auch die Kinder und sagen ich bin ein angeber. (M 9_59_3)
- Nein weil [...] die anderen dann wieder sagen das ich nie aufpasse und das ich faul bin. (M 9_356_14)
- Weil sie sonst mit mir schimpft und dann sagen die anderen irgend welche doofen komentare zu mir und das habe ich nicht gern. (M 9_356_14)

B. IV. Vermeiden einer Beeinträchtigung der Lehrer-Schüler-Beziehung. Die Kinder wollen nicht, dass der Lehrer ihre Langeweile bemerkt, weil dies das Lehrer-Schüler-Verhältnis belasten könnte. Entweder wollen sie selbst im Unterricht nicht negativ auffallen oder sie haben Mitleid mit dem Lehrer, der das Erleben von Langeweile persönlich nehmen könnte.

B. IV.1 Schülerbezogen. Die Kinder möchten, dass der Lehrer einen guten Eindruck von ihnen hat; aus Sicht der Schüler ist das Langeweileerleben dem nicht zuträglich. Andere schämen sich dafür; es ist ihnen peinlich, sich zu langweilen. Höflichkeit und Takt verbieten es, ihr Erleben öffentlich kundzutun.

- Weil ich einen guten eindruck machen will. (J 9_429_18)
- Weil sie soll denken das ich eine gute Schülerin bin! (M 8_12_1)
- Weil ich nicht mag das er schlechtes über mich denkt. (M 9_253_9)
- Weil ich das unerzogen finde. (M 9_444_19)

B. IV.2 Lehrerbezogen. Die Kinder – jeweils zur Hälfte Mädchen und Jungen – wollen sich ihre Langeweile aus Rücksicht auf den Lehrer nicht anmerken lassen. Dieser könnte Langeweile als Ausdruck einer mangelnden Unterrichtsqualität und als Vorwurf verstehen.

- Weil sie dann bestimmt denkt sie ist eine schlechte Lehrerin. (J 9_196_6)
- Weil sie gibt sich viel Mühe und sonst ist sie vieleicht traurig. (M 9_345_10)
- Weil ich will nich das meine Lehrerin denkt das sie keine gute Lehrerin ist! (M 9_205_6)

B. V. Rest. Knapp die Hälfte der Antworten beinhaltet einen Zirkelschluss.

- Weil ich das nie will das er es weiß. (M 9_320_15)

Außerdem sind hier fehlende und unverständliche Äußerungen zu finden; schließlich werden dem Rest Aussagen zugeordnet, die zwar verständlich sind, im Kategoriensystem aber dennoch keinen Platz haben.

- Weil unsere Lehrerin den Unterrich albricht [abbricht] und sich die anderen auch langweilen. (M 9_6_1)
- Weil ich nicht weiß was ich sagen soll. (M 9_80_11)

Die Analyse zeigt: Nur wenige Kinder erwarten, dass die Lehrkraft mit dem Langeweileerleben der Schüler konstruktiv umgeht, indem sie das gegenwärtige Lernarrangement kritisch hinterfragt und z. B. durch rhythmisierende oder differenzierende Maßnahmen verändert. Langeweile wird also nur selten didaktisch genutzt.

Meistens wird das Langeweileerleben in der Interaktion im Unterricht tabuisiert. Fünf von sechs Kindern wollen nicht, dass die Lehrkraft ihre Langeweile bemerkt und haben zahlreiche Strategien entwickelt, um dies zu verheimlichen. Warum? In erster Linie fürchten sie Sanktionen – etwa 50 Prozent der Schüler erwähnen dies. Zudem denken sie, dass Langeweile einen schlechten Eindruck hinterlässt und die Lehrer-Schüler-Beziehung beeinträchtigen könnte.

Die Kinder haben ‚gelernt‘, dass diese Emotion im schulischen Kontext nichts verloren hat. Und sie haben ein Gespür dafür entwickelt, dass die Wahrnehmung von Langeweile nicht ohne Wirkung auf den Lehrer bleibt: „Verletzend wirkt die Ignoranz gegenüber den Inhalten, der investierten Arbeit, vor allem aber gegenüber der dahinter stehenden Person." (Drews, Hensel, Jansen & Schmitt, 1997, S. 5) Also verbergen die Kinder ihr Erleben, anstatt zu lernen, konstruktiv damit umzugehen.

5.2.7 Coping von Langeweile

5.2.7.1 Vorkommen

Was tun Schüler, wenn sie sich im Unterricht langweilen? Welche Strategien wenden sie an, um „die Zeit zu töten" (Decher, 2000, S. 100)? Im Fragebogen wurden verschiedene Strategien erhoben; die Kinder gaben an, wie oft sie in langweiligen Unterrichtssituationen mitmachen, Zuhören vortäuschen, der Lehrkraft die Langeweile mitteilen, warten und träumen, sich Nebentätigkeiten zuwenden. In Abbildung 21 sind die Ergebnisse dargestellt.

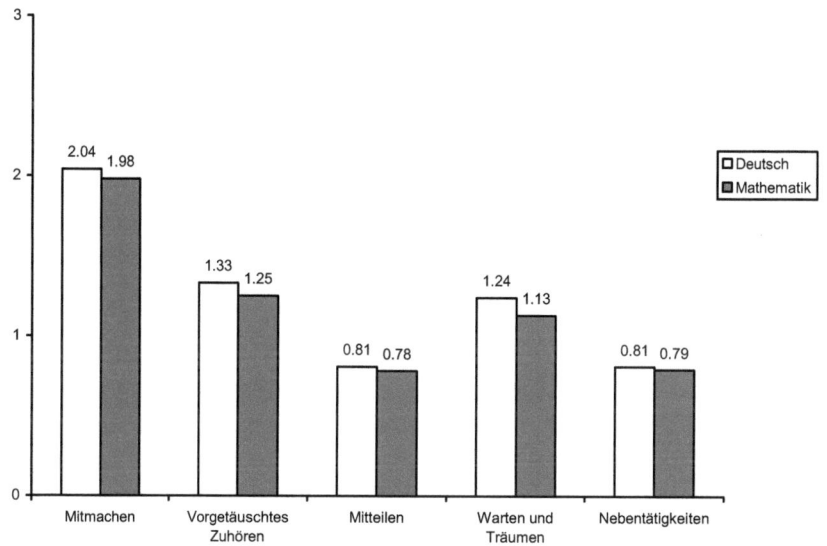

Anmerkungen:
Angegeben sind Skalenmittelwerte.
Die Antwortkategorien lauten: *immer* (Wert 3), *oft* (Wert 2), *manchmal* (Wert 1), *nie* (Wert 0).
Stichprobengröße: $420 \leq N \leq 423$, da missing data.

Abb. 21: Einsatz von Copingstrategien in Deutsch und Mathematik

Unterschiede zwischen den Strategien. Ein Mittelwertsvergleich zwischen den verschiedenen Strategien unterbleibt auch hier aus den bereits genannten Gründen (vgl. Kap. 5.2.5.1).

Fachspezifische Unterschiede. Wenden die Schüler bestimmte Strategien in Abhängigkeit vom jeweiligen Fach an? Träumen sie z. B. in Deutsch eher, während sie im Mathematikunterricht trotz ihrer Langeweile weiterhin mitmachen?

Aus Abbildung 21 geht hervor, dass die Mittelwerte bei allen Strategien in Deutsch geringfügig höher sind als in Mathematik. Mit fünf t-Tests bei abhängigen Stichproben werden die Mittelwertsdifferenzen statistisch untersucht; das Signifikanzniveau entsprechend auf $p < .01$ festgelegt.

Der Unterschied ist bei vier der fünf Copingstrategien statistisch nicht signifikant. Nur beim *Warten und Träumen* ergibt sich ein signifikanter Unterschied, der sich jedoch nicht als praktisch bedeutsam erweist [$t = 4.19$; $p < .01$; $d = .16$].

Geschlechtsspezifische Unterschiede. Beteiligen sich Mädchen trotz ihrer Langeweile eher am Unterricht, teilen Jungen ihre Langeweile eher mit? Allgemeiner gefragt: Unterscheiden sich Jungen und Mädchen bezüglich der angewandten Copingstrategien?

Um dies zu untersuchen, werden in den beiden Fächern jeweils fünf t-Tests bei unabhängigen Stichproben gerechnet; das Signifikanzniveau wird auf $p < .005$ festgelegt. Die Analysen zeigen, dass sich Jungen und Mädchen bei drei Strategien im Fach Deutsch signifikant unterscheiden:

– Jungen *täuschen* aufmerksames *Zuhören* häufiger *vor*. [$t = 3.04$; $p < .005$; $d = .29$]
– Jungen geben an, öfter zu *warten* und zu *träumen*. [$t = 4.08$; $p < .005$; $d = .40$]
– Jungen wenden sich häufiger *Nebentätigkeiten* zu. [$t = 2.89$; $p < .005$; $d = .28$]

Im Hinblick auf ihre praktische Bedeutsamkeit sind die Effekte als klein zu bewerten. Jungen und Mädchen unterscheiden sich also kaum bezüglich der angewandten Copingstrategien.

5.2.7.2 Zusammenhänge zwischen Coping und nicht-langeweilespezifischen Schülermerkmalen bzw. Merkmalen der Lernsituation

Welche Zusammenhänge bestehen zwischen der gewählten Copingstrategie und Merkmalen des Schülers sowie der Situation? Womit hängt es zusammen, ob ein Kind trotz Langeweile dem Unterricht weiter folgt, abwartet oder sich anderen Dingen zuwendet? Die Ergebnisse sind in Tabelle 28 und 29 dargestellt.

Tab. 28: Korrelationen zwischen Coping und nicht-langeweilespezifischen Schülermerkmalen

Nicht-langeweilespezifische Schülermerkmale	Fach	Copingstrategien [a]				
		MM	VZ	MT	WT	NT
Allgemeine Schülermerkmale						
Emotionale Erregbarkeit	Deu	-.18*	.11*	.06	.22*	.18*
	Ma	-.15*	.11*	.12*	.27*	.26*
Fehlende Willenskontrolle	Deu	-.27*	.23*	.05	.29*	.37*
	Ma	-.24*	.19*	.17*	.33*	.41*
Extravertierte Aktivität	Deu	.05	.01	.12*	.09	.00
	Ma	.13*	.06	.13*	.11*	.06

Schulbezogene Schülermerkmale

Selbstbezogene und schul- bzw. fachbezogene Kognitionen und Emotionen

	Fach	MM	VZ	MT	WT	NT
Schullust	Deu	.23*	-.27*	-.01	-.23*	-.21*
	Ma	.21*	-.16*	.01	-.24*	-.22*
Lernfreude	Deu	.26*	-.23*	.08	-.21*	-.17*
	Ma	.21*	-.03	-.04	-.15*	-.24*
Fähigkeitsselbstkonzept und	Deu	.25*	-.04	.00	-.09*	-.19*
Selbstwirksamkeitserwartung	Ma	.25*	.01	-.05	-.13*	-.18*
Interesse	Deu	.25*	-.20*	.12*	-.21*	-.16*
	Ma	.23*	-.03	.00	-.14*	-.22*
Intrinsische Valenz	Deu	.28*	-.21*	.09	-.23*	-.15*
	Ma	.19*	-.04	.00	-.16*	-.20*
Leistungsbezogene Valenz	Deu	-.04	.13*	.04	.17*	.11*
	Ma	.01	.13*	.00	.12*	.09
Intrinsische Motivation	Deu	.27*	-.21*	.14*	-.20*	-.16*
	Ma	.24*	-.05	-.01	-.19*	-.24*
Kompetenzmotivation	Deu	.22*	-.13*	.09*	-.14*	-.20*
	Ma	.25*	-.06	-.01	-.17*	-.26*
Soziale Motivation	Deu	.09	.13*	.05	.01	-.03
	Ma	.12*	.13*	.06	.02	-.01
Wettbewerbsmotivation	Deu	.00	.10*	.00	-.03	-.03
	Ma	.11*	.15*	-.06	-.01	-.06
Leistungsmotivation durch Noten	Deu	.15*	-.01	.03	-.08	-.17*
	Ma	.20*	.00	-.08	-.10*	-.23*
Anstrengungsbereitschaft	Deu	.34*	-.10*	.07	-.15*	-.22*
	Ma	.27*	-.06	-.08	-.23*	-.29*

Leistungsbezogene Schülermerkmale

	Fach	MM	VZ	MT	WT	NT
Kognitive Grundfähigkeiten: verbal		.10*	-.03	-.22*	-.09	-.16*
Kognitive Grundfähigkeiten: quantitativ		.05	.02	-.19*	-.05	-.18*
Vorwissen: Note im Halbjahreszeugnis	Deu	.07	.02	-.10*	-.03	-.07
	Ma	.03	.05	-.12*	-.03	-.15*

Anmerkungen: vgl. Tabelle 29

Tab. 29: Korrelationen zwischen Coping und Merkmalen der Lernsituation

Merkmale der Lernsituation	Fach	Copingstrategien [a]				
		MM	VZ	MT	WT	NT
Professionelles Lehrerengagement	Deu	.15*	-.15*	.12*	-.11*	-.09
	Ma	.14*	-.15*	.09	-.15*	-.12*

Anmerkungen zu Tab. 28 und 29:
[a] MM = Mitmachen, VZ = Vorgetäuschtes Zuhören, MT = Mitteilen, WT = Warten und Träumen, NT = Nebentätigkeiten.
* $p < .05$; zweiseitig getestet.
Stichprobengröße: $418 \leq N \leq 422$, da missing data.

Unterschiede zwischen den Strategien. In Bezug auf die Richtung und Höhe der Korrelationen zeigen sich zum Teil erhebliche Unterschiede. Dabei werden drei ‚Muster' erkennbar:

– Die Strategie *Mitmachen* (MM) unterscheidet sich von den anderen Strategien durch jeweils gegensätzlich gerichtete Korrelationen.

– Drei Skalen zeigen ähnliche Zusammenhänge: *vorgetäuschtes Zuhören* (VZ), *Warten und Träumen* (WT), *Nebentätigkeiten* (NT).

– Die Copingstrategie *Mitteilen* (MT) zeigt ein eigenes Profil.

Mitmachen (MM)

Dass sich die Strategie *Mitmachen* von den anderen vier Copingstrategien durch jeweils gegensätzlich gerichtete Korrelationen unterscheidet, ist inhaltlich sinnvoll: Kinder, die diese Strategie wählen, wenden sich weiterhin dem Unterricht zu, während die anderen drei Strategien einen gegenstandsfremden Umgang mit der Situation erfassen.

Die Unterrichtsbeteiligung von sich langweilenden Schülern ist umso höher,

– je stärker ihre *emotionale Stabilität* und ihre *Eigenkontrolle* ausgeprägt sind,

– je positiver die Wahrnehmung der *eigenen Fähigkeiten* ist,

– je positiver ihre *Einstellung zur Schule* und zum *Fach* ist,

– je stärker *intrinsische* und *extrinsische Motivationen* sowie *Anstrengungsbereitschaft* ausgeprägt sind,

– je besser das *professionelle Engagement der Lehrkraft* eingeschätzt wird.

Diese Strategie ist unabhängig von *Leistungsmaßen*.

Die Strategie Mitmachen wählen also vor allem jene Kinder, die Freude an der Schule und am Lernen haben.

Vorgetäuschtes Zuhören (VZ), *Warten und Träumen* (WT), *Nebentätigkeiten* (NT)

Kinder, die Aufmerksamkeit vortäuschen, warten und träumen oder sich Nebentätigkeiten zuwenden, tun dies umso eher,

- je geringer ihre *emotionale Stabilität* und ihre *Eigenkontrolle* ausgeprägt sind,
- je negativer ihre *Einstellung zur Schule* und zum *Fach* ist,
- je geringer *intrinsische* und *extrinsische Motivationen* ausgeprägt sind,
- je schlechter sie das *professionelle Engagement der Lehrkraft* einschätzen.

Folgende Zusammenhänge unterscheiden sich in Abhängigkeit von der jeweiligen Strategie und erbringen damit empirische Evidenz für die Eigenständigkeit der Skalen:

- *Fehlende Willenskontrolle* korreliert mit den beiden Skalen *Warten und Träumen* sowie *Nebentätigkeiten* höher als mit der Strategie *vorgetäuschtes Zuhören* (mittlere vs. kleine Effekte).
- Die Variable *Fähigkeitsselbstkonzept und Selbstwirksamkeitserwartung* korreliert in beiden Fächern nur mit der Strategie *Nebentätigkeiten*: Je schlechter die eigenen Fähigkeiten eingeschätzt werden, umso eher beschäftigen sich die Schüler bei Langeweile mit unterrichtsfremden Dingen.
- Die gleiche Struktur zeigt sich bei *Leistungsmaßen*. Auch hier bestehen nur zu *Nebentätigkeiten* negative Korrelationen; die Wahl der beiden anderen Strategien (*vorgetäuschtes Zuhören, Warten und Träumen*) ist unabhängig von den erzielten Leistungen.
- *Soziale Motivation* und *Wettbewerbsmotivation* korrelieren nur mit *vorgetäuschtem Zuhören*. Je stärker diese Motivationsformen ausgeprägt sind, umso eher täuschen Schüler Interesse am Unterricht vor, wenn sie gelangweilt sind. Sie wollen bei der Lehrkraft einen guten Eindruck hinterlassen.
- *Anstrengungsbereitschaft* korreliert nur mit den Skalen *Warten und Träumen* sowie *Nebentätigkeiten*. Je geringer die Anstrengungsbereitschaft ist, umso häufiger setzen Schüler diese Copingstrategien ein.

Mitteilen (MT)

Im Gegensatz zu den anderen Strategien korreliert *Mitteilen* kaum mit den erfassten Schülermerkmalen. Dass Schüler ihr Befinden der Lehrkraft mitteilen, ist umso wahrscheinlicher,

- je stärker das Schülermerkmal *Extraversion* ausgeprägt ist und
- je schlechter die *Leistungen* (KFT, Schulnoten) sind.

Auskunft über die Motive der Schüler, sich (nicht) mitzuteilen, gibt die Auswertung einer Frage mit offenem Antwortformat (vgl. Kap. 5.2.6). Dabei ist allerdings zu berücksichtigen, dass die Strategie Mitteilen ein aktives Handeln erfordert, während das Bemerken von Langeweile durch die Lehrkraft auch ohne eine verbale Äußerung des Schülers möglich ist.

Fachspezifische Unterschiede. Betrachtet man die Zusammenhänge in den Tabellen 28 und 29, so zeigen sich keine bedeutsamen fachspezifischen Unterschiede.

Zusammenfassend wird deutlich, dass die Wahl der Copingstrategie bei Langeweile von Merkmalen des Schülers und der Situation abhängt:

– Kinder, die Freude an der Schule und am Lernen haben, schenken dem Unterricht weiterhin Aufmerksamkeit (*Mitmachen*).

– Schüler mit weniger positiv ausgeprägten selbstbezogenen und schul- bzw. fachbezogenen Kognitionen und Emotionen neigen eher dazu, das *Zuhören vorzutäuschen*, zu *warten* und zu *träumen* oder sich *Nebentätigkeiten zuzuwenden*.

– Ob Kinder ihre Langeweile *mitteilen*, hängt kaum mit den erhobenen Schülermerkmalen zusammen.

Grundlage dieser Ergebnisse sind Produkt-Moment-Korrelationen. Um das *Zusammenwirken* verschiedener Merkmale zu untersuchen und zu prüfen, inwieweit die in Abbildung 4 dargestellten theoretischen Annahmen zum Entstehungsprozess schulischer Langeweile und zum Coping mit den vorliegenden Daten vereinbar sind, sollten außerdem Strukturgleichungsanalysen durchgeführt werden (entsprechende Analysen finden sich bei Lohrmann, in Druck).

Außerdem ist festzuhalten, dass in Deutsch und Mathematik ähnlich gerichtete Zusammenhänge bestehen.

5.2.7.3 Zusammenhänge zwischen Coping und langeweilespezifischen Schülermerkmalen

Zeigen sich Zusammenhänge zwischen der gewählten Copingstrategie und der jeweiligen Unterrichtssituation, in der Langeweile auftritt? Tabelle 30 zeigt die analysierten Zusammenhänge im Überblick.

Tab. 30: Korrelationen zwischen Coping und situations- und fachspezifischer Langeweile

Situations- und fachspezifische Langeweile	Fach	Copingstrategien				
		MM	VZ	MT	WT	NT
Unterforderung	Deu	-.11*	.43*	.05	.52*	.29*
	Ma	-.05	.35*	.14*	.43*	.31*
Fehlende Lehrer-Schüler-Interaktion	Deu	-.15*	.41*	.09	.48*	.33*
	Ma	-.12*	.38*	.15*	.49*	.36*
Ungenutzte Lernzeit	Deu	-.09	.30*	.14*	.45*	.32*
	Ma	-.02	.29*	.19*	.39*	.32*
Überforderung	Deu	-.29*	.34*	.17*	.38*	.37*
	Ma	-.24*	.31*	.22*	.44*	.42*
Fehlende Klassendisziplin	Deu	.04	.12*	.21*	.13*	.09
	Ma	.06	.16*	.13*	.15*	.11*

Anmerkungen:
* $p < .05$; zweiseitig getestet.
Stichprobengröße: $418 \leq N \leq 423$, da missing data.

Unterschiede zwischen den Strategien. Aufgrund ähnlicher Korrelationsmuster werden die Skalen *vorgetäuschtes Zuhören* (VZ), *Warten und Träumen* (WT) sowie *Nebentätigkeiten* (NT) auch hier zusammengefasst (vgl. Kap. 5.2.7.2).

Mitmachen (MM)

Die Beteiligung am Unterricht ist weitgehend unabhängig von der Situation, in der Langeweile erlebt wird. Zwischen der Strategie *Mitmachen* und den verschiedenen Langeweileformen zeigen sich – bis auf eine Ausnahme – keine oder nur geringe Effekte.

Ein Zusammenhang mittlerer Effektstärke besteht zu Langeweile in *Überforderungssituationen*: Je größer die Langeweile in dieser Situation ist, umso geringer ist die weitere Beteiligung am Unterricht. Dieses Ergebnis ist plausibel, weil überforderten Kindern diese Strategie nicht zur Verfügung steht.

Vorgetäuschtes Zuhören (VZ), *Warten und Träumen* (WT), *Nebentätigkeiten* (NT)

Der Einsatz dieser Strategien korreliert mit allen Langeweile-Formen positiv (kleine, mittlere und hohe Effektstärken), wenngleich die Zusammenhänge zu Langeweile bei *fehlender Klassendisziplin* am geringsten ausgeprägt sind. Je stärker Langeweile in den jeweiligen Unterrichtssituationen ausgeprägt ist, umso wahrscheinlicher ist es also, dass die Schüler *so tun*, als würden sie *zuhören*, dass sie *abwarten* und *träumen* oder sich mit *etwas anderem beschäftigen.* Dieses Ergebnis ist plausibel.

Mitteilen (MT)

Zwischen *Mitteilen* und den verschiedenen Langeweileformen bestehen keine oder nur geringe Effekte. Grundsätzlich lässt sich festhalten: Je mehr sich Schüler in den Unterrichtssituationen *ungenutzte Lernzeit, Überforderung* oder *fehlende Klassendisziplin* langweilen, umso eher melden sie sich zu Wort, um ihr Befinden gegenüber der Lehrkraft zu äußern.

Quer zu den vorliegenden Befunden liegt die Beobachtung, dass die verschiedenen Copingstrategien mit Langeweile bei *fehlender Klassendisziplin* geringer korrelieren als mit den anderen Langeweileformen (vgl. die letzten beiden Zeilen in Tab. 30). Welche Strategie die Schüler einsetzen, wenn sie sich im Unterricht bei *fehlender Klassendisziplin* langweilen, kann aufgrund der erhobenen Daten nicht beantwortet werden.

Fachspezifische Unterschiede. Trotz einzelner Abweichungen im Hinblick auf die Signifikanz zeigen sich auch hier keine fachspezifischen Unterschiede: Die jeweiligen Korrelationen gleichen einander in Richtung und Höhe.

Fasst man die Ergebnisse zusammen, so wird deutlich:

– Je mehr sich Schüler in *Überforderungssituationen* langweilen, umso geringer ist die weitere Beteiligung am Unterricht.

– Gegenstandsfremde Copingstrategien – *vorgetäuschtes Zuhören, Warten und Träumen, Nebentätigkeiten* – sind umso wahrscheinlicher, je eher Langeweile bei *Unterforderung, fehlender Lehrer-Schüler-Interaktion, ungenutzter Lernzeit* und *Überforderung* auftritt.

– Die Strategie *Mitteilen* ist weitgehend unabhängig von der Situation, in der Langeweile auftritt.

– In Deutsch und Mathematik zeigen sich ähnlich gerichtete Zusammenhänge.

5.2.8 Zusammenfassung

In Kapitel 5.2.1 wurden zunächst die statistischen Kennwerte der Daten analysiert. Hinsichtlich der neu entwickelten, langeweilespezifischen Skalen ist festzuhalten:

- Die beiden Skalen *Langeweile in Unterforderungssituationen* und *Langeweile in Wiederholungssituationen* sind empirisch nicht separierbar. Sie werden deshalb aggregiert. Das gleiche trifft auf zwei Skalen zum Coping (*Warten, Träumen*) zu.

- Von den insgesamt 20 Skalen zu langeweilespezifischen Schülermerkmalen sind 18 Skalen normalverteilt. Linksgipflig verteilt sind die Skalen *Mitteilen* und *Nebentätigkeiten* (im Fach Mathematik).

- Die *Reliabilität* der Skalen liegt zwischen $\alpha = .66$ und $\alpha = .91$.

- Beim Langeweileerleben und bei Copingstrategien zeigen sich nur *geringe Intraklassenkorrelationen*, d. h. die Angaben der Schüler sind weitgehend unabhängig von der jeweils besuchten Klasse.

Im Mittelpunkt des Kapitels stand die Beantwortung der Forschungsfragen dieser Studie (Kap. 5.2.2 bis 5.2.7). In der folgenden Zusammenfassung wird die in Kapitel 3 verwendete Systematik aufgenommen.

▪ Interne Struktur von Langeweile

Die Analysen der internen Struktur zeigen, dass Langeweile eine *situations- und fachspezifische Struktur* hat.

▪ Explikation von Langeweile

Grundschulkinder haben ein zutreffendes Verständnis von Langeweile, sie explizieren die Emotion mit dem Verweis auf *unerwünschte Passivität* oder die *Ausführung einer unerwünschten Tätigkeit*. Am häufigsten genannt wird die *vergebliche Suche nach einer Tätigkeit*.

▪ Vorkommen und Ursachen von Langeweile

Auf der Ebene von Lebensbereichen:

Erheblich mehr Kinder langweilen sich in der *Schule* als in der *Freizeit*. Ihre schulische Langeweile führen sie neben der Unzufriedenheit mit *schulischen Bedingun-*

gen insbesondere auf *didaktische Unzulänglichkeiten in der Unterrichtsgestaltung* zurück.

Auf der Ebene von Unterrichtssituationen und -fächern:

Fachspezifische Unterschiede zeigen sich nur bei Unterforderungssituationen; diese werden in Deutsch langweiliger erlebt als in Mathematik.

Die Einschätzung des Langeweileerlebens ist unabhängig vom Geschlecht.

- **Zusammenhänge zwischen Langeweileerleben und Schülermerkmalen bzw. Merkmalen der Lernsituation**

Sieht man von situationsspezifischen Unterschieden ab, dann hängt das Erleben von Langeweile insbesondere mit der Ausprägung allgemeiner Persönlichkeitsmerkmale (*emotionale Erregbarkeit, fehlende Willenskontrolle*) und der Wahrnehmung der Instruktionsbedingungen (*professionelles Lehrerengagement, Auftretenshäufigkeit der Situationen*) zusammen. Dieses Ergebnis ist theoriekonform.

Ob und inwiefern *selbstbezogene und schul- bzw. fachbezogene Kognitionen und Emotionen* mit dem Erleben von Langeweile zusammenhängen, ist abhängig von der jeweiligen Unterrichtssituation.

- **Wunsch nach Wahrnehmung von Langeweile durch die Lehrkraft**

Die meisten Kinder wollen ihre Langeweile gegenüber der Lehrkraft verheimlichen, weil sie *Sanktionen* oder eine *Beeinträchtigung der Lehrer-Schüler-Beziehung* fürchten. Jene Kinder, die wollen, dass die Lehrkraft die Langeweile bemerkt, hoffen, dass dies zu einer *Veränderung der aktuellen Lernsituation* führt.

- **Coping von Langeweile**

Die Kinder wenden verschiedene Strategien an, um langweilige Unterrichtssituationen zu bewältigen. Dabei zeigen sich keine fachspezifischen Unterschiede.

Bei drei Copingstrategien bestehen geschlechtsspezifische Unterschiede: Jungen wenden die Strategien *vorgetäuschtes Zuhören, Warten und Träumen* sowie *Nebentätigkeiten* signifikant häufiger an als Mädchen.

- **Zusammenhänge zwischen Coping und Schülermerkmalen bzw. Merkmalen der Lernsituation**

Welche Copingstrategien angewendet werden, hängt insbesondere von der Ausprägung der fachspezifischen Schülermerkmale ab. Kinder, die gerne zur Schule gehen und das jeweilige Fach mögen, *beteiligen* sich eher am Unterricht. Jene Kinder, die der Schule und dem Fach ablehnend gegenüberstehen, wenden hingegen häufiger die Strategien *vorgetäuschtes Zuhören, Warten und Träumen* sowie *Nebentätigkeiten* an.

Dass Kinder der Lehrkraft *mitteilen*, wenn sie sich im Unterricht langweilen, ist umso wahrscheinlicher, je extravertierter und je leistungsschwächer ein Kind ist.

6 Diskussion, Forschungsdesiderate und Empfehlungen

Ausgangspunkt dieser Studie war die Beobachtung, dass Langeweile im Schulalltag zwar häufig erlebt wird, aber bisher kaum Gegenstand der empirischen Schul- und Unterrichtsforschung war. Die vorliegende Studie liefert Ergebnisse zu Struktur, Vorkommen und Coping von Langeweile im Unterricht.

In diesem Kapitel werden die Ergebnisse der Arbeit diskutiert und Forschungslücken genannt. Zudem wird aufgezeigt, welche Bedeutung die Befunde für Lehrerinnen und Lehrer haben können. Die aus den Ergebnissen dieser Studie abgeleiteten Empfehlungen für pädagogisches Handeln knüpfen an die empirische und didaktische Literatur zu gutem Unterricht an und sind von dem Anliegen geleitet, negative Lernemotionen vermeiden und positive Emotionen fördern zu wollen.

▪ **Explikation von Langeweile**

Langeweile setzt Subjektivität voraus. Langeweile kann nur der Mensch erfahren, der „zugleich in der Zeit lebt und auf gelebte Zeit reflektieren kann" (Revers, 1956, S. 157 ff.; vgl. Doehlemann, 1991; Svendsen, 2002). Die Ergebnisse belegen, dass neunjährige Kinder dazu in der Lage sind. Sie können die Emotion Langeweile in Interviews oder Fragebögen treffend beschreiben. Die Antworten der Kinder lassen sich auf die aus der Theorie bekannten kategorialen und dimensionalen Merkmale sowie auf die fünf Komponenten von Langeweile beziehen (vgl. Kap. 1.1, 1.2).

Forschungsdesiderate

Das Ergebnis sollte Anlass sein, dem emotionalen Erleben von Grundschülern in der empirischen Forschung zukünftig mehr Aufmerksamkeit zu schenken. Voraussetzung dafür ist die (Weiter-)Entwicklung altersgemäßer Instrumente.

▪ **Langeweile in der Freizeit: Vorkommen und Ursachen**

Fast jeder dritte Schüler langweilt sich in der Freizeit, weil die Suche nach einer Tätigkeit erfolglos bleibt. Den Kindern fehlen Ideen, wie sie sich (allein) beschäftigen könnten, sie vermissen Spielkameraden (zu Kindheit im Wandel vgl. Fölling-Albers, 2005, S. 159 ff.).

Langweilen sich Kinder, ist das nicht nur für sie selbst, sondern auch für ihre Eltern schwer auszuhalten. Erwachsene „bombardieren sie mit immer neuen Vorschlägen, meist vergeblich. Doch wenn Kinder alle Anreize verweigern, kann das nicht manchmal auch bedeuten, dass sie vorübergehend im Zustand der Langeweile verbleiben wollen, weil es Zeit braucht, eine lange Weile eben, um herauszufinden, wohin ihre Neugierde und Lust sie führt?" (Kreuzer-Haustein, 2001, S. 102)

Auch Maldoom (2007) macht auf die kreativen Potentiale von Langeweile aufmerksam:[12] „In der Tat ist Vergnügen ein Grundrecht, auch das Recht eines Kindes. Vergnügen hat seinen Preis. Es impliziert lange Perioden der Untätigkeit und Langeweile. Wir haben panische Angst davor, dass unsere Kinder sich langweilen, aber die Langeweile gebiert Kreativität. Das sehe ich in den Straßen von Addis Abeba: Kinder, die stundenlang ohne die geringste Ablenkung sind, entwickeln die größte Kreativität. Das ist noch etwas, was wir lernen müssen: Kinder müssen sich langweilen. Weil wir sie mit Bildern bombardieren, haben sie jede Kreativität verloren." (S. 15)

Die eigenen Bedürfnisse zu erkunden, kann helfen, eine Beschäftigung zu finden, die dem aktuellen Befinden besser entspricht und langfristig Zufriedenheit verschafft. Denn die passive Hinwendung zu Beschäftigungsangeboten (wie etwa dem Fernsehen) sorgt zwar für einen Zeitvertreib, hinterlässt aber Gefühle von Unbefriedigtsein und innerer Leere (Doehlemann, 1991, S. 88).

Kinder, die lernen, reizarme Zeiten auszuhalten und die wahrgenommene Leere selbstständig zu füllen, haben Kompetenzen erworben, die ihnen für ihr weiteres Leben dienlich sein können (Kast, 2001, S. 22, 159 ff.; Russell, 2006, S. 38 f.). Denn in der Forschung wird Langeweile auch in Zusammenhang mit Aggressionen, Sucht- und Risikoverhalten gebracht (Mikulas & Vodanovich, 1993; Rule, 1998; Rupp & Vodanovich, 1997; Russell, 2006). Jüngst wurde auf ein neues Verhaltensmuster aufmerksam gemacht, das in Anlehnung an Burnout als ‚Boreout‘ bezeichnet wird. Personen, die in ihrem Beruf dauerhaft Unterforderung, Desinteresse und Langeweile erleben und dysfunktionale Copingstrategien anwenden, können von diesem Phänomen betroffen sein (Rothlin & Werder, 2007). Ein reflektierter Umgang mit Langeweile kann somit zur Prävention abweichenden und gesundheitsgefährdenden Verhaltens beitragen.

---

12 Der Choreograph Royston Maldoom realisiert seit über 30 Jahren Tanzprojekte in sozialen Brennpunkten. Im Rahmen des *Sacre*-Tanzprojekts (2002/2003) arbeitete Maldoom mit 239 Berliner Kindern und Jugendlichen. Mit ihrem Chefdirigenten Sir Simon Rattle begleiteten die Berliner Symphoniker das Projekt musikalisch. Die gemeinsame Arbeit wurde in dem Film *Rhythm is it* (2004) dokumentiert (*Regie:* Lansch & Grube).

Empfehlungen für Lehrkräfte

Der Umgang mit Zeit ist Gegenstand des bayerischen Grundschullehrplans (2000, Heimat- und Sachunterricht, Lernziele 1.2.1, 2.3.1). Die vorliegenden Ergebnisse zeigen, wie notwendig es ist, das Erleben von Zeit und den Umgang mit Zeit im Unterricht zu thematisieren und zu reflektieren: Wie kann frei verfügbare Zeit gestaltet werden? Wie wirken sich verschiedene Aktivitäten auf das eigene Wohlbefinden aus? Wie verhalte ich mich, wenn mir langweilig wird?

Anhand eigener Erfahrungen können die Schüler angeregt werden, über das Erleben von Zeit zu reflektieren. Dabei können die Kinder lernen, zwischen gefüllter und erfüllter Zeit zu unterscheiden (Geist, 2005, S. 22). Der Austausch über individuelle Wahrnehmungen macht außerdem deutlich, dass Zeiterleben stets personen- und situationsspezifisch ist.

Die Kinder sollten erfahren, dass das Erleben von Langeweile normal ist und dass auch unverplante, ungefüllte Zeit ihren Wert hat: „Denn ohne die Fähigkeit, eine gewisse Langeweile zu ertragen, führt man ein erbärmliches Leben, ein Leben, das aus ständiger Flucht vor der Langeweile besteht. Deshalb sollten alle Kinder dazu erzogen werden, sich langweilen zu können. Ein Kind ständig zu beschäftigen, hieße, einen wichtigen Teil seiner Erziehung zu versäumen." (Svendsen, 2002, S. 152)

- **Langeweile in der Schule: Interne Struktur**

Langeweile wurde auf der Ebene von Unterrichtsfächern und -situationen erfasst. Die Analysen geben diesem Vorgehen Recht: Die interne Struktur von Langeweile wird nur angemessen beschrieben, wenn *Fächer und Situationen* berücksichtigt werden. Dabei ist allerdings zu berücksichtigen, dass diese Strukturanalysen hier erstmals durchgeführt wurden. Vor einer Generalisierung sollte der Befund deshalb repliziert werden.

Forschungsdesiderate

In dieser Studie wurden Skalen entwickelt, um das fach- und situationsspezifische Erleben von Langeweile im Unterricht zu erfassen. Die Instrumente wurden im Rahmen einer Pilotierung überprüft und in der Hauptstichprobe eingesetzt. Die Eigenständigkeit der drei Langeweile-Skalen *Unterforderung, fehlende Lehrer-Schüler-Interaktion* und *ungenutzte Lernzeit* sollte an weiteren Stichproben untersucht werden. Die internen Beziehungen zwischen den Skalen lassen deren Aggregation zu, differenzielle Bezüge zu Außenkriterien liefern Anhaltspunkte für deren Eigenständigkeit. Hier besteht weiterer Forschungsbedarf.

Bei den Emotionen Angst und Lernfreude nimmt man bislang eine fachspezifische Struktur an – ohne die Situationsspezifität überprüft zu haben (Everson, Tobias, Hartmann & Gourgey, 1993; Gottfried, 1982; Götz, 2004; Götz et al., 2006b; Marsh, 1988; Marsh & Yeung, 1996; Richardson & Suinn, 1972). Angesichts der vorliegenden Ergebnisse sollten bei der Untersuchung von Emotionen künftig Fächer und Situationen berücksichtigt werden, um den *Grad* an Fach- bzw. Situationsspezifität aufzudecken. So wie die Fachspezifität bei Lernfreude signifikant stärker ausgeprägt ist als bei Langeweile (Götz et al., 2006b), könnte sich Langeweile von anderen Emotionen durch eine stärkere Situationsspezifität unterscheiden. Dahinter steht letztlich die Frage nach der strukturellen Ähnlichkeit verschiedener Emotionen.

Trotz der guten Anpassung des fach- und situationsspezifischen Modells ist denkbar, dass eine weitere, bislang nicht untersuchte Modellspezifikation die interne Struktur von Langeweile noch besser abbilden kann. Anzuregen ist die kompetitive Testung eines Modells, in dem Langeweile nicht auf der Ebene von Fächern, sondern auf der Ebene fachspezifischer Lernbereiche operationalisiert wird. (In Abbildung 5 wäre unterhalb des Fachs eine weitere Ebene – die von Lernbereichen – zu ergänzen.) In diesem Modell würde die Situation weiterhin als zweite Facette berücksichtigt. Ausgangspunkt der Überlegungen ist, dass die jeweiligen Fächer durch heterogene Lernbereiche gekennzeichnet sind (vgl. Kap. 5.2.1.1). Möglicherweise kann die interne Struktur von Langeweile noch besser beschrieben werden, wenn die Emotion auf der Ebene von Lernbereichen operationalisiert wird.

Das Erleben von Langeweile könnte, noch differenzierter, auf der Ebene von Unterrichtsinhalten untersucht werden. Die in der Interessenforschung zu findende Unterscheidung von Inhalten/Themen, Situationen/Kontexten und Tätigkeiten könnte auch die Langeweileforschung bereichern (Hoffmann & Lehrke, 1986; Roßberger & Hartinger, 2000).

Empfehlungen für Lehrkräfte

Wenn Lehrkräfte das Erleben von Langeweile im Unterricht reduzieren und positive Emotionen fördern wollen, sollten sie systematisch beobachten, wie Schüler bestimmte Unterrichtssituationen in einem Fach erleben (vgl. Zumhasch, 2005). Ein pauschales Urteil – Schüler A findet die Schule langweilig, Schüler B langweilt sich in Mathematik – ist der Struktur des Konstrukts nicht angemessen. Die genaue Analyse langeweileinduzierender Situationen – also differenziertes Wissen darüber, welche *Situationen* in welchem *Fach* bei welchem *Schüler* Langeweile auslösen – ist Voraussetzung für eine adäquate Intervention.

- **Langeweile in der Schule: Vorkommen und Ursachen**

Fasst man die Ergebnisse der qualitativ und quantitativ erhobenen Daten zu Langeweile im Unterricht zusammen (vgl. Kap. 4, 5.2.4, 5.2.5.1), dann zeigt sich:

Langeweile wird in Unterrichtssituationen erlebt, die durch eine *unzureichende Passung* und *Adaptivität* gekennzeichnet sind. Das betrifft sowohl Unter- als auch Überforderungssituationen. Schüler langweilen sich ferner, wenn die *individuelle Lernzeit nicht aktiv genutzt* wird, wenn der Unterricht *eintönig* und *wenig abwechslungsreich* erscheint oder es der Lehrkraft nicht gelingt, *situationales Interesse* für die Unterrichtsinhalte zu wecken. Damit beziehen sich die Kinder auf Aspekte, die aus der Unterrichtsqualitätsforschung bekannt sind (vgl. zsf. Helmke, 2004; Meyer, 2004).

Die Ergebnisse dieser Studie deuten darauf hin, dass Situationen der *Unterforderung* und *Wiederholung* ‚Spitzenreiter' im Langeweileerleben sind. Die Daten geben jedoch keine Auskunft darüber, inwieweit die Selbsteinschätzungen der Schüler zutreffen. Glauben sie, die Unterrichtsinhalte zu beherrschen, nur weil diese schon einmal Gegenstand des Unterrichts waren? Doch selbst wenn sich Kinder überschätzen – entscheidend ist, dass sie die jeweiligen Unterrichtssituationen als unterfordernd und langweilig *erleben.*

Forschungsdesiderate

Die Schüler schätzen Unterrichtssituationen in Deutsch und Mathematik als ähnlich langweilig ein. Möglicherweise ist dieses Ergebnis auf das Design der Studie zurückzuführen. Um Konfundierungen zwischen Merkmalen des Fachs und der Lehrerpersönlichkeit ausschließen zu können, wurden hier nur Schüler befragt, die in beiden Fächern von derselben Lehrkraft unterrichtet werden. Anzunehmen ist deshalb, dass die Gestaltung der jeweiligen Unterrichtssituationen vergleichbar ist. In weiteren Studien sollte untersucht werden, ob das Ergebnis dieser Studie auch dann repliziert werden kann, wenn die hier entwickelten Skalen in Klassen eingesetzt werden, die nach dem Fachlehrerprinzip unterrichtet werden.

Empfehlungen für Lehrkräfte

Gefragt nach den Ursachen schulischer Langeweile nennen Schüler nur selten bestimmte Unterrichtsinhalte oder -fächer. Stattdessen beziehen sie sich auf die Gestaltung des Unterrichts, also darauf, *wie* eine Sache im Unterricht zum Thema (gemacht) wird. Es kommt also offenbar „viel weniger darauf an, ob die Sache an sich interessant, anregend, herausfordernd ist oder wie man sie findet, sondern wie man sich mit ihr *beschäftigt.* […] Ein Phänomen oder einen Inhalt nicht als langweilig zu betrachten, bedeutet, ihn zu einer faszinierenden und herausfordernden Sache zu *machen*" (Deckert-Peaceman, 2004, S. 6; Hervorhebung v. Verf.). Aufgabe der Lehrkraft ist es deshalb, im Unterricht Neugierde zu wecken, Nachdenken anzuregen und zu ermöglichen. Erst wenn die Kinder Gelegenheit haben, sich intensiv und ernsthaft mit einer Sache zu beschäftigen, können sie Sinnzusammenhänge erkennen. Dann entdecken sie Bezüge zwischen dem Unterrichtsinhalt und ihrer eigenen Lebenswelt und nehmen den Gegenstand als subjektiv bedeutsam wahr. Es werden Bildungsprozesse möglich. Und gefüllte Zeit kann zu erfüllter Zeit werden. Es mag ein widersprüchliches Phänomen sein, aber dem Lernen Zeit zu geben, kann Langeweile verhindern.

Die Ergebnisse zeigen, dass potentiell langweilige Situationen als umso langweiliger erlebt werden, je häufiger sie im Unterricht vorkommen (vgl. Kap. 5.2.5.2). Die entsprechenden Unterrichtssituationen sollten deshalb *vermieden* bzw. didaktisch *anders gestaltet* werden. Konkret bedeutet dies:

Unterricht sollte Kompetenzerleben ermöglichen (Deci & Ryan, 1985, 1993; Feige, 2005). Situationen der *Unter-* und *Überforderung* sollten deshalb durch qualitative Differenzierung vermieden werden. Die Aussagen der Kinder deuten jedoch darauf hin, dass Lehrkräfte vorrangig quantitativ differenzieren (vgl. Kap. 5.2.6).

Die Ergebnisse zum Langeweileerleben in *Wiederholungssituationen* dürfen nicht dahingehend interpretiert werden, dass diese Unterrichtsphasen verzichtbar wären, aber das Wiederholen und Üben sollte anspruchsvoller gestaltet werden (Gudjons, 2005; Meyer, 2004, S. 104 ff.; Renkl, 2005). Zudem kann man die Kinder anregen, in der Wiederholung das Neue zu entdecken. Erfordert die Aufgabenstellung ein anderes Vorgehen? Wird der gleiche Sachverhalt bei der Wiederholung besser verstanden oder beherrscht? Lässt sich ein persönlicher Lernfortschritt erkennen?

Lehrervorträge und Unterrichtsphasen, die durch mangelnde *Lehrer-Schüler-Interaktionen* gekennzeichnet sind, lösen bei Schülern Langeweile aus. Diese Ergebnisse geben Anlass, die Kommunikation innerhalb der Klasse kritisch zu reflektieren. Wie steht es um die Verteilung von Redegelegenheiten und Redezeiten im Unterrichtsgespräch? Könnten eigene Redeanteile eingeschränkt werden?

Grundsätzlich gilt: Die Lehrkraft sollte die *Motivierung* der Schüler nicht nur beim Unterrichtseinstieg, sondern im Verlauf der gesamten Lernhandlung (also auch beim Üben) im Blick haben (vgl. Deci & Ryan, 1985, 1993; Dewey, 1913; Krapp, 1998; Mitchell, 1993). Denn positive emotionale Lernerfahrungen sind Voraussetzung für die Ausbildung von Interessen. „Es ist vergleichsweise leicht, in der Einstiegsphase des Unterrichts die Neugier für ein Thema zu wecken und kurzfristig die Aufmerksamkeit der Schüler gefangen zu nehmen. Doch im Hinblick auf die Erfordernisse einer lernwirksamen Motivierung ist damit noch wenig gewon-

nen. Denn das entscheidende motivationale Problem ist die Erzeugung einer Lern-
bereitschaft, die über den gesamten Zeitraum der Stofferarbeitung anhält." (Krapp,
1998, S. 198)

Allerdings trägt die Lehrkraft nicht die alleinige Verantwortung für guten Unterricht. Auch Schülerinnen und Schüler sind Akteure des Unterrichts und sollten sich
dieser Rolle bewusst sein. Das gemeinsame Gespräch über Unterricht, der Austausch über unterschiedliche Wahrnehmungen können Unterricht bereichern und
zum Gelingen beitragen (Clausen, 2002; Fichten & Meyer, 1986, S. 151; Götz &
Hartinger, 2004, S. 22 f.).

Trotz aller Bemühungen, das Langeweileerleben der Schüler zu reduzieren, wird es
der Lehrkraft vermutlich nicht gelingen, immer alle Schüler für die jeweiligen Unterrichtsinhalte und -aktivitäten zu begeistern. Zu unterschiedlich sind die individuellen Voraussetzungen und Bedürfnisse zu einem Zeitpunkt. Langeweile ist – und
war schon immer – Teil von Schule und Unterricht. Aufgrund dessen stellt sich die
Frage, wie Lehrkräfte und Schüler mit Langeweile umgehen sollten. Dies ist Gegenstand der Überlegungen zum Coping.

- **Zusammenhänge zwischen Langeweileerleben und Schülermerkmalen
  bzw. Merkmalen der Lernsituation**

Das Erleben von Langeweile, so der Ausgangspunkt dieser Studie, entsteht durch
die Ausprägung von Merkmalen der Situation und des Individuums sowie der Bewertung dieser Interaktion (vgl. Kap. 1.3, Abb. 4). Die hier gewonnenen Ergebnisse
ermöglichen es, diese Zusammenhänge für die verschiedenen Merkmale zu differenzieren.

Die Professionalität der Lehrkraft ist aus Sicht der Kinder mit dem eigenen Langeweileerleben verknüpft: je kompetenter die Lehrkraft, umso weniger Langeweile.
Außerdem zeigen die Befunde, dass eine potentiell langweilige Situation umso eher
als langweilig erlebt wird, je häufiger sie im Unterricht auftritt. Die Ergebnisse zeigen aber auch, dass die Bewertung von Unterrichtssituationen mit der Ausprägung
von Persönlichkeitsmerkmalen auf Seiten des Schülers zusammenhängt. Kinder,
die emotional unruhig sind und Schwierigkeiten damit haben, eigene Bedürfnisse
zu unterdrücken und sich an Gebote und Forderungen von Autoritätspersonen zu
halten, langweilen sich mehr als Kinder, bei denen diese Merkmale gering ausgeprägt sind. Zudem gelingt es ihnen weniger gut, die Langeweile auszuhalten und
sich auf den jeweiligen Unterrichtsgegenstand einzulassen (vgl. Kap. 5.2.5.2,
5.2.7.2). Ob sich ein Schüler im Unterricht langweilt, hängt also auch, aber nicht
nur, von der Lehrkraft ab.

Die Ergebnisse machen ferner deutlich, dass das Erleben von Langeweile im Unterricht keine isolierte Erscheinung ist, sondern einhergeht mit einer negativen affektiven Einstellung gegenüber der Schule und gegenüber Lernaktivitäten in dem jeweiligen Fach.

Forschungsdesiderate

Schulische Langeweile korreliert negativ mit den erhobenen selbst- und schul- bzw. fachbezogenen Kognitionen. Offen ist jedoch, ob z. B. eine gering ausgeprägte Lernfreude Ursache oder Wirkung von Langeweile im Unterricht ist. Zur Untersuchung von Wirkungsbeziehungen bieten sich experimentelle Designs an. Auf der Grundlage längsschnittlich erhobener Daten kann die Wirkrichtung der verschiedenen Konstrukte auch in Strukturgleichungsanalysen untersucht werden. Ziel der Forschung sollte eine empirisch gesättigte Theorie zu Ursachen und Wirkungen schulischer Langeweile sein (vgl. Lohrmann, in Druck).

Die Abweichungen der hier gefundenen Korrelationen zu den in der Literatur berichteten Ergebnissen (vgl. Kap. 5.2.5.2) machen zweierlei deutlich. Erstens bedarf es weiterer Forschungen zu Langeweile, um replizierbare Befunde zur Höhe und Richtung der untersuchten Zusammenhänge zu erhalten. Dabei sollten die hier entwickelten fach- und situationsspezifischen Langeweile-Skalen auch bei älteren Schülern eingesetzt werden. Zweitens sind vermehrt Studien notwendig, die dieses Konstrukt bei Grundschülern untersuchen. Dass sich Forschungsergebnisse in Abhängigkeit von der jeweils untersuchten Alterskohorte unterscheiden, ist in Bezug auf andere Konstrukte hinlänglich bekannt (Weinert, 1998; Weinert & Helmke, 1997). Möglicherweise trifft dies auch auf Langeweile zu.

In künftigen Studien sollten weitere, für das Entstehen von Langeweile potentiell relevante Merkmale des Schülers und der Situation systematisch untersucht werden (vgl. Kap. 1.3). Von Interesse ist insbesondere, mit welchen Lehrermerkmalen bzw. Prozessmerkmalen des Unterrichts das Erleben von Langeweile zusammenhängt. Fokus dieser Studie waren Unterrichtssituationen, die im Klassenunterricht vorkommen. Das Erleben von Langeweile sollte darüber hinaus in anderen Sozialformen (Einzelarbeit, Partnerarbeit, Gruppenarbeit) und Handlungsmustern (z. B. Lerntheke, Mindmap) untersucht werden (Meyer, 2004, S. 75 ff.). Aufgrund bisheriger Forschungsergebnisse ist anzunehmen, dass Unterrichtssituationen umso weniger langweilig erscheinen, je größer die subjektiv erlebte Autonomie ist (vgl. Kap. 2.2). Um dies zu untersuchen, sollten lehrerzentrierte und offene Unterrichtsformen experimentell variiert und kontrastiert werden. Erkenntnisse aus entsprechenden Forschungsdesigns könnten Lehrkräften weitere Anhaltspunkte für die Gestaltung von Unterricht geben.

Die Perspektive der Lehrkräfte blieb in dieser Studie ausgeklammert. Offen ist, wie Lehrkräfte die Langeweile ihrer Schüler einschätzen. Es erscheint jedoch lohnend, die Lehrersicht zu erheben und mit der Wahrnehmung der Schüler anhand von *Multi-Trait-Multi-Method*-Modellen zu kontrastieren (vgl. Kap. 5.2.2) (vgl. Clausen, 2002). Diese Vorgehensweise bietet sich auch an, um auf Traitseite Langeweile von anderen Konstrukten wie Aufmerksamkeit oder Neugier abzugrenzen.

Empfehlungen für Lehrkräfte

Ein bedeutendes Ziel von Schule und Unterricht ist es, eine positive Einstellung zum Lernen zu entwickeln und Interesse an unterschiedlichen Gegenständen und Fächern zu wecken. Das Erleben von Langeweile wirkt sich hierbei nachteilig aus (Krapp, 1998, S. 197). Insbesondere im Grundschulbereich, wo Einstellungen zu Lernen und Schule erworben werden, sollte Unterricht positive Lernerfahrungen ermöglichen, damit die zu Beginn der Grundschulzeit ausgeprägte Schullust und Lernfreude der Kinder bestmöglich erhalten wird (Helmke, 1993, 1997).

- **Wunsch nach Wahrnehmung von Langeweile durch die Lehrkraft**

Die Schüler sind der Meinung, dass die jeweilige Unterrichtsgestaltung ursächlich für Langeweile ist – und machen somit die Lehrkraft dafür verantwortlich, wenn sie sich im Unterricht langweilen. Trotzdem will die große Mehrheit der befragten Kinder nicht, dass ihre Langeweile bemerkt wird. Kaum ein Schüler erwartet, dass die Lehrkraft den Unterricht daraufhin verändert, die Wahrnehmung von Langeweile auf Schülerseite also didaktisch nutzt.

Forschungsdesiderate

Von Interesse ist, ob auch ältere Schüler ihre Langeweile zu verheimlichen versuchen. Unterrichtsbeobachtungen lassen vermuten, dass sich Schüler der Sekundarstufe weniger darum bemühen, sondern ihr Langeweileerleben z. T. offensiv und provokativ zur Schau stellen (Breidenstein, 2006, S. 73 ff.; Jansen, 1997, S. 8). Im Hinblick auf mögliche Motive zur Verheimlichung ist anzunehmen, dass die Beziehung zur Lehrkraft bei älteren Schülern weniger handlungsleitend wirkt, während z. B. die extrinsische Leistungsmotivation an Einfluss gewinnen dürfte.

Empfehlungen für Lehrkräfte

Die Ergebnisse deuten darauf hin, dass Schüler ihre Lehrkraft durch das Langeweileerleben nicht provozieren möchten. Lehrerinnen und Lehrer sollten sich durch die Wahrnehmung bzw. Mitteilung von Langeweile deshalb nicht persönlich angegriffen fühlen, sondern sich vielmehr um einen professionellen Umgang mit einer derartigen Situation bemühen. Dann kann die Rückmeldung der Kinder zur Verbesserung der Unterrichtsqualität beitragen und Anlass für Meta-Unterricht sein (vgl. Fichten, 1993). Anstatt sich über gelangweilte Schüler, die nicht mitarbeiten wollen, zu beklagen, sollte die Lehrkraft die Schüler ermutigen, ihr emotionales Erleben kundzutun, mögliche Ursachen der Langeweile eruieren und mit den Schülern Strategien im Umgang mit Langeweile erarbeiten.

- **Coping von Langeweile**

Schüler wenden verschiedene Strategien an, um die als langweilig erlebte Unterrichtszeit zu füllen und die Langeweile zu vertreiben (vgl. Kap. 4, 5.2.7.1). Im einleitenden Theorieteil wurde deutlich gemacht, dass die Wahl einer Copingstrategie sowohl von situativen als auch von individuellen Merkmalen abhängt (vgl. Abb. 4). Die vorliegenden Befunde unterstreichen dies.

Der große Anteil von Kindern, die sich trotz Langeweile weiterhin am Unterricht beteiligen, belegt ihre Bereitschaft und Fähigkeit, sich auch dann auf die Unterrichtsinhalte einzulassen, wenn die aktuelle Auseinandersetzung im Unterricht als langweilig erscheint. Die Copingstrategie *Mitmachen* wird dabei umso eher eingesetzt, je positiver die Kinder Schule und Lernen gegenüberstehen (vgl. Kap. 5.2.7.2). In Maßen eingesetzt, ist diese Strategie pädagogisch durchaus wünschenswert. Schließlich sind „schulische Lernprozesse notwendig steiniger, unbequemer und auch langweiliger […] als manche TV-Shows" (Jansen, 1997, S. 10). Schüler sollten dies erfahren und lernen, sich auch auf wenig reizvolle Unterrichtsinhalte einzulassen.

Forschungsdesiderate

Unterrichtsstörungen von Schülern – in dieser Studie durch *Nebentätigkeiten* erfasst – sind seit jeher Gegenstand der schulpädagogischen Forschung. Sie beeinträchtigen den Unterrichtsverlauf und werden von der Lehrkraft häufig als Infragestellung ihrer Kompetenz gedeutet (Jansen, 1997; Kiel, 2005, S. 337 f.; Seitz, 2005, S. 343 ff.). Als Reaktion auf Langeweile wurden Störungen bisher jedoch nicht systematisch untersucht.

Auch wurde das Phänomen, dass sich Kinder trotz Langeweile am Unterricht beteiligen, noch nicht zum Gegenstand der pädagogischen Forschung. Dass drei von vier Schülern diese Strategie einsetzen, mag ein grundschulspezifisches Phänomen sein. Möglicherweise verhalten sich die Kinder so, um der Lehrkraft einen Gefallen zu tun und die Beziehung zu ihr nicht zu belasten (vgl. Kap. 5.2.6). In weiteren Studien sollte deshalb untersucht werden, welchen Stellenwert diese Strategie bei älteren Schülern hat und welche Motive deren Verhalten leiten. Zudem fehlt Wissen über mögliche Auswirkungen dieser Strategie. Beeinträchtigt das *Mitmachen* bei Langeweile langfristig die positive Einstellung der Kinder zu Schule und Unterricht? Dies könnte in Langzeitstudien untersucht werden.

Nicht erfasst wurde in dieser Studie, als wie erfolgreich die Kinder die von ihnen eingesetzten Strategien einschätzen, ob es ihnen also gelingt, das emotionale Erleben positiv zu beeinflussen. Dies wäre eine lohnende Forschungsfrage. Anzunehmen ist, dass es den Schülern mit Hilfe der eingesetzten Strategien lediglich gelingt, die Zeit kurzfristig zu füllen. Forschungsergebnisse zu dieser Frage könnten die Notwendigkeit der Einübung von Copingstrategien im Unterricht untermauern.

Copingstrategien bei Langeweile erfüllen die Funktion einer Lernstrategie – Ziel ist es, den Prozess der Informationsverarbeitung aufrecht zu erhalten und ihn zu steuern (Mandl & Friedrich, 1992; Wild et al., 2001). Die willentliche Abschirmung gegen konkurrierende Handlungstendenzen ist auch bei Langeweile erforderlich (motivationale Komponente, vgl. Kap. 1.2). Die Entwicklung, Dokumentation und Evaluation eines Trainingsprogramms zum Umgang mit Langeweile im Unterricht könnte künftig Gegenstand einer Forschungsarbeit sein. Schließlich ist „die alleinige Darbietung von abstrakten (Lösungs-)Prinzipien keine hinreichende instruktionale Maßnahme […]. Damit Wissen möglichst gut anwendbar ist, sollte das Wissen um abstrakte Prinzipien mit Wissen um konkrete Anwendungsfälle verbunden sein" (Renkl, 1999, S. 311 ff.). Dies ist bei den nachfolgend formulierten Anregungen für Lehrkräfte zu berücksichtigen.

Empfehlungen für Lehrkräfte

Die Ergebnisse belegen, dass die Beteiligung der Schüler am Unterricht nicht per se Interesse und Lernfreude signalisiert. Nicht nur jene Schüler, die durch unterrichtsfremde Aktivitäten den Unterricht stören, sondern auch solche, die sich angepasst und scheinbar interessiert verhalten, sollten die Lehrkraft veranlassen, die Unterrichtsgestaltung in Frage zu stellen und gegebenenfalls zu verändern. Der Anteil gelangweilter Schüler ist möglicherweise größer als auf den ersten Blick zu vermuten.

Die Kinder sollten in der Schule angeleitet werden, die Potentiale von Langeweile zu nutzen. Evolutionär betrachtet hat Langeweile die Funktion, die Tendenz des Individuums einzuschränken, auf bekannte Reize zu reagieren – sofern diese weder als gefährlich noch als lohnend bewertet werden (Bornstein, 1989, S. 282). Um sich einem Gegenstand oder einer Tätigkeit zuwenden zu können, die den aktuellen

Bedürfnissen besser entspricht, muss man die *Ursache* des aktuellen Langeweile-erlebens kennen und *Lösungsmöglichkeiten* eruieren. Dabei können folgende Fragen hilfreich sein:

– Warum langweile ich mich? Was genau erscheint mir in der gegenwärtigen Situation bekannt, wenig lohnend?
– Wonach verlange ich? Was müsste sich an der Umgebung ändern bzw. wie müsste ich mich ändern, damit ich mich nicht mehr langweile?

Auch im schulischen Kontext ist ein solches Vorgehen denkbar. Anstatt darauf zu warten, dass die Lehrkraft die Situation den Erwartungen des Schülers entsprechend verändert, sollte der Lernende selbst versuchen, sein emotionales Befinden zu regulieren. Im Mittelpunkt steht damit die Erfahrung von Selbstwirksamkeit im Umgang mit Langeweile. Darüber hinaus können erfolgreiche Copingprozesse das Lern- und Arbeitsklima in der Klasse positiv beeinflussen, wird doch Unruhe reduziert, die durch störende Nebentätigkeiten entstehen kann. Erfolgreiche Copingprozesse auf Schülerseite sollten somit auch die Lehrkraft entlasten.

Wenn Kinder lernen, adäquate Strategien einzusetzen, dann haben sie Kompetenzen erworben, die ihnen auch außerhalb der Schule von Nutzen sein können.

7 Schluss: Langeweile – ein Thema für die Schule!

> *Also Langeweile ist etwas dummes aber es ist normal.*
> (M 9_9_1)

Kinder haben die Gabe, komplizierte Sachverhalte mit einfachen Worten auf den Punkt zu bringen. Langeweile ist etwas *Dummes*, sagt dieses neunjährige Mädchen. Langeweile ist unerwünscht, man betrachtet sie „als Feind, den man bekämpft, vor dem man wegläuft und den man vermeidet" (Keen, 1980, S. 22). Das Erleben von Langeweile ist aber zugleich *normal*. Jeder langweilt sich im Laufe seiner Schulzeit, manche in einem solchen Ausmaß, dass sie „fast physisch darunter leide[n]" (Zinnecker, 1982, S. 88).

Mit ihrer Aussage fasst die Schülerin das Wesen schulischer Langeweile treffend zusammen. Schüler *sollen* sich im Unterricht nicht langweilen, weil die Emotion positive Lernerfahrungen reduziert, Ausdruck einer unzureichenden Unterrichtsqualität ist und somit ein schlechtes Bild auf Schule, Unterricht und die Professionalität von Lehrkräften wirft. Aber diese Forderung wird wohl eine Wunschvorstellung bleiben (müssen). Wie sonst ist es zu erklären, dass sich Schüler trotz allen pädagogischen Bemühens seit jeher im Unterricht gelangweilt haben und dies auch kulturübergreifend tun? Nach der ethnographischen Beobachtung des Unterrichtsalltags kommt auch Breidenstein (2006) zu dem Schluss, dass die Erwartung, wonach sich Schüler „täglich, stündlich und in jedem Moment für das interessieren könnten, was gerade ‚dran' ist, nicht aufrechtzuerhalten ist" (S. 86). Aus Sicht von Kindern und Jugendlichen ist die Schule „das Langeweileinstitut par excellence" (Doehlemann, 1991, S. 152).

Dabei ist zu berücksichtigen, dass sich Lehrkräfte und Schüler in ihrem emotionalen Erleben wechselseitig beeinflussen. Emotionales Erleben ‚steckt an'. Deshalb bleiben „die Unterrichtsstörungen, das Nicht-Mitmachen [...], die lähmende Langeweile [...] nicht ohne Wirkung auf den Lehrer, der gefrustet und ohnmächtig in diese Klasse geht" (Jansen, 1997, S. 10). Strahlt die Lehrkraft hingegen Freude an ihrer Tätigkeit aus, werden sich auch die Schüler eher für die Unterrichtsinhalte begeistern können, was sich wiederum positiv auf das emotionale Erleben der Lehrkraft auswirkt.

Sieht man sich an, wie Lehrkräfte mit dem Langeweileerleben ihrer Schüler umgehen, dann beschränkt sich dies häufig auf Schuldzuweisungen gegenüber den Schülern. Lehrerinnen und Lehrer sprechen lieber von Kindern mit fehlenden Interessen, mit Motivations- und Konzentrationsschwierigkeiten, als von gelangweilten Schülern. Damit weisen sie das Defizit den Kindern zu, während das Eingeständnis, dass sich die Schüler in ihrem Unterricht langweilen, den Blick stärker auf situative Merkmale lenken und sie damit selbst in die Verantwortung nehmen würde. Umgekehrt führen Schüler die im Unterricht erlebte Langeweile auf den Unterricht und damit auf die Person der Lehrerin bzw. des Lehrers zurück (Breidenstein, 2006, S. 77; Freeman, 1993, S. 30; Rost, 2007b). Fichten und Meyer (1986) fassen zusammen: „Das wechselseitige Abstempeln hat offensichtlich Methode." (S. 151)

Um Langeweile im Unterricht ,auf die Spur zu kommen', muss die Forschung das Wissen über diese Lernemotion erweitern. Auf dieser Basis können fundierte Anregungen für pädagogische Handlungssituationen formuliert werden. Die vorliegende Studie leistet dazu einen Beitrag.

Ergebnis dieser Studie sind Erkenntnisse zu Struktur, Vorkommen und Coping von Langeweile im Unterricht. Damit bietet diese Arbeit konkrete Ansatzpunkte für die Gestaltung von Unterricht, in dem die Schüler weniger Langeweile erleben und mit auftretender Langeweile kompetent umzugehen lernen. Eine Lehrkraft, die aufgrund differenzierter Schülerbeobachtungen weiß, in welchen Unterrichtssituationen sich Schüler langweilen und welche Copingstrategien diese anwenden, kann pädagogisch reflektiert reagieren. Durch didaktische Maßnahmen kann die Lehrkraft Unterrichtssituationen, die als langweilig bewertet werden, verändern und dem Auftreten von Langeweile entgegenwirken. Ein reflektierter Umgang mit dieser Emotion kann aber auch darin bestehen, dass die Lehrkraft den Wünschen der Schüler nach einer Veränderung der Lernsituation bewusst nicht entspricht und sie dazu auffordert, die Langeweile auszuhalten und das emotionale Erleben durch den gezielten Einsatz von Copingstrategien selbstständig zu regulieren. Ein differenziertes Handlungsrepertoire ermöglicht es Lehrerinnen und Lehrern, professionell mit Langeweile im Unterricht umzugehen und die Wahrnehmung der Emotion damit für die Verbesserung der Unterrichtsqualität zu nutzen.

8 Literatur

Adelung, J. C. (1786). *Grammatisch-kritisches Wörterbuch der hochdeutschen Mundart.* Leipzig: Breitkopf.

Akaike, H. (1987). Factor analysis and AIC. *Psychometrika, 52,* 317–332.

Arnold, K.-H. (2006). Unterricht als zentrales Konzept der didaktischen Theoriebildung und der Lehr-Lern-Forschung. In K.-H. Arnold, U. Sandfuchs & J. Wiechmann (Hrsg.), *Handbuch Unterricht* (S. 17–26). Bad Heilbrunn: Klinkhardt.

Arnold, W. (1975). *Person, Charakter, Persönlichkeit.* München: Olzog.

Backhaus, K., Erichson, B., Plinke, W. & Weiber, R. (2006). *Multivariate Analysemethoden. Eine anwendungsorientierte Einführung.* Berlin: Springer.

Ballauff, T. & Schaller, K. (1970). *Pädagogik. Eine Geschichte der Bildung und Erziehung. Band 2: Vom 16. bis zum 19. Jahrhundert.* Freiburg: Karl Alber.

Bandura, A. (1977). Self-efficacy: Toward a unifying theory of behavioral change. *Psychological Review, 84,* 191–215.

Bauer, K.-O., Kopka, A. & Brindt, S. (1999). *Pädagogische Professionalität und Lehrerarbeit. Eine qualitativ empirische Studie über professionelles Handeln und Bewusstsein.* Weinheim: Juventa.

Baumert, J., Gruehn, S., Heyn, S., Köller, O. & Schnabel, K. U. (1997). *Bildungsverläufe und psychosoziale Entwicklung im Jugendalter (BIJU). Dokumentation. Band 1: Skalen Längsschnitt, Welle 1–4.* Berlin: Max-Planck-Institut für Bildungsforschung.

Bayerisches Staatsministerium für Unterricht und Kultus (2000). *Lehrplan für die bayerische Grundschule.* KMBI I, So.-Nr. 1/2000.

Bearden, L. J., Spencer, W. A. & Moracco, J. C. (1989). A study of high school dropouts. *The school counselor, 37,* 113–120.

Bentler, P. M. (1990). Comparative fit indexes in structural models. *Psychological Bulletin, 107,* 238–246.

Bentler, P. M., Chou, C. P. (1987). Practical issues in structural modeling. *Sociological Methods and Research, 16,* 78–117.

Berlyne, D. E. (1974). *Konflikt, Erregung, Neugier. Zur Psychologie der kognitiven Motivation.* Stuttgart: Klett.

Bless, H. (1997). *Stimmung und Denken. Ein Modell zum Einfluß von Stimmungen auf Lernprozesse.* Bern: Huber.

Bornstein, R. F. (1989). Exposure and affect: Overview and meta-analysis of research, 1968–1987. *Psychological Bulletin, 106,* 265–289.

Bortz, J. (1999). *Statistik für Sozialwissenschaftler.* Berlin: Springer.

Breidenstein, G. (2006). *Teilnahme am Unterricht. Ethnographische Studien zum Schülerjob.* Wiesbaden: Verlag für Sozialwissenschaften.

Bühner, M. (2006). *Einführung in die Test- und Fragebogenkonstruktion.* München: Pearson.

Byrne, B. M. (1996). Academic self-concept: Its structure, measurement, and relation to academic achievement. In B. A. Bracken (Ed.), *Handbook of self-concept* (pp. 287–316). New York: Wiley.

Byrne, B. M. (1998). *Structural equation modelling with LISREL, PRELIS, and SIMPLIS. Basic concepts, applications, and programming.* Mahwah: Lawrence.

Byrne, B. M. (2001). *Structural equation modeling with AMOS. Basic concepts, applications, and programming.* Mahwah: Lawrence.

Carroll, J. B. (1963). A model of school learning. *Teachers College Record, 64,* 723–733.

Clausen, W. (2002). *Unterrichtsqualität: Eine Frage der Perspektive?* Münster: Waxmann.

Cohen, J. (1960). A coefficient of agreement for nominal scales. *Educational and psychological measurement, 20,* 37–46.

Conrad, P. (1997). It's boring: Notes on the meanings of boredom in everyday life. *Qualitative Sociology, 20,* 465–475.

Csikszentmihalyi, M. (1978). Attention and the holistic approach to behaviour. In K. S. Pope & J. L. Singer (Eds.), *The stream of consciousness. Scientific investigations into the flow of human experience* (pp. 335–358). New York: Plenum.

Csikszentmihalyi, M. (1987). *Das flow-Erlebnis. Jenseits von Angst und Langeweile: im Tun aufgehen.* Stuttgart: Klett-Cotta.

Csikszentmihalyi, M. & Larson, R. (1987). Validity and Reliability of the Experience Sampling Method. *Journal of Nervous and Mental Disease, 9,* 526–536.

Danckert, J. A. & Allman, A. A. (2005). Time flies when you're having fun: Temporal estimation and the experience of boredom. *Brain and Cognition, 59,* 236–245.

Decher, F. (2000). *Besuch vom Mittagsdämon. Philosophie der Langeweile.* Lüneburg: zu Klampen.

Deci, E. L. & Ryan, R. M. (1985). *Intrinsic motivation and self-determination in human behavior.* New York: Springer.

Deci, E. L. & Ryan, R. M. (1993). Die Selbstbestimmungstheorie der Motivation und ihre Bedeutung für die Pädagogik. *Zeitschrift für Pädagogik, 39,* 223–238.

Deckert-Peaceman, H. (2004). Kinder herausfordern. Raum und Zeit für Bildungsgelegenheiten in der Grundschule. *Die Grundschulzeitschrift, 18 (171),* 6–9.

Dewey, J. (1913). *Interest and effort in education.* Boston: Riverside Press.

Dickhäuser, O., Plenter, I. (2005). „Letztes Halbjahr stand ich zwei." Zur Akkuratheit selbst berichteter Noten. *Zeitschrift für Pädagogische Psychologie, 19,* 219–224.

Dilk, A. (2005). Gähnen war gestern. Langeweile und Schule gehören zusammen. Muss das so sein? *Süddeutsche Zeitung, 61,* 15.2.2005.

Dilk, A. (2006). Das große Gähnen. *Berliner tageszeitung, 28,* 29.4.2006.

Doehlemann, M. (1991). *Langeweile? Deutung eines verbreiteten Phänomens*. Frankfurt: Suhrkamp.

Drews, U., Hensel, H., Jansen, T. & Schmitt, H. (Hrsg.) (1997). Themenheft Langeweile. *Pädagogik, 49 (9)*.

Ekman, P. (2004). *Gefühle lesen. Wie Sie Emotionen erkennen und richtig interpretieren*. Heidelberg: Spektrum.

Everson, H. T., Tobias, S., Hartmann, H. & Gourgey, A. (1993). Test anxiety and the curriculum: The subject matters. *Anxiety, Stress and Coping: An international Journal, 6*, 1–8.

Farmer, R. & Sundberg, N. D. (1986). Boredom proneness – The development and correlates of a new scale. *Journal of Personality Assessment, 50*, 4–17.

Farrell, E., Peguero, G., Lindsey, R. & White, R. (1988). Giving voice to high school students: Pressure and boredom, Ya know what I'm sayin'? *American Educational Research Journal, 25*, 489–502.

Feige, B. (2005). Differenzierung. In W. Einsiedler, M. Götz, H. Hacker, J. Kahlert, R. W. Keck & U. Sandfuchs (Hrsg.), *Handbuch Grundschulpädagogik und Grundschuldidaktik* (S. 430–439). Bad Heilbrunn: Klinkhardt.

Feldhusen, J. F. & Kroll, M. D. (1991). Boredom or challenge for the academically talented in school. *Gifted Education International, 7*, 80–81.

Fenichel, O. (1934). Zur Psychologie der Langeweile. *Imago, 20*, 270–281.

Fichten, W. (1993). *Unterricht aus Schülersicht*. Frankfurt: Lang.

Fichten, W. & Meyer, H. (1986). Das Lernen gemeinsam planen. Unterrichtsmethoden aus Lehrer- und Schülersicht. *Friedrich Jahresheft* (S. 148–152). Seelze: Friedrich-Verlag.

Field, J. C. & Olafson, L. J. (1999). Understanding resistance in students at risk. *Canadian Journal of Education, 24*, 71–76.

Fisher, C. D. (1993). Boredom at work: A neglected concept. *Human Relations, 46*, 395–417.

Fogelmann, K. (1976). Bored Eleven-year-olds. *The British Journal of Social Work, 6*, 201–211.

Fölling-Albers, M. (1990). Kindheit heute – Leben in zunehmender Vereinzelung. Herausforderungen für die Grundschule. In G. Faust-Siehl, R. Schmitt & R. Valtin (Hrsg.), *Kinder heute – Herausforderungen für die Schule* (S. 138–149). Frankfurt: Arbeitskreis Grundschule.

Fölling-Albers, M. (2001). Veränderte Kindheit – revisited. Konzepte und Ergebnisse sozialwissenschaftlicher Kindheitsforschung der vergangenen 20 Jahre. In M. Fölling-Albers, S. Richter, H. Brügelmann & A. Speck-Hamdan (Hrsg.), *Jahrbuch Grundschule III. Fragen der Praxis – Befunde der Forschung* (S. 10–51). Seelze: Kallmeyer.

Fölling-Albers, M. (2005). Soziokulturelle Bedingungen der Kindheit. In W. Einsiedler, M. Götz, H. Hacker, J. Kahlert, R. W. Keck & U. Sandfuchs (Hrsg.), *Handbuch Grundschulpädagogik und Grundschuldidaktik* (S. 155–166). Bad Heilbrunn: Klinkhardt.

Fredricks, J. A., Friedel, P. B., Friedel, J. & Paris, A. (2005). School engagement. In K. A. Moore & L. H. Lippman (Eds.), *What do children need to flourish?* (pp. 305–321). New York: Springer.

Freeman, J. (1991). *Gifted children growing up*. London: Cassell.

Freeman, J. (1993). Boredom, high ability and achievement. In V. Varma (Ed.), *How and why children fail* (pp. 29–40). London: Jessica Kingley.

Gallagher, J., Harradine, C. C. & Coleman, M. R. (1997). Challenge or boredom? Gifted students' view on their schooling. *Roeper Review, 19*, 132–136.

Geist, S. (2005). Schul-Zeit. Reflexionen von Schülerinnen und Schülern. *Pädagogik, 57 (12)*, 20–22.

Geiwitz, P. J. (1966). Structure of boredom. *Journal of Personality and Social Psychology, 3*, 592–600.

Gjesme, T. (1977). General satisfaction and boredom at school as a function of the pupils' personality characteristics. *Scandinavian Journal of Educational Research, 21*, 113–146.

Gläser-Zikuda, M. (2001). *Emotionen und Lernstrategien in der Schule. Eine empirische Studie mit Qualitativer Inhaltsanalyse*. Beltz: Weinheim.

Glöckel, H. (1996). *Vom Unterricht. Lehrbuch der Allgemeinen Didaktik*. Bad Heilbrunn: Klinkhardt.

Gottfried, A. E. (1982). Relationships between academic intrinsic motivation and anxiety in children and young adolescents. *Journal of School Psychology, 20*, 205–215.

Götz, T. (2004). *Emotionales Erleben und selbstreguliertes Lernen bei Schülern im Fach Mathematik*. München: Utz.

Götz, T. & Frenzel, A. C. (2005). *Über- und Unterforderungslangeweile im Mathematikunterricht*. München: Ludwig-Maximilians-Universität.

Götz, T. & Frenzel, A. C. (2006). Phänomenologie schulischer Langeweile. *Zeitschrift für Entwicklungspsychologie und Pädagogische Psychologie, 38, 149–153*.

Götz, T., Frenzel, A. C. & Haag, L. (2006a). Ursachen von Langeweile im Unterricht. *Empirische Pädagogik, 20*, 113–134.

Götz, T., Frenzel, A. C., Pekrun, R. & Hall, N. C. (2006b). The domain specificity of academic emotional experiences. *Journal of Experimental Education, 75*, 5–29.

Götz, T. & Hartinger, A. (2004). Ein schönes Gefühl – mit Interesse lernen. *Sache – Wort – Zahl, 32 (60)*, 19–23.

Götz, T., Jahn, M., Stürmlinger, V. & Trottmann, M. (2005). *Langeweile in der Schule. Codebook Version 8* (24.01.2005). München: Ludwig-Maximilians-Universität.

Götz, T., Pekrun, R., Zirngibl, A. C., Jullien, S., Kleine, M., Hofe, R. v. & Blum, W. (2004). Leistung und emotionales Erleben im Fach Mathematik. *Zeitschrift für Pädagogische Psychologie, 18,* 201–212.

Götz, T., Zirngibl, A. C., Pekrun, R. & Hall, N. C. (2003). Emotions, learning and achievement from an educational-psychological perspective. In P. Mayring & C. von Rhoeneck (Eds.), *Learning emotions: The influence of affective factors on classroom learning* (pp. 9–28). Frankfurt: Lang.

Greenson, R. R. (1953). On boredom. *American Psychoanalytic Association, 1,* 7–21.

Grubb, E. A. (1975). Assembly line boredom and individual differences in recreation participation. *Journal of Leisure Research, 7,* 256–269.

Gudjons, H. (2005). Methoden und Strategien intelligenten Übens. *Pädagogik, 57 (11),* 12–15.

Hamilton, J. A., Haier, R. J. & Buchsbaum, M. S. (1984). Intrinsic enjoyment and boredom coping scales: Validation with personality, evoked potential and attention measures. *Personality and Individual Differences, 5,* 183–193.

Harris, M. B. (2000). Correlates and characteristics of boredom proneness and boredom. *Journal of Applied Social Psychology, 30,* 576–598.

Hartinger, A. & Fölling-Albers, M. (2002). *Schüler motivieren und interessieren. Ergebnisse aus der Forschung – Anregungen für die Praxis.* Bad Heilbrunn: Klinkhardt.

Hauber, A. (1881). Langeweile. In K. A. Schmid (Hrsg.), *Encyklopädie des gesamten Erziehungs- und Unterrichtswesens* (S. 183–184). Gotha: Besser.

Heckhausen, J. & Heckhausen, H. (2006). *Motivation und Handeln.* Berlin: Springer.

Heidegger, M. (2004). *Die Grundbegriffe der Metaphysik: Welt – Endlichkeit – Einsamkeit.* Frankfurt am Main: Klostermann (Hinweis: wort- und seitengleich mit der 3. Auflage des Bandes 29/30 der Gesamtausgabe).

Heilmann, K. (1913). *Handbuch der Pädagogik.* Band 1: Psychologie und Logik – Unterrichts- und Erziehungslehre – Schulkunde (277–278). Berlin: Union Deutsche Verlagsgesellschaft.

Heller, K. A. & Perleth, C. (2000). *Kognitiver Fähigkeitstest für 4. bis 12. Klassen, Revision (KFT).* Göttingen: Beltz.

Helm, J. (1894). *Handbuch der allgemeinen Pädagogik.* Erlangen: Deichert.

Helmke, A. (1993). Die Entwicklung der Lernfreude vom Kindergarten bis zur 5. Klassenstufe. *Zeitschrift für Pädagogische Psychologie, 7,* 77–86.

Helmke, A. (1997). Entwicklung lern- und leistungsbezogener Motive und Einstellungen: Ergebnisse aus dem SCHOLASTIK-Projekt. In F. E. Weinert & A. Helmke (Hrsg.), *Entwicklung im Grundschulalter* (S. 59–76). Weinheim: Beltz PVU.

Helmke, A. (1998). Vom Optimisten zum Realisten? Zur Entwicklung des Fähigkeitsselbstkonzeptes vom Kindergarten bis zur 6. Jahrgangsstufe. In F. E. Weinert (Hrsg.), *Entwicklung im Kindesalter* (S. 115–132). Weinheim: Beltz.

Helmke, A. (2004). *Unterrichtsqualität. Erfassen – bewerten – verbessern.* Seelze: Kallmeyer.

Helmke, A. & Aken, M. A. G. von (1995). The causal ordering of academic achievement and self concept of ability during elementary school: A longitudinal study. *Journal of Educational Psychology, 87,* 624–637.

Helmke, A. & Weinert, F. E. (1997). Bedingungsfaktoren schulischer Leistungen. In F. E. Weinert (Hrsg.), *Psychologie des Unterrichts und der Schule* (S. 71–176). Enzyklopädie der Psychologie, Themenbereich D, Serie I, Band 3. Göttingen: Hogrefe.

Hentig, H. v. (1987). *„Humanisierung" – eine verschämte Rückkehr zur Pädagogik? Andere Wege zur Veränderung der Schule.* Stuttgart: Klett-Cotta.

Herbart, J. F. (1806). Allgemeine Pädagogik, aus dem Zweck der Erziehung abgeleitet. In J. F. Herbart, *Pädagogische Grundschriften* (S. 9–155) (Nachdruck von 1965) Düsseldorf: Küpper.

Hill, A. B. & Perkins, R. E. (1985). Towards a model of boredom. *British Journal of Psychology, 76,* 235–240.

Hockel, M. (1970). Langeweile. In W. Horney, J. P. Ruppert & W. Schultze (Hrsg.), *Pädagogisches Lexikon in zwei Bänden.* Band 2 (S. 167–168). Gütersloh: Bertelsmann.

Hoffmann, L. & Lehrke, M. (1986). Eine Untersuchung über Schülerinteressen an Physik und Technik. *Zeitschrift für Pädagogik, 32,* 189–204.

Holler-Nowitzki, B. & Meier, U. (1997). Langeweile – (k)ein Thema für die Unterrichtsforschung? Ergebnisse einer Schülerbefragung. *Pädagogik, 49 (9),* 31–34.

Hu, L. & Bentler, P. M. (1995). Evaluating model fit. In R. H. Hoyle (Ed.), *Structural equation modelling. Concepts, issues, and applications* (pp. 76–99). London: Thousand Oaks.

Illge, W. (1929). Zur Psychologie der Langeweile. *Die neue deutsche Schule, 3, 981–988.*

Iso-Ahola, S. E. & Weissinger, E. (1990). Perceptions of boredom in leisure: Conceptualization, reliability and validity of the Leisure Boredom Scale. *Journal of Leisure Research, 22,* 1–17.

Jank, W. & Meyer, H. (1991). *Didaktische Modelle.* Frankfurt: Cornelsen.

Janke, B. & Janke, W. (2005). Untersuchungen zur Erfassung des Befindens von Kindern: Entwicklung einer Selbstbeurteilungsmethode (EWL40_KJ). *Diagnostica, 51,* 29–39.

Jansen, T. (1997). Langeweile im Unterricht. Von unerfüllten Erwartungen, übereilten Konsequenzen und überraschenden Wendungen. *Pädagogik, 49 (9),* 8–10.

Järvenoja, H. & Järvelä, S. (2005). How students describe the sources of their emotional and motivational experiences during the learning process: A qualitative approach. *Learning and Instruction, 15,* 465–480.

Jöreskog, K. (1969). A general approach to confirmatory maximum likelihood factor analysis. *Psychometrika, 34*, 183–202.

Jöreskog, K. & Sörbom, D. (2003). *Linear Structural Relationship.* Lincolnwood: Scientific Software International.

Kahl, R. (Hrsg.) (1983). *Schule überleben. Handbuch für Unbelehrbare.* Reinbek: Rowohlt.

Kahl, R. (2001). Lernen ist Vorfreude auf sich selbst. *Pädagogik, 53 (12)*, 41–45.

Kammermeyer, G. & Martschinke, S. (2006). Selbstkonzept- und Leistungsentwicklung in der Grundschule – Ergebnisse aus der KILIA-Studie. *Empirische Pädagogik, 20*, 245–259.

Kanevsky, L. & Keighley, T. (2003). On gifted students in school. To produce or not to produce? Understanding boredom and the honor in underachievement. *Roeper Review, 26 (1)*, 20–28.

Kast, V. (2001). *Vom Interesse und dem Sinn der Langeweile.* Düsseldorf: Walter.

Keen, S. (1980). Sich Zeit nehmen für die Langeweile. *Psychologie heute, 7 (10)*, 20–27.

Kelley, T. L. (1927). *Interpretation of educational measurements.* New York: Yonkerson-Hudson.

Kiel, E. (2005). Klassenführung. In H. J. Apel & W. Sacher (Hrsg.), *Studienbuch Schulpädagogik* (S. 327–342). Bad Heilbrunn: Klinkhardt.

Kline, R. B. (1998). *Principles and Practice of Structural Equation Modeling.* New York: Guilford Press.

Köller, O. (2004). *Konsequenzen von Leistungsgruppierungen.* Münster: Waxmann.

Köller, O., Klemmert, H., Möller, J. & Baumert, J. (1999). Leistungsbeurteilungen und Fähigkeitsselbstkonzepte: Eine längsschnittliche Überprüfung des Internal/External Frame of Reference Modells. *Zeitschrift für Pädagogische Psychologie, 13*, 128–134.

Kounin, J. S. (1976). *Techniken der Klassenführung.* Stuttgart: Klett.

Krapp, A. (1998). Entwicklung und Förderung von Interessen im Unterricht. *Psychologie in Erziehung und Unterricht, 45*, 185–201.

Krapp, A. (2006). Interesse. In D. H. Rost (Hrsg.), *Handwörterbuch Pädagogische Psychologie* (S. 280–290). Weinheim: Beltz PVU.

Kreuzer-Haustein, U. (2001). Zur Psychodynamik der Langeweile. *Forum der Psychoanalyse, 17*, 99–117.

Kubinger, K. D. (2006). *Psychologische Diagnostik. Theorie und Praxis psychologischen Diagnostizierens.* Göttingen: Hogrefe.

Kuhl, J. (1983). *Motivation, Konflikt und Handlungskontrolle.* Berlin: Springer.

Kvale, S. (1996). *InterViews. An introduction to qualitative research interviewing.* Thousand Oaks: Sage.

Larson, R. W. (1990). Emotions and the creative process; anxiety, boredom, and enjoyment as predictors of creative writing. *Imagination, cognition and personality, 9,* 275–292.

Larson, R. W. & Richards, M. H. (1991). Boredom in the middle school years: Blaming schools versus blaming students. *American Journal of Education, 99,* 418–443.

Laukenmann, M. & Rhöneck, C. v. (2003). The influence of emotional factors on learning in physics instruction. In P. Mayring & C. von Rhöneck (Eds.), *Learning Emotions* (pp. 67–80). Frankfurt: Lang.

Lazarus, R. S. (1975). A cognitively oriented psychologist looks at biofeedback. *American Psychologist, 30,* 553–561.

Lazarus, R. S. (1982). Thoughts on the relations between emotion and cognition. *American Psychologist, 37,* 1019–1024.

Lazarus, R. S. (1991). *Emotion and adaption.* New York: Oxford University Press.

Lazarus, R. S. (1999). The cognition-emotion debate: A bit of history. In T. Dalgleish & M. J. Power (Eds.), *Handbook of cognition and emotion* (pp. 3–19). Chichester: John Wiley & Sons.

Lazarus, R. S. & Folkman, S. (1984). *Stress, appraisal, and coping.* New York: Springer Publishing Company.

Leary, M. R., Rogers, P. A., Canfield, R. W. & Coe, C. (1986). Boredom in interpersonal encounters: Antecedents and social implications. *Journal of Personality and Social Psychology, 51,* 968–975.

Lee, T. W. (1986). Toward the development and validation of a measure of job boredom. *Manhattan College Journal of Business, 15,* 22–28.

Levine, R. (2004). *Eine Landkarte der Zeit. Wie Kulturen mit Zeit umgehen.* München: Piper.

Lienert, G. & Raatz, U. (1994). *Testaufbau und Testanalyse.* Weinheim: Beltz.

Linnenbrink, E. A. & Pintrich, P. R. (2002). Achievement goal theory and affect: An asymmetrical bidirectional model. *Educational Psychologist, 37,* 69–78.

Lissman, U. (2001). *Inhaltsanalyse von Texten. Ein Lehrbuch zur konventionellen und computerunterstützten und konventionellen Inhaltsanalyse.* Landau: Verlag Empirische Pädagogik.

Lohrmann, K. (2008, in Druck). Copingstrategien bei Langeweile – personale und situative Bedingungsfaktoren. *Zeitschrift für Grundschulforschung, 1.*

Lomberg, A. (1897). Langeweile. In W. Rein (Hrsg.), *Encyklopädisches Handbuch der Pädagogik.* Band 4 (S. 295–298). Langensalza: Hermann Beyer & Söhne.

London, H. & Monello, L. (1974). Cognitive manipulation of boredom. In H. London & R. E. Nisbett (Eds.), *Thought and feeling. Cognitive alteration of feeling states* (pp. 74–82). Chicago: Aldine.

Lüdtke, O. & Köller, O. (2006). Mehrebenenanalyse. In D. H. Rost (Hrsg.), *Handwörterbuch Pädagogische Psychologie* (S. 469–474). Weinheim: Beltz PVU.

Maldoom, R. (2007). Langeweile ist kreativ. Der Choreograph Royston Maldoom über Erziehung und Tanz. *Süddeutsche Zeitung, 63 (105)*, 8.5.2007, 15.

Mandl, H. & Friedrich, H. F. (1992). *Lern- und Denkstrategien. Analyse und Intervention.* Göttingen: Hogrefe.

Mandl, H. & Reiserer, M. (2000). Kognitionstheoretische Ansätze. In J. H. Otto, H. A. Euler & H. Mandl (Hrsg.), *Emotionspsychologie. Ein Handbuch* (S. 95–105). Weinheim: Beltz.

Marsh, H. W. (1988). The content specificity of math and english anxieties: The high school and beyond study. *Anxiety Research, 1*, 137–149.

Marsh, H. W. & Yeung, A. S. (1996). The distinctiveness of affect in specific school subjects: An application of confirmatory factor analysis with the National Educational Longitudinal Study of 1988. *American Educational Research Journal, 33*, 665–689.

Martin, M., Sadlo, G. & Stew, G. (2006). The phenomenon of boredom. *Qualitative Research in Psychology, 3*, 193–211.

Mayring, P. (2003). *Qualitative Inhaltsanalyse. Grundlagen und Techniken.* Weinheim: Beltz UTB.

Meyer, H. (1997). *Schulpädagogik. Band 1: Für Anfänger.* Berlin: Cornelsen.

Meyer, H. (2004). *Was ist guter Unterricht?* Berlin: Cornelsen.

Mikulas, W. L. & Vodanovich, S. J. (1993). The essence of boredom. *Psychological Record, 43*, 3–12.

Mitchell, M. (1993). Situational interest: Its multifaced structure in the secondary school mathematics classroom. *Journal of Educational Psychology, 85*, 424–436.

Morton-Williams, R. & Finch, S. (1968). *Young school leavers. Report of a survey among young people, parents and teachers.* London: Stationery Office.

Moschner, B., Dickhäuser, O. (2006). Selbstkonzept. In D. H. Rost (Hrsg.), *Handwörterbuch Pädagogische Psychologie* (S. 685–692). Weinheim: Beltz PVU.

Oldag, A. (2006). Nation der Abbrecher. Immer mehr amerikanische Teenager verlassen die Schule ohne Abschluss. *Süddeutsche Zeitung, 62*, 28.6.2006.

Pekrun, R. (1988). *Emotion, Motivation und Persönlichkeit.* München: Psychologie Verlags Union.

Pekrun, R. (1998). Schüleremotionen und ihre Förderung: Ein blinder Fleck der Unterrichtsforschung. *Psychologie in Erziehung und Unterricht, 45*, 230–248.

Pekrun, R. (2000). A social-cognitive, control-value theory of achievement emotions. In J. Heckhausen (Ed.), *Motivational psychology of human development* (pp. 143–163). Oxford: Elsevier.

Pekrun, R. (2006). The control-value theory of achievement emotions: Assumptions, corollaries, and implications for educational research and practise. *Educational Psychology Review, 18*, 315–341.

Pekrun, R., Elliot, A. J. & Maier, M. A. (2006). Achievement goals and discrete achievement emotions: A theoretical model and prospective test. *Journal of Educational Psychology, 98,* 583–597.

Pekrun, R. & Frese, M. (1992). Emotions in work and achievement. In C. L. Cooper, I. T. Robertson (Eds.), *International review of industrial and organizational psychology* (pp. 153–200). Chichester: Wiley.

Pekrun, R., Goetz, T., Titz, W. & Perry, R. (2002). Academic emotions in students' self-regulated learning and achievement: A program of qualitative and quantitative research. *Educational Psychologist, 37,* 91–105.

Pekrun, R., Götz, T. & Frenzel, A. C. (2007). *Achievement Emotions Questionnaire – Mathematics (AEQ-M). German Version. User's manual.* University of Munich: Department of Psychology.

Pekrun, R. & Hofmann, H. (1999). Lern- und Leistungsemotionen. Erste Befunde eines Forschungsprogramms. In M. Jerusalem, R. Pekrun (Hrsg.), *Emotion, Motivation und Leistung* (S. 247–267). Göttingen: Hogrefe.

Pekrun, R. & Jerusalem, M. (1996). Leistungsbezogenes Denken und Fühlen. Eine Übersicht zur psychologischen Forschung. In J. Möller, O. Köller (Hrsg.), *Emotionen, Kognitionen und Schulleistung* (S. 3–22). Weinheim: Beltz.

Pekrun, R. & Schiefele, U. (1996). Emotions- und motivationspsychologische Bedingungen der Lernleistung. In K. R. Scherer (Hrsg.), *Psychologie des Lernens und der Instruktion* (S. 152–179). Enzyklopädie der Psychologie, Themenbereich D, Serie I, Band 2. Göttingen: Hogrefe.

Perkins, R. E. & Hill, A. B. (1985). Cognitive and affective aspects of boredom. *British Journal of Psychology, 76,* 221–234.

PISA-Konsortium Deutschland (Hrsg.) (2004). *PISA 2003. Der Bildungsstand der Jugendlichen in Deutschland – Ergebnisse des zweiten internationalen Vergleichs.* Münster: Waxmann.

PISA-Konsortium Deutschland (Hrsg.) (2006). *PISA 2003. Dokumentation der Erhebungsinstrumente.* Münster: Waxmann.

Ragheb, M. G. & Merydith, S. P. (2001). Development and validation of a multidimensional scale measuring free time boredom. *Leisure Studies, 20,* 41–59.

Rasch, B., Friese, M., Hofmann, W. & Naumann, E. (2004). *Quantitative Methoden.* Band 1. Berlin: Springer.

Raudenbush, S., Bryk, A. & Congdon, R. (2006). *Hierarchical Linear and Nonlinear Modeling.* Lincolnwood: Scientific Software International.

Renkl, A. (1999). Jenseits von $p < .05$: Ein Plädoyer für Qualitatives. *Unterrichtswissenschaft, 27,* 310–322.

Renkl, A. (2005). Üben. In W. Einsiedler, M. Götz, H. Hacker, J. Kahlert, R. W. Keck & U. Sandfuchs (Hrsg.), *Handbuch Grundschulpädagogik und Grundschuldidaktik* (S. 424–429). Bad Heilbrunn: Klinkhardt.

Revers, W. J. (1956). Die Langeweile – Krise und Kriterium des Menschseins. *Jahrbuch für Psychologie und Psychotherapie, 4,* 157–162.

Rheinberg, F., Vollmeyer, R. & Engeser, S. (2003). Die Erfassung des Flow-Erlebens. In J. Stiensmeier-Pelster & F. Rheinberg (Hrsg.), *Diagnostik von Motivation und Selbstkonzept* (S. 261–279). Göttingen: Hogrefe.

Richardson, F. C. & Suinn, R. M. (1972). The Mathematics Anxiety Rating Scale: Psychometric data. *Journal of Counseling Psychology, 19,* 551–554.

Robinson, W. P. (1975). Boredom at school. *British Journal of Educational Psychology, 45,* 141–152.

Rollett, B. & Bartram, M. (1998). *Anstrengungsvermeidungstest.* Göttingen: Hogrefe.

Roßberger, E. & Hartinger, A. (2000). Interesse an Technik. Geschlechtsunterschiede in der Grundschule. *Grundschule, 32 (6),* 15–17.

Rost, D. H. (2007a). *Interpretation und Bewertung pädagogisch-psychologischer Studien. Eine Einführung.* Weinheim: Beltz.

Rost, D. H. (2007b). Der liebe Herrgott ist gerecht. *Die ZEIT, 62 (23), 31.5.2007,* 81.

Rothlin, P. & Werder, P. R. (2007). *Diagnose Boreout. Warum Unterforderung im Job krank macht.* Heidelberg: Redline.

Rothman, R. (1990). Educators focus attention on ways to boost student motivation. *Education week, 10 (10),* 1 und 12–16.

Rule, W. R. (1998). Unsqueezing the soul: Expanding choices by reframing and redirecting boredom. *Journal of Contemporary Psychotherapy, 28,* 327–336.

Rupp, D. E. & Vodanovich, S. J. (1997). The role of boredom proneness in self-reported anger and aggression. *Journal of Social Behaviour and Personality, 12,* 925–936.

Russell, B. (2006). *The conquest of happiness.* London: Routledge.

Russell, J. A. (1980). A circumplex model of effect. *Journal of Personality and Social Psychology, 39,* 1161–1178.

Russell, J. A. (1989). Measures of emotion. In R. Plutchik, H. Kellerman (Eds.), *Emotion. Theory, research, and experience. Volume 4: The measuerments of emotions* (pp. 83–111). San Diego: Academic Press.

Rutter, M., Maughan, B., Mortimore, P. & Ouston, J. (1979). *Fifteen thousand hours. Secondary schools and theirs effects on children.* London: Open Books.

Scherer, K. R. & Wallbott, H. G. (1990). Ausdruck von Emotionen. In K. R. Scherer (Hrsg.), *Psychologie der Emotion* (S. 345–422). Enzyklopädie der Psychologie, Themenbereich C, Serie IV, Band 3. Göttingen: Hogrefe.

Schiefele, U. (1992). Interesse und Qualität des Erlebens im Unterricht. In A. Krapp & M. Prenzel (Hrsg.), *Interesse, Lernen, Leistung* (S. 85–121). Münster: Aschendorff.

Schiefele, U. (1996). *Motivation und Lernen mit Texten.* Göttingen: Hogrefe.

Schiefele, U. & Köller, O. (2006). Intrinsische und extrinsische Motivation. In D. H. Rost (Hrsg.), *Handwörterbuch Pädagogische Psychologie* (S. 303–310). Weinheim: Beltz PVU.

Schmidt-Atzert, L. (1996). *Lehrbuch der Emotionspsychologie*. Stuttgart: Kohlhammer.

Schnabel, K. (1996). Leistungsangst und schulisches Lernen. In J. Möller & O. Köller (Hrsg.), *Emotionen, Kognitionen und Schulleistung* (S. 53–67). Weinheim: Beltz.

Schneider, S. (2005). Lernfreude und Schulangst. Wie es 8- bis 9-jährigen Kindern in der Grundschule geht. In C. Alt (Hrsg.), *Kinderleben – Aufwachsen zwischen Familie, Freunden und Institutionen. Band 2: Aufwachsen zwischen Freunden und Institutionen* (S. 199–230). Wiesbaden: Verlag für Sozialwissenschaften.

Schöne, C., Dickhäuser, O., Spinath, B. & Stiensmeier-Pelster, J. (2003). Das Fähigkeitsselbstkonzept und seine Erfassung. In J. Stiensmeier-Pelster & F. Rheinberg (Hrsg.), *Diagnostik von Motivation und Selbstkonzept* (S. 3–14). Göttingen: Hogrefe.

Schwanzer, A. (2002). *Entwicklung und Validierung eines deutschsprachigen Instruments zur Erfassung des Selbstkonzepts junger Erwachsener*. Berlin: Max-Planck-Institut für Bildungsforschung.

Schwarzer, R. (1993). *Stress, Angst und Handlungsbewältigung*. Stuttgart: Kohlhammer.

Seitz, O. (2005). Unterrichtsstörungen. In H. J. Apel & W. Sacher (Hrsg.), *Studienbuch Schulpädagogik* (S. 343–358). Bad Heilbrunn: Klinkhardt.

Seitz, W., Rausche, A. (2004). *Persönlichkeitsfragebogen für Kinder zwischen 9 und 14 Jahren (PFK)*. Göttingen: Hogrefe.

Seiwald, B. B. (2003). Antwortformat. In K. D. Kubinger & R. S. Jäger (Hrsg.), *Schlüsselbegriffe der Psychologischen Diagnostik* (S. 23–28). Weinheim: Beltz, 2003.

Shaw, S. M., Caldwell, L. L. & Kleiber, D. A. (1996). Boredom, stress and social control in the daily activities of adolescents. *Journal of Leisure Research, 28*, 274–292.

Smith, C. A. & Ellsworth, P. C. (1985). Patterns of cognitive appraisal in emotion. *Journal of Personality and Social Psychology, 48*, 813–838.

Smith, R. P. (1981). Boredom: A review. *Human Factors, 23*, 329–340.

Sommer, B. (1985). What's different about truants? A comparison study of eight-graders. *Journal of Youth and Adolescence, 14*, 411–422.

Sommers, J. & Vodanovich, S. J. (2000). Boredom proneness: Its relationship to psychological and physical health symptoms. *Journal of Clinical Psychology, 56*, 149–155.

Steiger, J. H. & Lind, J. M. (1980). *Statistically-based tests for the number of common factors*. Paper presented at Psychometric Society Meeting, Iowa City, IA.

Sundberg, N. D. & Bisno, H. (1983). *Boredom and life transition – adolescence and old age*. Paper presented at the meeting of the Western Psychological Association (27.4.1983), San Francisco, CA.

Sundberg, N. D., Latkin, C. A., Farmer, R. F. & Saoud, J. (1991). Boredom in young adults: Gender and cultural comparisons. *Journal of Cross-Cultural Psychology, 22*, 209–223.

Svendsen, L. (2002). *Kleine Philosophie der Langeweile*. Frankfurt: Insel.

Swinkels, A. & Giuliano, T. A. (1995). The measurement and conceptualization of mood awareness: Monitoring and labeling one's mood states. *Personality and Social Psychology, 22*, 209–223.

Titz, W. (2001). *Emotionen von Studierenden in Lernsituationen. Explorative Analysen und Entwicklung von Selbstberichtsskalen.* Münster: Waxmann.

Tolor, A. (1989). Boredom as related to alienation, assertiveness, internal-external expectancy, and sleep patterns. *Journal of Clinical Psychology, 2,* 260–265.

Trapp, E. C. (1780/1977). *Versuch einer Pädagogik.* Unveränderter Nachdruck der ersten Ausgabe 1780. Paderborn: Schöningh.

Treiber, B. (1982). Lehr- und Lern-Zeiten im Unterricht. In B. Treiber & F. E. Weinert (Hrsg.), *Lehr-Lern-Forschung. Ein Überblick in Einzeldarstellungen* (S. 12–36). München: Urban & Schwarzenberg.

Tucker, L. R. & Lewis, C. (1973). The reliability coefficient for maximum likelihood factor analysis. *Psychometrika, 38,* 1–10.

Ulich, D. & Mayring, P. (1992). *Psychologie der Emotionen.* Stuttgart: Kohlhammer.

Valtin, R., Wagner, C. & Schwippert, K. (2005). Schülerinnen und Schüler am Ende der vierten Klasse – schulische Leistungen, lernbezogene Einstellungen und außerschulische Lernbedingungen. In W. Bos, E.-M. Lankes, M. Prenzel, K. Schwippert, R. Valtin & G. Walther (Hrsg.), *IGLU. Vertiefende Analysen zu Leseverständnis, Rahmenbedingungen und Zusatzstudien* (S. 187–238). Münster: Waxmann.

Vandewiele, M. (1980). On boredom on secondary school students in Senegal. *The Journal of Genetic Psychology, 137,* 267–274.

Vodanovich, S. J. (2003a). On the Possible Benefits of Boredom: A Neglected Area in Personality Research. *Psychology and Education: An Interdisciplinary Journal, 40,* 28–33.

Vodanovich, S. J. (2003b). Psychometric measures of boredom: A review of the literature. *The Journal of Psychology, 137,* 569–595.

Vodanovich, S. J. & Kass, S. J. (1990). A factor analytic study of the Boredom Proneness Scale. *Journal of Personality Assessment, 55,* 115–123.

Vodanovich, S. J., Wallace, J. C. & Kass, S. J. (2005). A confirmatory approach to the factor structure of the boredom proneness scale: Evidence for a two-factor short-form. *Journal of Personality Assessment, 85,* 295–303.

Wasson, A. S. (1981). Susceptibility to boredom and deviant behavior at school. *Psychological Reports, 48,* 901–902.

Watt, J. D. (1991). Effect of boredom proneness on time perception. *Psychological Reports, 69,* 323–327.

Watt, J. D. & Ewing, J. E. (1996). Toward the development and validation of a measure of sexual boredom. *The Journal of Sex Research, 33,* 57–66.

Weinert, F. E. (Hrsg.) (1998). *Entwicklung im Kindesalter.* Weinheim: Beltz PVU.

Weinert, F. E. & Helmke, A. (Hrsg.) (1997). *Entwicklung im Grundschulalter.* Weinheim: Beltz PVU.

Weinrich, H. (2003). *Textgrammatik der deutschen Sprache.* Hildesheim: Olms.

Wellenhofer, W. (2002). *Unterricht heute. Aufgaben – Möglichkeiten – Probleme. Ein Studien- und Lehrbuch in Schaubildern.* Ainring: Gruenstein.

Wieczerkowski, W., Nickel, H., Janowski, A., Fittkau, B. & Rauer, W. (1998). *Angstfragebogen für Schüler (AFS).* Göttingen: Hogrefe.

Wild, E., Hofer, M. & Pekrun, R. (2001). Psychologie des Lerners. In A. Krapp & B. Weidenmann (Hrsg.), *Pädagogische Psychologie* (S. 207–270). München: Beltz PVU.

Wirtz, M. & Caspar, F. (2002). *Beurteilerübereinstimmung und Beurteilerreliabilität. Methoden zur Bestimmung und Verbesserung der Zuverlässigkeit von Einschätzungen mittels Kategoriensystemen und Ratingskalen.* Göttingen: Hogrefe.

Zajonc, R. B. (1980). Feeling and thinking: Preferences need no inferences. *American Psychologist, 35,* 151–175.

Zajonc, R. B. (1984a). On primacy on affect. In K. R. Scherer & P. Ekman (Eds.), *Approaches to Emotion* (pp. 259–270). Hillsdale: Erlbaum.

Zajonc, R. B. (1984b). The interaction of affect and cognition. In K. R. Scherer & P. Ekman (Eds.), *Approaches to Emotion* (pp. 239–246). Hillsdale: Erlbaum.

Zentner, M. R. & Scherer, K. R. (2000). Partikuläre und integrative Ansätze. In J. H. Otto, H. A. Euler & H. Mandl (Hrsg.), *Emotionspsychologie. Ein Handbuch* (S. 151–164). Weinheim: Beltz.

Ziller, T. (1857). *Die Regierung der Kinder.* Leipzig: Teubner.

Zinnecker, J. (Hrsg.) (1982). *Schule gehen Tag für Tag. Schülertexte.* München: Juventa.

Zuckerman, M. (1979). *Sensation seeking: Beyond the optimal level of arousal.* Hillsdale, N. J.: Lawrence Erlbaum.

Zumhasch, C. (2005). Schulleistungsbeurteilung: Leistungen feststellen und bewerten. In W. Einsiedler, M. Götz, H. Hacker, J. Kahlert, R. W. Keck & U. Sandfuchs (Hrsg.), *Handbuch Grundschulpädagogik und Grundschuldidaktik* (S. 307–318). Bad Heilbrunn: Klinkhardt.

Zitierte Quelle im Internet:
http://www.yopi.de/rev/160540 (Suche vom 17.07.2007)

9 Abbildungsverzeichnis

10 Tabellenverzeichnis

11 Anhang

A Literaturrecherche

In der Einleitung wird behauptet, dass Langeweile zwar ein Alltagsphänomen von Schule und Unterricht sei, dass die Emotion jedoch in der aktuellen pädagogischen Literatur keine Rolle spiele. Diese Aussage wird durch eine Literaturrecherche bestätigt, die im Rahmen dieser Arbeit durchgeführt wurde. Die Recherche soll zeigen, ob und wie Langeweile in (schul-)pädagogischen Nachschlagewerken sowie in der Grundlagenliteratur zu Unterricht Berücksichtigung findet.

Zum Ergebnis: Von den 72 gesichteten Werken beinhalten nur neun das Stichwort Langeweile. Im Folgenden werden diese Quellen genannt und die Aussagen zu Langeweile zusammengefasst.

Hauber, A. (1881). Langeweile. In K. A. Schmid (Hrsg.), *Encyklopädie des gesamten Erziehungs- und Unterrichtswesens* (S. 183–184). Gotha: Besser.

Nach einer Definition von Langeweile wendet sich der Autor möglichen Ursachen schulischer Langeweile zu. Neben der Lehrerpersönlichkeit nennt er Situationen der Unterforderung und der Monotonie. Pädagogische Einflussmöglichkeiten werden in einer stärkeren Rhythmisierung des Unterrichts gesehen. Der Autor fürchtet, dass sich die Kinder und Jugendlichen bei Langeweile „verderblichen Gegenständen" (S. 184) zuwenden, dass sie die Zeit totschlagen und das Leben vergeuden. Eine sinnvoll gestaltete Zeit schulde man jedoch „dem Geber des Lebens" (S. 184). Religiöse Motive leiten somit pädagogisches Handeln.

Heilmann, K. (1913). *Handbuch der Pädagogik. Band 1: Psychologie und Logik – Unterrichts- und Erziehungslehre – Schulkunde* (S. 277–278). Berlin: Union Deutsche Verlagsgesellschaft.

Der Autor plädiert dafür, den „Beschäftigungstrieb" des Kindes „in der rechten Weise zu befriedigen" (S. 277). Denn die Langeweile ziehe „verderbliche" Gedanken und Handlungen nach sich, sie führe zu „Unarten, zu Zerstreutheit, schlimmen Neigungen und Leidenschaften" (S. 277). Damit keine Langeweile auftrete, müsse der Lehrer *alle* Kinder beschäftigen; dies gelinge am besten durch eine Individualisierung und Rhythmisierung von Unterricht.

Helm, J. (1894). *Handbuch der allgemeinen Pädagogik* (S. 35–42). Erlangen: Deichert.

In diesem Beitrag wird einleitend aufgezeigt, welche Folgen das Langeweileerleben in der Kindheit und Jugend hat: „dann sucht sich der Zögling selber eine Beschäftigung und bei dem Mangel an sittlicher Urteilsfähigkeit greift er, ohne es zu wissen und zu wollen, vielleicht zu einer Beschäftigung verwerflicher Art" (S. 35). Aus dieser Sorge wird die Notwendigkeit erzieherischen Handelns abgeleitet. Notwendig sind Beschäftigungen, die dem Entwicklungsstand des Kindes angemessen sind, um Über- und Unterforderung zu vermeiden. Im Unterricht sind die Interessen der Kinder zu berücksichtigen; außerdem ist deren Selbsttätigkeit zu fördern. Der Autor spricht sich für regelmäßige Methoden- und Medienwechsel sowie eine Rhythmisierung aus: Im Unterricht muss „mit den Lehrgegenständen regelmäßig und oft genug gewechselt werden, damit immer andere Seiten des Geistes und andere Vorstellungsgruppen ins Vordertreffen gelangen und jede Ermüdung hintan gehalten wird" (S. 41).

Hockel, M. (1970). Langeweile. In W. Horney, J. P. Ruppert, W. Schultze (Hrsg.), *Pädagogisches Lexikon in zwei Bänden*. Band 2 (S. 167–168). Gütersloh: Bertelsmann.

Langeweile wird zunächst aus physiologischer, psychologischer und psychoanalytischer Sicht definiert. Anschließend werden verschiedene Formen von Langeweile genannt, die sich im Grad ihrer Aktivierung unterscheiden. Ursachen schulischer Langeweile werden im „Stoffmangel" und in der „Stoffüberlastung" gesehen. Zudem werden Folgen von Langeweile aufgezeigt – die Emotion führt z. B. zu „Zeitvertreib", zu einer „Ausweichreaktion", die aber „nicht recht befriedigt" (S. 167).

Jank, W., Meyer, H. (1991). *Didaktische Modelle*. Frankfurt: Cornelsen.

Die Autoren sprechen vom „Langeweile-Syndrom" (S. 338 f.), dessen Ursache sie in einem lehrerzentrierten Unterricht sehen. Methodisch dominiere in einem solchen Unterricht das gelenkte Unterrichtsgespräch, das zu einer „Verkopfung" führe. Folge sei eine Gleichgültigkeit der Schüler gegenüber den Unterrichtsinhalten. Vor diesem Hintergrund plädieren die Autoren für einen stärker handlungsorientierten Unterricht.

Lomberg, A. (1897). Langeweile. In W. Rein (Hrsg.), *Encyklopädisches Handbuch der Pädagogik*. Band 4 (S. 295–298). Langensalza: Hermann Beyer & Söhne.

In diesem Beitrag wird das „Wesen der Langeweile" (S. 295) umrissen, bevor zwei Arten von Langeweile genannt und beschrieben werden: Langeweile aufgrund von Unter- bzw. Überforderung. „Wie kann der Erzieher die Entstehung dieses drückenden Unlustgefühls verhüten?" (S. 296). Pädagogische Möglichkeiten werden in individualisierenden und differenzierenden Maßnahmen sowie in Medien- und Methodenwechseln gesehen.

Die Aufgabe des Erziehers beschränkt sich jedoch nicht auf den schulischen Kontext, sondern betrifft auch die Freizeit; denn die „Langeweile brütet die ärgsten Unarten aus und flößt dem Kinde die Neigung zum Bösen ein. Es geht diesem wie dem Wasser, das sich in ruhendem Zustande in einen Sumpf verwandelt, aus dem giftige Dünste aufsteigen." (S. 297). Deshalb habe der Erzieher die Aufgabe, den Tätigkeitstrieb des Kindes in der schulfreien Zeit in „rechte Bahnen zu lenken" (S. 297).

Meyer, H. (1997). *Schulpädagogik. Band 1: Für Anfänger.* Berlin: Cornelsen.

Die Lernemotion Langeweile wird in diesem Werk eher gestreift; eine systematische Auseinandersetzung unterbleibt. Langeweile wird erwähnt, wenn Schüler zitiert werden und über ihre Wahrnehmung von Unterricht berichten (S. 97, S. 146). Im wissenschaftlich geprägten Text wird Langeweile zwar als eine im schulischen Kontext häufig erlebte Emotion genannt (S. 111) – Ursachen, Folgen und mögliche pädagogische Implikationen werden jedoch nicht diskutiert.

Wellenhofer, W. (2002). *Unterricht heute. Aufgaben – Möglichkeiten – Probleme. Ein Studien- und Lehrbuch in Schaubildern.* Ainring: Gruenstein.

In diesem Lehrbuch wird Langeweile im Zusammenhang mit dem Lernklima erörtert. Bezüge zur Unterrichtsvorbereitung, zur Unterrichtsgestaltung oder zur Unterrichtsqualität werden nicht hergestellt. Ausgangspunkt ist das Ziel, „lernbelastende emotionale Zustände" (S. 38) im Unterricht zu vermeiden; exemplarisch werden die Emotionen Langeweile und Schulangst genannt. Beide Konstrukte werden kurz definiert, mögliche Ursachen und Folgen aufgezeigt. Der Beitrag schließt mit einem Plädoyer für einen Unterricht, in dem Gefühle bewusst reflektiert und versprachlicht werden.

Ziller, T. (1857). *Die Regierung der Kinder.* Leipzig: Teubner.

Der Autor äußert sich zum „drückenden Gefühl der Langeweile" (S. 26) in der Schule, er benennt Ursachen von Langeweile und beschreibt mögliche Folgen wie Tagträumen und Unterrichtsstörungen. „Denn wenn sich dem Kinde von außen nichts darbietet, wodurch es beschäftigt wird, so enthält der Gedankenlauf nicht die nöthige Anregung, und es schiebt sich dann zwischen seine Glieder von innen her etwas Fremdartiges ein. […] Darum giebt das Kind dem ersten besten Gedanken nach […] Auf solche Weise gehen unzählige Unarten einzig und allein aus Mangel an Beschäftigung und aus Langeweile hervor" (S. 26).

B   Langeweilespezifische Instrumente und Werteverteilung

Instrument 1: Unterforderung (Deutsch)

Variable	Formulierung	M	SD	$r_{j(t-j)}$
F6AUN_8	Ich langweile mich im Deutschunterricht, wenn wir etwas durchnehmen, was ich schon weiß oder kann.	1.82	1.09	.60
F6AUN_25	Ich langweile mich im Deutschunterricht, wenn wir etwas üben, was zu leicht für mich ist.	1.69	1.13	.68
F6AUN_29	Ich langweile mich im Deutschunterricht, wenn unser Lehrer etwas erklärt, was ich schon verstanden habe.	1.88	1.11	.67
F6AUN_46	Ich langweile mich im Deutschunterricht, wenn wir etwas durchnehmen, wo ich schon weiß, wie es geht.	1.71	1.40	.67
F6AUN_14	Ich langweile mich im Deutschunterricht, wenn wir wiederholen, was wir durchgenommen haben.	1.81	1.05	.69
F6AUN_34	Ich langweile mich im Deutschunterricht, wenn wir etwas durchnehmen, was wir schon gemacht haben.	1.82	1.10	.73
F6AUN_41	Ich langweile mich im Deutschunterricht, wenn unser Lehrer etwas erklärt, was wir schon gemacht haben.	1.74	1.13	.72
F6AUN_32	Ich langweile mich im Deutschunterricht, wenn unser Lehrer die neuen Deutsch-Hausaufgaben erklärt, obwohl ich sie schon verstanden habe.	1.74	1.14	.70

Anmerkungen:
Die Antwortkategorien lauten: *stimmt genau* (Wert 3), *stimmt eher* (Wert 2), *stimmt eher nicht* (Wert 1), *stimmt gar nicht* (Wert 0).
$N = 423$; $\alpha = .90$

Instrument 2: Unterforderung (Mathematik)

Variable	Formulierung	M	SD	$r_{j(t-j)}$
F6BUN_8	Ich langweile mich im Mathematikunterricht, wenn wir etwas durchnehmen, was ich schon weiß oder kann.	1.69	1.11	.69
F6BUN_25	Ich langweile mich im Mathematikunterricht, wenn wir etwas üben, was zu leicht für mich ist.	1.71	1.18	.73
F6BUN_29	Ich langweile mich im Mathematikunterricht, wenn unser Lehrer etwas erklärt, was ich schon verstanden habe.	1.59	1.14	.68
F6BUN_46	Ich langweile mich im Mathematikunterricht, wenn wir etwas durchnehmen, wo ich schon weiß, wie es geht.	1.48	1.18	.74
F6BUN_14	Ich langweile mich im Mathematikunterricht, wenn wir wiederholen, was wir durchgenommen haben.	1.53	1.12	.69
F6BUN_34	Ich langweile mich im Mathematikunterricht, wenn wir etwas durchnehmen, was wir schon gemacht haben.	1.55	1.15	.75
F6BUN_41	Ich langweile mich im Mathematikunterricht, wenn unser Lehrer etwas erklärt, was wir schon gemacht haben.	1.42	1.16	.70
F6BUN_32	Ich langweile mich im Mathematikunterricht, wenn unser Lehrer die neuen Mathematik-Hausaufgaben erklärt, obwohl ich sie schon verstanden habe.	1.54	1.12	.65

Anmerkungen:
Die Antwortkategorien lauten: *stimmt genau* (Wert 3), *stimmt eher* (Wert 2), *stimmt eher nicht* (Wert 1), *stimmt gar nicht* (Wert 0).
$N = 420$; $\alpha = .91$

Instrument 3: Lehrer-Schüler-Interaktion (Deutsch)

Variable	Formulierung	M	SD	$r_{j(t-j)}$
F6AIN_9	Ich langweile mich im Deutschunterricht, wenn wir die Hausaufgaben besprechen, die wir zu Hause gemacht haben.	1.43	1.10	.47
F6AIN_19	Ich langweile mich im Deutschunterricht, wenn unser Lehrer auf eine Frage eine ganz bestimmte Antwort hören möchte.	1.38	1.12	.50
F6AIN_23	Ich langweile mich im Deutschunterricht, wenn ein Kind viel erzählt.	1.71	1.13	.53
F6AIN_24	Ich langweile mich im Deutschunterricht, wenn unser Lehrer die anderen Kinder öfter aufruft als mich.	1.74	1.14	.53
F6AIN_33	Ich langweile mich im Deutschunterricht, wenn unser Lehrer viel redet.	1.58	1.19	.62

Anmerkungen:
Die Antwortkategorien lauten: *stimmt genau* (Wert 3), *stimmt eher* (Wert 2), *stimmt eher nicht* (Wert 1), *stimmt gar nicht* (Wert 0).
$N = 423$; $\alpha = .76$

Instrument 4: Lehrer-Schüler-Interaktion (Mathematik)

Variable	Formulierung	M	SD	$r_{j(t-j)}$
F6BIN_9	Ich langweile mich im Mathematikunterricht, wenn wir die Hausaufgaben besprechen, die wir zu Hause gemacht haben.	1.26	1.10	.56
F6BIN_19	Ich langweile mich im Mathematikunterricht, wenn unser Lehrer auf eine Frage eine ganz bestimmte Antwort hören möchte.	1.29	1.13	.56
F6BIN_23	Ich langweile mich im Mathematikunterricht, wenn ein Kind viel erzählt.	1.44	1.11	.62
F6BIN_24	Ich langweile mich im Mathematikunterricht, wenn unser Lehrer die anderen Kinder öfter aufruft als mich.	1.65	1.16	.58
F6BIN_33	Ich langweile mich im Mathematikunterricht, wenn unser Lehrer viel redet.	1.44	1.14	.63

Anmerkungen:
Die Antwortkategorien lauten: *stimmt genau* (Wert 3), *stimmt eher* (Wert 2), *stimmt eher nicht* (Wert 1), *stimmt gar nicht* (Wert 0).
$N = 420$; $\alpha = .80$

Instrument 5: Ungenutzte Lernzeit (Deutsch)

Variable	Formulierung	M	SD	$r_{j(t-j)}$
F6ALZ_13	Ich langweile mich im Deutschunterricht, wenn ich mich bei einer Frage melde, während andere Kinder noch überlegen.	1.30	1.15	.47
F6ALZ_15	Ich langweile mich im Deutschunterricht, wenn ich früher als andere Kinder mit einer Aufgabe fertig bin und auf die anderen warte.	1.53	1.13	.59
F6ALZ_27	Ich langweile mich im Deutschunterricht, wenn ich schneller als andere mit etwas fertig bin.	1.48	1.18	.59
F6ALZ_43	Ich langweile mich im Deutschunterricht, wenn ich schneller als andere mit einer Probe fertig bin.	1.30	1.19	.59

Anmerkungen:
Die Antwortkategorien lauten: *stimmt genau* (Wert 3), *stimmt eher* (Wert 2), *stimmt eher nicht* (Wert 1), *stimmt gar nicht* (Wert 0).
$N = 423$; $\alpha = .76$

Instrument 6: Ungenutzte Lernzeit (Mathematik)

Variable	Formulierung	M	SD	$r_{j(t-j)}$
F6BLZ_13	Ich langweile mich im Mathematikunterricht, wenn ich mich bei einer Frage melde, während andere Kinder noch überlegen.	1.19	1.14	.62
F6BLZ_15	Ich langweile mich im Mathematikunterricht, wenn ich früher als andere Kinder mit einer Aufgabe fertig bin und auf die anderen warte.	1.46	1.15	.69
F6BLZ_27	Ich langweile mich im Mathematikunterricht, wenn ich schneller als andere mit etwas fertig bin.	1.41	1.16	.73
F6BLZ_43	Ich langweile mich im Mathematikunterricht, wenn ich schneller als andere mit einer Probe fertig bin.	1.17	1.19	.65

Anmerkungen:
Die Antwortkategorien lauten: *stimmt genau* (Wert 3), *stimmt eher* (Wert 2), *stimmt eher nicht* (Wert 1), *stimmt gar nicht* (Wert 0).
$N = 420$; $\alpha = .84$

Instrument 7: Überforderung (Deutsch)

Variable	Formulierung	M	SD	$r_{j(t-j)}$
F6AÜF_1	Ich langweile mich im Deutschunterricht, wenn wir etwas durchnehmen, was ich nicht verstehe.	1.17	1.04	.61
F6AÜF_4	Ich langweile mich im Deutschunterricht, wenn wir etwas üben, was zu schwierig für mich ist.	0.91	0.96	.62
F6AÜF_21	Ich langweile mich im Deutschunterricht, wenn wir etwas durchnehmen, was mir zu schwer ist.	1.00	1.04	.62
F6AÜF_26	Ich langweile mich im Deutschunterricht, wenn unser Lehrer etwas erklärt, aber ich es trotzdem nicht verstehe.	1.18	1.09	.59

Anmerkungen:
Die Antwortkategorien lauten: *stimmt genau* (Wert 3), *stimmt eher* (Wert 2), *stimmt eher nicht* (Wert 1), *stimmt gar nicht* (Wert 0).
$N = 423$; $\alpha = .80$

Instrument 8: Überforderung (Mathematik)

Variable	Formulierung	M	SD	$r_{j(t-j)}$
F6BÜF_1	Ich langweile mich im Mathematikunterricht, wenn wir etwas durchnehmen, was ich nicht verstehe.	0.99	1.04	.60
F6BÜF_4	Ich langweile mich im Mathematikunterricht, wenn wir etwas üben, was zu schwierig für mich ist.	0.85	0.98	.55
F6BÜF_21	Ich langweile mich im Mathematikunterricht, wenn wir etwas durchnehmen, was mir zu schwer ist.	0.88	1.02	.64
F6BÜF_26	Ich langweile mich im Mathematikunterricht, wenn unser Lehrer etwas erklärt, aber ich es trotzdem nicht verstehe.	1.08	1.07	.53

Anmerkungen:
Die Antwortkategorien lauten: *stimmt genau* (Wert 3), *stimmt eher* (Wert 2), *stimmt eher nicht* (Wert 1), *stimmt gar nicht* (Wert 0).
$N = 420$; $\alpha = .78$

Instrument 9: Fehlende Klassendisziplin (Deutsch)

Variable	Formulierung	M	SD	$r_{j(t-j)}$
F6ADZ_11	Ich langweile mich im Deutschunterricht, wenn die Kinder quatschen.	1.35	1.12	.49
F6ADZ_18	Ich langweile mich im Deutschunterricht, wenn die Kinder nicht zur Ruhe kommen.	1.48	1.10	.47
F6ADZ_30	Ich langweile mich im Deutschunterricht, wenn es in unserer Klasse laut ist.	1.41	1.15	.57

Anmerkungen:
Die Antwortkategorien lauten: *stimmt genau* (Wert 3), *stimmt eher* (Wert 2), *stimmt eher nicht* (Wert 1), *stimmt gar nicht* (Wert 0).
$N = 423$; $\alpha = .70$

Instrument 10: Fehlende Klassendisziplin (Mathematik)

Variable	Formulierung	M	SD	$r_{j(t-j)}$
F6BDZ_11	Ich langweile mich im Mathematikunterricht, wenn die Kinder quatschen.	1.36	1.17	.61
F6BDZ_18	Ich langweile mich im Mathematikunterricht, wenn die Kinder nicht zur Ruhe kommen.	1.38	1.34	.61
F6BDZ_30	Ich langweile mich im Mathematikunterricht, wenn es in unserer Klasse laut ist.	1.30	1.14	.59

Anmerkungen:
Die Antwortkategorien lauten: *stimmt genau* (Wert 3), *stimmt eher* (Wert 2), *stimmt eher nicht* (Wert 1), *stimmt gar nicht* (Wert 0).
$N = 420$; $\alpha = .77$

Instrument 11: Wunsch nach Wahrnehmung von Langeweile durch die Lehrkraft (Deutsch)

Variable	Formulierung	M	SD
F6ALW	Willst du, dass dein Lehrer bemerkt, wenn du dich im Deutschunterricht langweilst?	0.83	0.37

Anmerkungen:
Die Antwortkategorien lauten: *ja* (Wert 1), *nein* (Wert 0).
$N = 423$

Instrument 12: Wunsch nach Wahrnehmung von Langeweile durch die Lehrkraft (Mathematik)

Variable	Formulierung	M	SD
F6BLW	Willst du, dass dein Lehrer bemerkt, wenn du dich im Mathematikunterricht langweilst?	0.84	0.37

Anmerkungen:
Die Antwortkategorien lauten: *ja* (Wert 1), *nein* (Wert 0).
$N = 422$

Instrument 13: Mitmachen (Deutsch)

Variable	Formulierung	M	SD	$r_{j(t-j)}$
F6AMM_47	Obwohl ich mich im Deutschunterricht langweile, mache ich trotzdem mit.	2.04	0.86	.43
F6AMM_53	Obwohl ich mich im Deutschunterricht langweile, passe ich trotzdem auf.	2.10	0.95	.64
F6AMM_60	Obwohl ich mich im Deutschunterricht langweile, höre ich trotzdem zu.	2.01	0.92	.59

Anmerkungen:
Die Antwortkategorien lauten: *immer* (Wert 3), *oft* (Wert 2), *manchmal* (Wert 1), *nie* (Wert 0).
$N = 423$; $\alpha = .73$

Instrument 14: Mitmachen (Mathematik)

Variable	Formulierung	M	SD	$r_{j(t-j)}$
F6BMM_47	Obwohl ich mich im Mathematikunterricht langweile, mache ich trotzdem mit.	2.11	0.87	.49
F6BMM_53	Obwohl ich mich im Mathematikunterricht langweile, passe ich trotzdem auf.	1.90	0.96	.62
F6BMM_60	Obwohl ich mich im Mathematikunterricht langweile, höre ich trotzdem zu.	1.95	0.95	.57

Anmerkungen:
Die Antwortkategorien lauten: *immer* (Wert 3), *oft* (Wert 2), *manchmal* (Wert 1), *nie* (Wert 0).
$N = 420$; $\alpha = .73$

Instrument 15: Vorgetäuschtes Zuhören (Deutsch)

Variable	Formulierung	M	SD	$r_{j(t-j)}$
F6AVZ_48	Wenn ich mich im Deutschunterricht langweile, tue ich so, als ob ich zuhöre.	1.36	1.11	.57
F6AVZ_61	Wenn ich mich im Deutschunterricht langweile, tue ich so, als ob ich aufpasse.	1.38	1.09	.64
F6AVZ_67	Wenn ich mich im Deutschunterricht langweile, tue ich so, als ob mich der Unterricht interessiert.	1.47	1.02	.57

Anmerkungen:
Die Antwortkategorien lauten: *immer* (Wert 3), *oft* (Wert 2), *manchmal* (Wert 1), *nie* (Wert 0).
$N = 423$; $\alpha = .76$

Instrument 16: Vorgetäuschtes Zuhören (Mathematik)

Variable	Formulierung	M	SD	$r_{j(t-j)}$
F6BVZ_48	Wenn ich mich im Mathematikunterricht langweile, tue ich so, als ob ich zuhöre.	1.25	1.10	.61
F6BVZ_61	Wenn ich mich im Mathematikunterricht langweile, tue ich so, als ob ich aufpasse.	1.30	1.09	.67
F6BVZ_67	Wenn ich mich im Mathematikunterricht langweile, tue ich so, als ob mich der Unterricht interessiert.	1.21	1.04	.59

Anmerkungen:
Die Antwortkategorien lauten: *immer* (Wert 3), *oft* (Wert 2), *manchmal* (Wert 1), *nie* (Wert 0).
$N = 420$; $\alpha = .78$

Instrument 17: Mitteilen (Deutsch)

Variable	Formulierung	M	SD	$r_{j(t-j)}$
F6AMT_49	Wenn ich mich im Deutschunterricht langweile, sage ich das dem Lehrer.	0.43	0.84	.37
F6AMT_55	Wenn wir im Deutschunterricht etwas durchnehmen, was ich schon kann, sage ich das unserem Lehrer.	0.86	1.01	.53
F6AMT_63	Wenn wir im Deutschunterricht etwas durchnehmen, was ich nicht verstehe, sage ich das unserem Lehrer.	1.14	1.02	.38
F6AMT_68	Wenn wir im Deutschunterricht etwas durchnehmen, was wir schon gemacht haben, sage ich das unserem Lehrer.	0.83	1.01	.51

Anmerkungen:
Die Antwortkategorien lauten: *immer* (Wert 3), *oft* (Wert 2), *manchmal* (Wert 1), *nie* (Wert 0).
$N = 423$; $\alpha = .66$

Instrument 18: Mitteilen (Mathematik)

Variable	Formulierung	M	SD	$r_{j(t-j)}$
F6BMT_49	Wenn ich mich im Mathematikunterricht langweile, sage ich das dem Lehrer.	0.48	0.89	.42
F6BMT_55	Wenn wir im Mathematikunterricht etwas durchnehmen, was ich schon kann, sage ich das unserem Lehrer.	0.80	0.96	.45
F6BMT_63	Wenn wir im Mathematikunterricht etwas durchnehmen, was ich nicht verstehe, sage ich das unserem Lehrer.	1.07	1.06	.44
F6BMT_68	Wenn wir im Mathematikunterricht etwas durchnehmen, was wir schon gemacht haben, sage ich das unserem Lehrer.	0.80	0.97	.47

Anmerkungen:
Die Antwortkategorien lauten: *immer* (Wert 3), *oft* (Wert 2), *manchmal* (Wert 1), *nie* (Wert 0).
$N = 420$; $\alpha = .66$

Instrument 19: Warten und Träumen (Deutsch)

Variable	Formulierung	M	SD	$r_{j(t-j)}$
F6AWT_50	Wenn ich mich im Deutschunterricht langweile, sitze ich einfach nur rum.	1.27	1.05	.47
F6AWT_57	Wenn ich mich im Deutschunterricht langweile, schaue ich mich in der Klasse um.	1.31	0.95	.50
F6AWT_58	Wenn ich mich im Deutschunterricht langweile, denke ich an etwas anderes.	1.28	0.96	.52
F6AWT_62	Wenn ich mich im Deutschunterricht langweile, schaue ich auf die Uhr.	1.51	1.01	.44
F6AWT_64	Wenn ich mich im Deutschunterricht langweile, träume ich.	0.85	0.97	.49

Anmerkungen:
Die Antwortkategorien lauten: *immer* (Wert 3), *oft* (Wert 2), *manchmal* (Wert 1), *nie* (Wert 0).
$N = 423$; $\alpha = .72$

Instrument 20: Warten und Träumen (Mathematik)

Variable	Formulierung	M	SD	$r_{j(t-j)}$
F6BWT_50	Wenn ich mich im Mathematikunterricht langweile, sitze ich einfach nur rum.	1.04	0.99	.47
F6BWT_57	Wenn ich mich im Mathematikunterricht langweile, schaue ich mich in der Klasse um.	1.19	0.92	.55
F6BWT_58	Wenn ich mich im Mathematikunterricht langweile, denke ich an etwas anderes.	1.19	0.94	.50
F6BWT_62	Wenn ich mich im Mathematikunterricht langweile, schaue ich auf die Uhr.	1.43	1.03	.37
F6BWT_64	Wenn ich mich im Mathematikunterricht langweile, träume ich.	0.81	0.97	.49

Anmerkungen:
Die Antwortkategorien lauten: *immer* (Wert 3), *oft* (Wert 2), *manchmal* (Wert 1), *nie* (Wert 0).
N = 420; α = .71

Instrument 21: Nebentätigkeiten (Deutsch)

Variable	Formulierung	M	SD	$r_{j(t-j)}$
F6ANT_52	Wenn ich mich im Deutschunterricht langweile, male ich.	0.89	1.02	.44
F6ANT_56	Wenn ich mich im Deutschunterricht langweile, rede ich mit meinem Nachbarn (meiner Nachbarin).	1.07	0.87	.46
F6ANT_59	Wenn ich mich im Deutschunterricht langweile, spiele ich mit etwas, z. B. mit dem Federmäppchen, mit Stiften, mit dem Radiergummi, mit meinen Händen.	1.17	1.00	.51
F6ANT_65	Wenn ich mich im Deutschunterricht langweile, schreibe ich etwas, z. B. Briefe.	0.54	0.88	.49
F6ANT_66	Wenn ich mich im Deutschunterricht langweile, ärgere ich andere Kinder.	0.42	0.83	.43

Anmerkungen:
Die Antwortkategorien lauten: *immer* (Wert 3), *oft* (Wert 2), *manchmal* (Wert 1), *nie* (Wert 0).
N = 423; α = .71

Instrument 22: Nebentätigkeiten (Mathematik)

Variable	Formulierung	M	SD	$r_{j(t-j)}$
F6BNT_52	Wenn ich mich im Mathematikunterricht langweile, male ich.	0.92	1.06	.48
F6BNT_56	Wenn ich mich im Mathematikunterricht langweile, rede ich mit meinem Nachbarn (meiner Nachbarin).	1.04	0.92	.51
F6BNT_59	Wenn ich mich im Mathematikunterricht langweile, spiele ich mit etwas, z. B. mit dem Federmäppchen, mit Stiften, mit dem Radiergummi, mit meinen Händen.	1.01	0.94	.53
F6BNT_65	Wenn ich mich im Mathematikunterricht langweile, schreibe ich etwas, z. B. Briefe.	0.58	0.91	.54
F6BNT_66	Wenn ich mich im Mathematikunterricht langweile, ärgere ich andere Kinder.	0.40	0.81	.54

Anmerkungen:
Die Antwortkategorien lauten: *immer* (Wert 3), *oft* (Wert 2), *manchmal* (Wert 1), *nie* (Wert 0).
N = 420; α = .75

Instrument 23: Unterforderung (Deutsch)

Variable	Formulierung	M	SD	$r_{j(t-j)}$
F3AUN_8	Im Deutschunterricht nehmen wir etwas durch, was ich schon weiß oder kann.	1.19	0.66	.40
F3AUN_25	Im Deutschunterricht üben wir etwas, was zu leicht für mich ist.	1.19	0.76	.40
F3AUN_29	Unser Lehrer erklärt im Deutschunterricht etwas, was ich schon verstanden habe.	1.40	0.62	.46
F3AUN_46	Im Deutschunterricht nehmen wir etwas durch, wo ich schon weiß, wie es geht.	1.21	0.66	.45
F3AUN_14	Im Deutschunterricht wiederholen wir, was wir durchgenommen haben.	1.69	0.90	.26
F3AUN_34	Im Deutschunterricht nehmen wir etwas durch, was wir schon gemacht haben.	.99	0.79	.37
F3AUN_41	Im Deutschunterricht erklärt unser Lehrer etwas, was wir schon gemacht haben.	1.01	0.79	.41
F3AUN_32	Unser Lehrer erklärt uns die neuen Deutsch-Hausaufgaben, obwohl ich sie schon verstanden habe.	1.44	0.79	.25

Anmerkungen:
Die Antwortkategorien lauten: *immer* (Wert 3), *oft* (Wert 2), *manchmal* (Wert 1), *nie* (Wert 0).
N = 423; α = .68

Instrument 24: Unterforderung (Mathematik)

Variable	Formulierung	M	SD	$r_{j(t-j)}$
F3BUN_8	Im Matheunterricht nehmen wir etwas durch, was ich schon weiß oder kann.	1.40	0.73	.50
F3BUN_25	Im Matheunterricht üben wir etwas, was zu leicht für mich ist.	1.40	0.85	.57
F3BUN_29	Unser Lehrer erklärt im Matheunterricht etwas, was ich schon verstanden habe.	1.56	0.73	.52
F3BUN_46	Im Matheunterricht nehmen wir etwas durch, wo ich schon weiß, wie es geht.	1.47	0.77	.60
F3BUN_14	Im Matheunterricht wiederholen wir, was wir durchgenommen haben.	1.5	0.87	.27
F3BUN_34	Im Matheunterricht nehmen wir etwas durch, was wir schon gemacht haben.	1.09	0.82	.38
F3BUN_41	Im Matheunterricht erklärt unser Lehrer etwas, was wir schon gemacht haben.	1.16	0.77	.48
F3BUN_32	Unser Lehrer erklärt uns die neuen Mathe-Hausaufgaben, obwohl ich sie schon verstanden habe.	1.61	0.81	.39

Anmerkungen:
Die Antwortkategorien lauten: *immer* (Wert 3), *oft* (Wert 2), *manchmal* (Wert 1), *nie* (Wert 0).
N = 422; α = .76

Instrument 25: Fehlende Lehrer-Schüler-Interaktion (Deutsch)

Variable	Formulierung	M	SD	$r_{j(t-j)}$
F3AIN_9	Im Deutschunterricht besprechen wir die Hausaufgaben, die wir zu Hause gemacht haben.	2.08	1.04	.07
F3AIN_19	Im Deutschunterricht möchte unser Lehrer auf eine Frage eine ganz bestimmte Antwort hören.	2.11	0.82	.23
F3AIN_23	Im Deutschunterricht erzählt ein Kind viel.	1.33	0.81	.23
F3AIN_24	Im Deutschunterricht ruft unser Lehrer die anderen Kinder öfter auf als mich.	1.39	0.92	.27
F3AIN_33	Im Deutschunterricht redet unser Lehrer viel.	1.66	0.94	.26

Anmerkungen:
Die Antwortkategorien lauten: *immer* (Wert 3), *oft* (Wert 2), *manchmal* (Wert 1), *nie* (Wert 0).
N = 423; α = .40 (vgl. hierzu Kap. 5.2.1.3)

Instrument 26: Fehlende Lehrer-Schüler-Interaktion (Mathematik)

Variable	Formulierung	M	SD	$r_{j(t-j)}$
F3BIN_9	Im Matheunterricht besprechen wir die Hausaufgaben, die wir zu Hause gemacht haben.	2.13	0.96	.09
F3BIN_19	Im Matheunterricht möchte unser Lehrer auf eine Frage eine ganz bestimmte Antwort hören.	1.95	0.85	.29
F3BIN_23	Im Matheunterricht erzählt ein Kind viel.	1.22	0.81	.26
F3BIN_24	Im Matheunterricht ruft unser Lehrer die anderen Kinder öfter auf als mich.	1.34	0.86	.29
F3BIN_33	Im Matheunterricht redet unser Lehrer viel.	1.45	0.91	.27

Anmerkungen:
Die Antwortkategorien lauten: *immer* (Wert 3), *oft* (Wert 2), *manchmal* (Wert 1), *nie* (Wert 0).
N = 422; α = .45 (vgl. hierzu Kap. 5.2.1.3)

Instrument 27: Ungenutzte Lernzeit (Deutsch)

Variable	Formulierung	M	SD	$r_{j(t-j)}$
F3ALZ_13	Im Deutschunterricht melde ich mich bei einer Frage, während andere Kinder noch überlegen.	1.27	0.76	.46
F3ALZ_15	Im Deutschunterricht bin ich früher als andere Kinder mit einer Aufgabe fertig und warte auf die anderen.	1.25	0.82	.42
F3ALZ_27	Im Deutschunterricht bin ich schneller als andere mit etwas fertig.	1.19	0.77	.60
F3ALZ_43	Ich bin schneller als andere mit einer Deutschprobe fertig.	0.96	0.78	.44

Anmerkungen:
Die Antwortkategorien lauten: *immer* (Wert 3), *oft* (Wert 2), *manchmal* (Wert 1), *nie* (Wert 0).
N = 423; α = .69

Instrument 28: Ungenutzte Lernzeit (Mathematik)

Variable	Formulierung	M	SD	$r_{j(t-j)}$
F3BLZ_13	Im Matheunterricht melde ich mich bei einer Frage, während andere Kinder noch überlegen.	1.35	0.79	.59
F3BLZ_15	Im Matheunterricht bin ich früher als andere Kinder mit einer Aufgabe fertig und warte auf die anderen.	1.41	0.89	.58
F3BLZ_27	Im Matheunterricht bin ich schneller als andere mit etwas fertig.	1.29	0.88	.70
F3BLZ_43	Ich bin schneller als andere mit einer Matheprobe fertig.	1.13	0.87	.62

Anmerkungen:
Die Antwortkategorien lauten: *immer* (Wert 3), *oft* (Wert 2), *manchmal* (Wert 1), *nie* (Wert 0).
$N = 422$; $\alpha = .80$

Instrument 29: Überforderung (Deutsch)

Variable	Formulierung	M	SD	$r_{j(t-j)}$
F3AÜF_1	Wir nehmen im Deutschunterricht etwas durch, was ich nicht verstehe.	0.79	0.62	.49
F3AÜF_4	Im Deutschunterricht üben wir etwas, was zu schwierig für mich ist.	0.70	0.73	.51
F3AÜF_21	Im Deutschunterricht nehmen wir etwas durch, was mir zu schwer ist.	0.78	0.72	.63
F3AÜF_26	Im Deutschunterricht erklärt unser Lehrer etwas, aber ich verstehe es trotzdem nicht.	0.85	0.72	.52

Anmerkungen:
Die Antwortkategorien lauten: *immer* (Wert 3), *oft* (Wert 2), *manchmal* (Wert 1), *nie* (Wert 0).
$N = 423$; $\alpha = .74$

Instrument 30: Überforderung (Mathematik)

Variable	Formulierung	M	SD	$r_{j(t-j)}$
F3BÜF_1	Wir nehmen im Matheunterricht etwas durch, was ich nicht verstehe.	0.81	0.71	.57
F3BÜF_4	Im Matheunterricht üben wir etwas, was zu schwierig für mich ist.	0.74	0.74	.60
F3BÜF_21	Im Matheunterricht nehmen wir etwas durch, was mir zu schwer ist.	0.77	0.72	.64
F3BÜF_26	Im Matheunterricht erklärt unser Lehrer etwas, aber ich verstehe es trotzdem nicht.	0.80	0.75	.53

Anmerkungen:
Die Antwortkategorien lauten: *immer* (Wert 3), *oft* (Wert 2), *manchmal* (Wert 1), *nie* (Wert 0).
$N = 422$; $\alpha = .78$

Instrument 31: Fehlende Klassendisziplin (Deutsch)

Variable	Formulierung	M	SD	$r_{j(t-j)}$
F3ADZ_11	Im Deutschunterricht quatschen die Kinder.	1.57	0.88	.53
F3ADZ_18	Im Deutschunterricht kommen die Kinder nicht zur Ruhe.	1.29	0.90	.50
F3ADZ_30	Im Deutschunterricht ist es in unserer Klasse laut.	1.37	0.85	.57

Anmerkungen:
Die Antwortkategorien lauten: *immer* (Wert 3), *oft* (Wert 2), *manchmal* (Wert 1), *nie* (Wert 0).
$N = 423$; $\alpha = .72$

Instrument 32: Fehlende Klassendisziplin (Mathematik)

Variable	Formulierung	M	SD	$r_{j(t-j)}$
F3BDZ_11	Im Matheunterricht quatschen die Kinder.	1.48	0.84	.64
F3BDZ_18	Im Matheunterricht kommen die Kinder nicht zur Ruhe.	1.39	0.86	.54
F3BDZ_30	Im Matheunterricht ist es in unserer Klasse laut.	1.35	0.84	.63

Anmerkungen:
Die Antwortkategorien lauten: *immer* (Wert 3), *oft* (Wert 2), *manchmal* (Wert 1), *nie* (Wert 0).
$N = 422$; $\alpha = .77$

C Interkorrelationen der Langeweile-Skalen

		Deutsch Langeweile bei …					Mathematik Langeweile bei…				
		UN	IN	LZ	ÜF	DZ	UN	IN	LZ	ÜF	DZ
Deutsch Unterforderung	UN	–	.70	.67	.35	.28	.70	.58	.56	.25	.26
Lehrer-Schüler-Interaktion	IN		–	.65	.43	.36	.62	.68	.59	.36	.36
Ungenutzte Lernzeit	LZ			–	.28	.34	.53	.48	.64	.23	.29
Überforderung	ÜF				–	.28	.31	.35	.25	.62	.19
Fehlende Klassendisziplin	DZ					–	.19	.22	.20	.19	.52
Mathematik Unterforderung	UN						–	.74	.70	.36	.42
Lehrer-Schüler-Interaktion	IN							–	.68	.43	.40
Ungenutzte Lernzeit	LZ								–	.29	.42
Überforderung	ÜF									–	.26
Fehlende Klassendisziplin	DZ										–

Anmerkungen:
Stichprobengröße: $420 \leq N \leq 423$, da missing data
Alle Korrelationen sind auf dem Niveau von $p < .05$ signifikant; zweiseitig getestet.

236

Pädagogische Psychologie
und Entwicklungspsychologie

HERAUSGEGEBEN
VON DETLEF H. ROST

Gerd Schulte-Körne
**LESE-RECHTSCHREIBSCHWÄCHE UND
SPRACHWAHRNEHMUNG**
Psychometrische und neurophysiologische
Untersuchungen zur Legasthenie
2001, 288 S., 25,50 €, ISBN 978-3-89325-790-X

Detlef H. Rost
**HOCHBEGABTE UND
HOCHLEISTENDE JUGENDLICHE**
Neue Ergebnisse aus dem
Marburger Hochbegabtenprojekt
2000, 430 S., 25,50 €, ISBN 978-3-89325-685-7

Klaus-Peter Wild
LERNSTRATEGIEN IM STUDIUM
Strukturen und Bedingungen
vergriffen

Sigrid Hübner
**DENKFÖRDERUNG UND
STRATEGIEVERHALTEN**
2000, 160 S., 25,50 €, ISBN 978-3-89325-792-6

Cordula Artelt
STRATEGISCHES LERNEN
2000, 300 S., 25,50 €, ISBN 978-3-89325-793-4

Bettina S. Wiese
**BERUFLICHE UND FAMILIÄRE
ZIELSTRUKTUREN**
2000, 272 S., 25,50 €, ISBN 978-3-89325-867-1

Gerhard Minnameier
**ENTWICKLUNG UND LERNEN –
KONTINUIERLICH
ODER DISKONTINUIERLICH?**
Grundlagen einer Theorie der Genese
komplexer kognitiver Strukturen
2000, 216 S., 25,50 €, ISBN 978-3-89325-886-8

Gerhard Minnameier
**STRUKTURGENESE
MORALISCHEN DENKENS**
Eine Rekonstruktion der Piagetschen Entwick-
lungslogik und ihre moraltheoretischen Folgen
2000, 214 S., 25,50 €, ISBN 978-3-89325-887-6

Elmar Souvignier
FÖRDERUNG RÄUMLICHER FÄHIGKEITEN
Trainingsstudien mit lernbeeinträchtigten
Schülern
2000, 200 S., 25,50 €, ISBN 978-3-89325-897-3

Sonja Draschoff
**LERNEN AM COMPUTER DURCH
KONFLIKTINDUZIERUNG**
Gestaltungsempfehlungen und Evaluationsstudie
zum interaktiven computerunterstützten Lernen
2000, 338 S., 25,50 €, ISBN 978-3-89325-924-4

Stephan Kröner
**INTELLIGENZDIAGNOSTIK
PER COMPUTERSIMULATION**
2001, 128 S., 25,50 €, ISBN 978-3-8309-1003-7

Inez Freund-Braier
**HOCHBEGABUNG, HOCHLEISTUNG,
PERSÖNLICHKEIT**
2001, 206 S., 25,50 €, ISBN 978-3-8309-1070-3

BAND 26

Oliver Dickhäuser
COMPUTERNUTZUNG UND GESCHLECHT
Ein-Erwartung-Wert-Modell
2001, 166 S., 25,50 €, ISBN 978-3-8309-1072-X

BAND 27

Knut Schwippert
**OPTIMALKLASSEN: MEHREBENEN-
ANALYTISCHE UNTERSUCHUNGEN**
Eine Analyse hierarchisch strukturierter Daten
am Beispiel des Leseverständnisses
2002, 210 S., 25,50 €, ISBN 978-3-8309-1095-9

BAND 28

Cornelia Ev Elben
SPRACHVERSTÄNDNIS BEI KINDERN
Untersuchungen zur Diagnostik im Vorschul-
und frühen Schulalter
2002, 216 S., 25,50 €, ISBN 978-3-8309-1119-X

BAND 29

Marten Clausen
**UNTERRICHTSQUALITÄT:
EINE FRAGE DER PERSPEKTIVE?**
Empirische Analysen zur Übereinstimmung,
Konstrukt- und Kriteriumsvalidität
2002, 232 S., 25,50 €, ISBN 978-3-8309-1071-1

BAND 30

Barbara Thies
**VERTRAUEN ZWISCHEN LEHRERN
UND SCHÜLERN**
2002, 288 S., 25,50 €, ISBN 978-3-8309-1151-3

BAND 31

Stefan Fries
WOLLEN UND KÖNNEN
Ein Training zur gleichzeitigen Förderung des
Leistungsmotivs und des induktiven Denkens
2002, 292 S., 25,50 €, ISBN 978-3-8309-1031-2

BAND 32

Detlef Urhahne
MOTIVATION UND VERSTEHEN
Studien zum computergestützten Lernen in den
Naturwissenschaften
2002, 190 S., 25,50 €, ISBN 978-3-8309-1177-7

BAND 33

Susanne R. Schilling
**HOCHBEGABTE JUGENDLICHE UND
IHRE PEERS**
Wer allzu klug ist, findet keine Freunde?
2002, 262 S., 25,50 €, ISBN 978-3-8309-1074-6

BAND 34

Ingmar Hosenfeld
**KAUSALITÄTSÜBERZEUGUNGEN UND
SCHULLEISTUNGEN**
2002, 210 S., 25,50 €, ISBN 978-3-8309-1073-8

BAND 35

Tina Seidel
LEHR-LERNSKRIPTS IM UNTERRICHT
Freiräume und Einschränkungen für kognitive
und motivationale Lernprozesse
– eine Videostudie im Physikunterricht
2003, 196 S., 25,50 €, ISBN 978-3-8309-1248-X

BAND 36

Ulrich Trautwein
SCHULE UND SELBSTWERT
Entwicklungsverlauf, Bedeutung von Kontextfaktoren und Effekte auf die Verhaltensebene
2003, 270 S., 25,50 €, ISBN 978-3-8309-1296-X

BAND 37

Olaf Köller
**KONSEQUENZEN VON
LEISTUNGSGRUPPIERUNGEN**
2004, 300 S., 25,50 €, ISBN 978-3-8309-1205-6

BAND 38

Corinna Schütz
**LEISTUNGSBEZOGENES DENKEN
HOCHBEGABTER JUGENDLICHER**
„Die Schule mach' ich doch mit links"
2004, 242 S., 25,50 €, ISBN 978-3-8309-1355-9

BAND 39

Joachim Wirth
**SELBSTREGULATION
VON LERNPROZESSEN**
2004, 274 S., 25,50 €, ISBN 978-3-8309-1352-4

BAND 40

Tina Hascher
WOHLBEFINDEN IN DER SCHULE
2004, 321 S., 25,50 €, ISBN 978-3-8309-1354-0

BAND 41

Stephanie Schreblowski
TRAINING VON LESEKOMPETENZ
Die Bedeutung von Strategien, Metakognition
und Motivation für die Textverarbeitung
2004, 156 S., 25,50 €, ISBN 978-3-8309-1356-7

BAND 42

Lilian Streblow
**BEZUGSRAHMEN UND
SELBSTKONZEPTGENESE**
2004, 146 S., 25,50 €, ISBN 978-3-8309-1353-2

BAND 43

Oliver Böhm-Kasper
**SCHULISCHE BELASTUNG
UND BEANSPRUCHUNG**
Eine Untersuchung von Schülern und Lehrern
am Gymnasium
2004, 284 S., 25,50 €, ISBN 978-3-8309-1383-4

BAND 44

Margarete Imhof
ZUHÖREN UND INSTRUKTION
Empirische Ansätze zu psychologischen
Aspekten auditiver Informationsverarbeitung
2004, 206 S., 25,50 €, ISBN 978-3-8309-1423-7

BAND 45

Petra Wagner
**HÄUSLICHE ARBEITSZEIT
FÜR DIE SCHULE**
Eine Typenanalyse
2005, 175 S., 25,50 €, ISBN 978-3-8309-1435-0

BAND 46

Britta Kohler
**REZEPTION INTERNATIONALER
SCHULLEISTUNGSSTUDIEN**
Wie gehen Lehrkräfte, Eltern und die
Schulaufsicht mit Ergebnissen schulischer
Evaluationsstudien um?
2005, 377 S., 25,50 €, ISBN 978-3-8309-1466-2

BAND 47

Cornelia S. Große
LERNEN MIT MULTIPLEN LÖSUNGSWEGEN
2005, 200 S., 25,50 €, ISBN 978-3-8309-1467-9

BAND 48

Anne Levin
LERNEN DURCH FRAGEN
Wirkung von strukturierenden Hilfen auf
das Generieren von Studierendenfragen
als begleitende Lernstrategie
2005, 228 S., 25,50 €, ISBN 978-3-8309-1473-0

BAND 49

Britta Pohlmann
**KONSEQUENZEN DIMENSIONALER
VERGLEICHE**
2005, 188 S., 25,50 €, ISBN 978-3-8309-1441-9

BAND 50

Christiane Pruisken
**INTERESSEN UND HOBBYS
HOCHBEGABTER
GRUNDSCHULKINDER**
Formeln statt Fußball?
2005, 248 S., 25,50 €, ISBN 978-3-8309-1472-3

BAND 51

Mareike Kunter
**MULTIPLE ZIELE
IM MATHEMATIKUNTERRICHT**
2005, 296 S., 25,50 €, ISBN 978-3-8309-1559-1

BAND 52

Dietmar Grube
**ENTWICKLUNG DES RECHNENS
IM GRUNDSCHULALTER**
Basale Fertigkeiten, Wissensabruf und
Arbeitsgedächtniseinflüsse
2005, 188 S., 25,50 €, ISBN 978-3-8309-1572-0

BAND 53

Oliver Lüdtke
**PERSÖNLICHE ZIELE
JUNGER ERWACHSENER**
2006, 298 S., 25,50 €, ISBN 978-3-8309-1610-9

Alle Bände der Reihe finden Sie unter
www.waxmann.com

Waxmann
Münster / New York
München / Berlin
www.waxmann.com